W0353876

AtV

FRIEDRICH DIECKMANN, geboren 1937, lebt in Berlin-Treptow; Schriftsteller und Publizist. Seit 1963 und wieder ab 1976 freischaffend tätig als Essayist, Kritiker, Buchautor, 1972-1976 Dramaturg am Berliner Ensemble, 1989 bis 1990 Fellow am Wissenschaftskolleg zu Berlin. Seit 1996 Vizepräsident der Sächsischen Akademie der Künste. Mitglied der Deutschen Akademie für Sprache und Dichtung, der Akademie der Künste Berlin, der Freien Akademie der Künste zu Leipzig und des P.E.N.-Zentrums Deutschland. Johann-Heinrich-Merck-Preis der Deutschen Akademie für Sprache und Dichtung (2001).

Neuere Buchveröffentlichungen: »Temperatursprung. Deutsche Verhältnisse« (1995); »Der Irrtum des Verschwindens. Zeit- und Ortsbestimmungen« (1996); »Franz Schubert. Eine Annäherung« (1996); »Die Geltung der Literatur. Ansichten und Erörterungen« (Hg. 1999); »Gespaltene Welt und ein liebendes Paar. Oper als Gleichnis« (1999); »Die Freiheit ein Augenblick. Texte aus vier Jahrzehnten« (2002); »Was ist deutsch?/ Eine Nationalerkundung« (2003).

Auf die Frage, wer Brecht war, läßt sich mit Biographien antworten, erzählend-mitgehenden, akribisch-dokumentierenden oder polemisch-auftrumpfenden; der andere Weg besteht darin, den Autor dort aufzusuchen, wo er am verborgensten ist: in den Stücken, in denen er, in theatralisch verwandelter Gestalt, sein Innerstes preisgibt: »Dichten selbst ist schon Verrat.«

*Friedrich Dieckmann*

Friedrich Dieckmann

# Wer war Brecht?

Erkundungen
und Erörterungen

Aufbau Taschenbuch Verlag

ISBN 3-7466-8084-0

1. Auflage 2003
© Aufbau Taschenbuch Verlag GmbH, Berlin 2003
Umschlaggestaltung Preuße & Hülpüsch Grafik Design
unter Verwendung des Fotos »Bertolt Brecht«
von Ellen Auerbach, London 1935
Druck Elsnerdruck GmbH, Berlin
Printed in Germany

www.aufbau-taschenbuch.de

# Inhalt

# Prolog
## Wie lange dauern die Werke?

Wer war Brecht? Weiß das nicht jeder? Ein Dichter, der es, nicht von Jugend an, aber seit der ökonomischen Weltkrise von 1929, mit dem Kommunismus hielt. Ein Theatermann, der erklärte, der Schauspieler müsse neben seiner Rolle stehen (aber er meinte es nicht wörtlich). Ein Stückeschreiber, der, immer im Arbeitsverbund mit andern, wenige »Originaldramen« und um so mehr »Bearbeitungen« verfaßt hat (aber er machte diesen Unterschied so wenig, wie Shakespeare ihn gemacht hatte). Ein Repräsentant der sozialistischen Literatur, der, seit er Wohnsitz und Werkstatt in der späteren DDR aufschlug, diesseits und jenseits der Zonen-Grenze von Staats wegen die verschiedensten Reaktionen erfuhr, von seiten des Publikums aber wachsende, schließlich unüberwindliche Anerkennung. Ein Ensemblegründer, dessen Aufführungen sich der Gesellschaftstransformation im östlichen Deutschland ganz ähnlich zuordneten wie Mozarts Opern der Reformpolitik Josephs II. Der nach Goethe, Heine, Rilke wirkungsmächtigste Lyriker deutscher Sprache. Neben Schiller, an dem er sich Stück für Stück maß, der wichtigste deutsche Nationaldramatiker (und heute, angesichts der Abdankung des politischen Denkens, ebenso unspielbar wie jener). Ein Bühnenautor, der, wie Wagner, als Inszenator sein Werk einer widerstrebenden Welt nahebrachte, indem er ein eigenes Theater gründete. Ein Vertriebener der Gegenrevolution, der, als er nach fünfzehnjährigem Exil nach Deutschland zurückkehrte, den Koffer so voll mit neuartigen Theaterstücken hatte wie Wagner nach dreizehnjähriger Verbannung.* Der andere deutsche antikapitalistische Weltdramatiker. Eine Jahrhundertgestalt, der 1998, in den Tagen ihres hundertsten Geburtstags, vier deutsche Städte mit großen Festen, ausgedehnten Programmen huldigten: Augsburg, seine Heimatstadt, München, die Stadt seiner ersten Erfolge, Berlin, die Hauptstadt seines Wirkens, und Frankfurt am Main, der Ort seines Hauptverlags.

Wer also war Bertolt Brecht? Bei Dichtern sollte man vorsichtig mit Festlegungen sein. Rilke verwahrte sich mit einer lyrischen Grabschrift gegen sie: »Rose, oh reiner Widerspruch, Lust, / Niemandes Schlaf zu sein unter soviel Lidern.« *Lider*, das klingt wie *Lieder* und soll es hier auch; mit dem Wort Blätter hätte sich ein ähnlicher, wiewohl unlyrischer Doppelsinn hergestellt. Brecht entzog sich früh. »In mir habt ihr einen, auf den könnt ihr nicht bauen«, schrieb er 1922 und meinte nicht nur »ein paar Frauen« in seinem Schaukelstuhl.

»Vom armen B. B.« ist das Gedicht überschrieben, und das stimmte buchstäblich; drei Monate zuvor war der Autor wegen Unterernährung in die Berliner Charité eingeliefert worden. »Wenn ich mit dem Nichts verkehre / Weiß ich wieder, was ich soll«, schrieb der Dichter achtundzwanzig Jahre später, zu einer Zeit, da er, unweit der Charité, eine provisorisch untergebrachte Theatertruppe leitete. Brecht, der engagierte Dichter, der sich von niemandem engagieren ließ, war auch ein Stratege des Sich-Entziehens, des Niemandes-Eigentum-Seins. Noch wo er deutliche Auskünfte über sein Wollen gibt, werden sie mehr fragend als selbstgewiß erteilt, so in jenem Gedicht, das, »An die Nachgeborenen« gerichtet, ein Lebens- und Epochenfazit zieht: »Ich vermochte nur wenig. Aber die Herrschenden / Saßen ohne mich sicherer, das hoffte ich.«

Das ist 1938 im dänischen Exil geschrieben, zu der Zeit, da Brecht zu Walter Benjamin, dem Geistesgefährten, sagt: »Es ist gut, wenn man in einer extremen Position von einer Reaktionsepoche ereilt wird. Man kommt dann zu einem mittleren Standort.« Der Brecht jener weltökonomischen

Krisenzeit, die mit einem New Yorker Börsenkollaps beginnt, ist ein Apokalyptiker, der schon vor 1933 erkennt: Hitler ist der stärkere Apokalyptiker. Die Erfahrung ist Wendepunkt und Katharsis;* sie erst ermöglicht ihm, zu werden, was er immer schon sein wollte: ein Klassiker.

Dazu, weiß er, gehört vieles, was nicht hoch im Kurs steht. Die Orientierung aufs Objektive gehört dazu, auf den Materialwert der Stoffe. Die Fähigkeit, den Texten Haltbarkeit zu geben, ohne daß sie einsinnig werden. Ein Wille zum Lehrhaften, der dem Zweifel Raum gibt. Nicht zuletzt (Walter Benjamin notiert es) »Eleganz und Lässigkeit«. Mit alledem schlägt Brecht einen Weg ein, der fern von dem liegt, auf welchem die Avantgarde den Freibrief der l'art pour l'art zückt. Ferner noch steht er jenem affirmativen Naturalismus, der unter der falschen Fahne eines sozialistischen Realismus als Begleitmusik der Planerfüllung fungiert. Was Brecht künstlerisch betreibt, ist *die dritte Sache* in einem andern Sinn, als er das Wort gebraucht. Sie ist querständig nach beiden Seiten, der des konkurrierenden Privatkapitals wie der des monozentrischen Staatskapitals, und mobilisiert so tiefe und so verschwiegene Quellen, daß ein hybrid anmutendes Tagebuchwort des jungen Brecht einen besonderen Sinn gewinnt: »Mein Werk ist der Abgesang des Jahrtausends.«

Das zu Ende gehende Jahrtausend, welches Brecht meinte, war das christliche Jahrtausend. Brecht ist der Dichter seiner Endzeit. Sein Werk geht, ohne Verlust an Rationalität, nicht nur hinter die europäische Aufklärung, sondern noch weiter: hinter Renaissance und Reformation zurück; das antiaristotelische Theater, dem er nachhing, ist in seinem Kern das vorreformatorische Theater der Krippen-, Passions- und Osterspiele. Sie waren wahrscheinlich der früheste Bühneneindruck, den Brecht in seiner schwäbisch-bayerischen Heimat empfing; Struktur und Motivwelt der alten Mysterienspiele haben ihn nie losgelassen.

Angeeignet und verwandelt treiben sie seit der Krise von 1929, und untergründig schon vor dieser, ihr Wesen in seinem Werk; sie tun es mit Ernst und in immer neuem Bezug zu Zeit- und Ich-Erfahrung, getarnt gleichsam durch einen Atheismus, der durch die Verweigerung des Glaubens die Rettung der Gehalte betreibt.

Es ist die Tiefe dieser Quelle, die Spannweite und Tragfähigkeit des Brechtschen Œuvres mitverbürgt. Zu den Quellen, aus denen dieses schöpft, gehört aber auch die Problemwelt des Ich, die Komplikation des Individuums in seiner sich werkhaft entäußernden Spannkraft. Ohne diesen Antrieb kommt kein Theaterstück zustande, das sein Publikum erreicht, und auch für Brecht gilt, daß erst die Anwesenheit des Autors im Text diesem Dringlichkeit und Tragweite gibt. Auf die Frage, wer Brecht war, läßt sich mit Biographien antworten, erzählend-mitgehenden, akribisch-dokumentierenden oder polemisch-auftrumpfenden; der andere Weg besteht darin, den Autor dort aufzusuchen, wo er am verborgensten ist: in den Stücken, in denen er, in theatralisch verwandelter Gestalt, sein Innerstes preisgibt: »Dichten selbst ist schon Verrat.«*

Dieser Weg ist nicht der gängige; die Verfremdung, die er vollzieht, indem er aus den von dem Dichter selbst vorgegebenen Kategorien und Deutungsmustern heraustritt, muß alle jene verstören, die, sei es an die Person, sei es an das Werk des Autors, zumeist an beide zugleich, jene affektive Anhänglichkeit bewahren, die in dem Ausfindig-Machen des Subjektiven einen Verrat an den Intentionen wittert. Er irritiert aber auch jene, die in der Abstoßung von Werk und Person diese subjekthafte Dimension für verfehlt und unvorhanden erklären und ihrerseits die didaktische Außenseite nicht nur für bare, sondern für die einzige Münze nehmen, in der hier gezahlt wird. Das explizite und das implizite Wollen sind zwei Seiten jener Medaille, die der Text ausprägt, und die Wahrnehmung der

Person in ihrer dramatisch virulenten Bedürftigkeit eröffnet einen vitaleren Zugang zu diesem als eine Vordergründigkeit, die sich dessen entschlägt, was Brechts ureigenes Feld war: der Lust am Widerspruch als einer objektiven Befindlichkeit der Dinge, des Sinnes für Triebkräfte, die nicht an der Oberfläche treiben. Daß es auch psychisch virulente Interessen gibt, hat dieser Autor so stark vorausgesetzt, daß er es manchmal zu erwähnen vergaß.

Die Simplizität, zu der sein Werk sich erzog, war dem Autor nur insofern bewußt, als er sie zu einer Strategie erklärte; er glaubte an die Möglichkeit der Vereinfachung. War das sein Irrtum? Aber das »helle Vergnügen« (Reinhard Baumgart), das sein Theater den wachen seiner Zeitgenossen bereitete, war kein Irrtum; es war ein Weltereignis. »Wie lange / Dauern die Werke?« fragte Brecht schon als Dreißigjähriger und fand die Antwort:

Die langdauernden
Sind ständig am Einfallen.
Die wirklich groß geplanten
Sind unfertig.

# I

# URSPRÜNGE UND WANDLUNGEN

# Verschwinden und Wiederkehr
## Wandlungen Brechts

»Der Mensch lebt nicht vom Brot allein« – wer kann des biblischen Satzes, der freilich weitergeht, deutlicher innegewesen sein als ein Mann, der die Kunst, die Dichtung, das Theater zum Inhalt seines Daseins machte? Und doch hat Brecht den Eindruck erwecken können, als ob es in einem wesentlichen Teil seines Werks darum gehe, daß der Mensch vor allem vom Brot lebe, ein Umstand, den zu bestreiten jenem biblischen Satz übrigens fernliegt. Wir leben seit der Überwindung von Nachkriegsnot, Nachkriegshunger von weit mehr als von Brot; vor unsern Schulen, so hört man, liegt das schwer gewonnene, billig zu erstehende gewissermaßen auf der Straße. Aber in dem größeren Teil der Welt ist das täglich Brot, das als Brot, Reis, Hirse fehlt, und oft tödlich fehlt, die tägliche Not. Ist Brecht also ein Dramatiker vorab für jene Länder geworden, die wir mit vermessenem Fortschrittsglauben Entwicklungsländer zu nennen pflegen? Wenn man Meldungen über Brecht-Inszenierungen in Asien, Afrika, Südamerika mit solchen über einheimische Aufführungen vergleicht, könnte man wohl auf diesen Gedanken kommen.

Aber es geht in Brechts Theaterwerk nicht nur, und nicht einmal vornehmlich, um die Tatsache, daß der Mensch vor allem von Brot lebt – und dazu von jenem Extra, auf dem der »Papa« des Commune-Stücks in Vers und Prosa besteht. Das Volk Grusiniens gedenkt der Zeit des Azdak »als einer kurzen goldenen Zeit beinah der Gerechtigkeit«. Sattsein allein genügt nicht, es muß auch Gerechtigkeit sein, und das Dritte ist Güte, manchmal setzt Brecht das Wort Freundlichkeit dafür ein. Daß man, die Welt verlassend, nicht nur gut gewesen sei, sondern eine gute Welt verlasse, ist – Johanna Dark sagt es – ein dringliches Ansinnen des Dichters. Das sind, damals wie heute, revolutionäre Ansprüche, und sie bündeln sich – es ist eine Hauptkategorie von Brechts späterem Werk – in der Forderung nach Umbau nicht sowohl des einzelnen (gegen den hat Brecht nur einzuwenden, daß er dazu neigt, alles zu lassen, wie es ist) als der Gesellschaft, die ihm diese drei: Sattsein, Gerechtigkeit, Güte, vorenthält. Die Losungen der Französischen Revolution haben Brecht niemals sonderlich interessiert; er bildete sie um nach dem Maß seiner Konkretion: Freiheit heißt ihm Freisein von Not, statt Gleichheit will er Gerechtigkeit, für Brüderlichkeit setzt er Güte.

Ist damit der Idealismus nur transformiert? Brecht selbst lehrt uns, den großen Worten prüfend zu begegnen. Nichts unzuständiger, als Brechts Werke ins Auge zu fassen und dabei seine Lehre, seine Methode außer acht zu lassen. Sie zielt darauf, aus der Erscheinung das Wesen freizulegen; das Kunstmittel dazu heißt »Verfremdung«. Worum also geht es in Brechts Werk, namentlich in dessen dramatischem – als seinem wirkungsmächtigsten – Teil? Die Frage kann mittlerweile jeder Schuljunge, erst recht jeder Brechtschuljunge, beantworten; »um die Veränderung der Welt« wird er sagen und eine Eins dafür bekommen. Das klingt gut, aber es ist nicht einmal an den späteren Stücken einlösbar. In keinem dieser Stücke hat sich, wenn der Vorhang niedergeht, die Welt verändert; was sich verändert hat im Lauf der Handlung, ist die Befindlichkeit der Figuren in ihr. Nicht die Welt hat sich verändert, sondern die Lage der in ihr Handelnden; einige kommen davon, die meisten gehen unter. Worum also geht es in Brechts Stücken, auf Brechts Theater? Die Antwort mag alle die verwirren, die sich daran gewöhnt haben, auf die Selbstauslegungen, mit denen der Dichter sein Werk kunstvoll und angelegentlich umstellte, mehr zu sehen als auf dieses Werk selbst. Diese Antwort ist einfach; es geht in Brechts Stücken um den, der sie schreiben mußte, um mit sich und der Welt nicht: fertig zu werden, auch nicht: ins reine zu kommen, sondern weiterzuleben, sich aufrechtzuerhalten; es geht um Brecht in Brechts Stücken. Nämlich in Wechselwirkung mit der Welt, die ihn umgibt, die ihn bedrängt, in der er seinen Ort finden und immer wieder neu bestimmen muß.

Die Einsicht ist elementar, ohne daß sie allgemein bekannt wäre. Kunstwerke, die diesen Namen verdienen, können moralischen oder politischen Vorsätzen – der Verbreitung neuer Tugenden, Einstellungen, Verhaltensweisen – dienen, aber sie entspringen ihnen nicht. Man schreibt keine Theaterstücke, um die Revolution zu befördern oder den sozialistischen Aufbau zu stärken oder den Kapitalismus zu entlarven; wer das täte, hätte, wie Luther übersetzt, »seinen Lohn dahin«. Theaterstücke, die dichterisch gelten, werden geschrieben, damit der Autor sich schreibend, leidend, triumphierend zurechtfinde in der ihn bedrängenden Wirklichkeit seiner selbst und der gesellschaftlichen Umstände. Aber die Dichter geben das, der Objektivierungsarbeit wegen, die sie in der künstlerischen Form leisten, nicht gern zu; selbst Heiner Müller erklärt zuweilen (zu Sylvère Lothringer, 1982), er selbst habe keine Probleme – allein das Schreiben mache ihm welche. Aber er sagt auch (1987 zu André Müller): »Das Problem ist doch immer, daß ein Schriftsteller automatisch lügt, wenn er redet.« »Reden« meint hier Sein-Werk-Erläutern. »Das Problem des Schriftstellers, überhaupt des Künstlers, ist doch, daß er sein ganzes werktätiges Leben versucht, auf das poetische Niveau seiner Träume zu kommen. Das geht nur, wenn er nicht interpretiert, was er hervorbringt.« Schon der junge Herr von Stolzing wird dahingehend unterrichtet. »All Dichtkunst und Poeterei«, weiß der beschlagene Schuhmacher ihm zu sagen, »ist nichts als Wahrtraumdeuterei.«

Nicht nur das kunstreiche Verhau der Selbstinterpretationen verstellt die Einsicht in die Subjektgetriebenheit aller dramatischen Entwürfe von dichterischer Tragweite. Auch das subjektive Element selbst tut das, insofern es unmittelbar, in menschlich einwirkender, praktisch ausgreifender Tätigkeit zur Erscheinung kam. »Volk und Knecht und Überwinder«, sagt der alte Goethe, der es wissen mußte, »sie gestehn zu jeder Zeit: / Höchstes Glück der Erdenkinder / Sei nur die Persönlichkeit.« Es ist der nachwirkende Zauber der Persönlichkeit, wie ihn viele der mit Brecht Tätigen, nun nicht mehr Jungen einst unmittelbar und bezwingend an sich erfahren haben, welcher die Frage nach der inneren Befindlichkeit von Kunstwerken suspendiert, die eben nicht (niemand würde sonst über sie sprechen) nur oder vornehmlich perfektes Kunsthandwerk sind, sondern »Bruchstücke einer großen Konfession« (womit Goethe nicht Glaubens-, sondern Selbstbekenntnis meinte), Überlebensmittel eines bedrängten, leidenden, triumphierenden Dichter-Ichs. Um den Zauber einer Unmittelbarkeit, die, als erinnerte, um so schutzbedürftiger ist, zu bewahren, bedürfe es, meint man, ohne es sich einzugestehen, der Einhegung, der Verstellung jenes Subjektkerns, der in den Werken glüht; seine Freilegung, fürchtet man, könne die Aura – Protuberanzen, die man selbst noch hat leuchten sehen – überblenden und zerstören. Aber das ist falsche Furcht und vergebliche dazu. Wo sie regiert, droht sich die Sphäre der Personalität ins Anekdotische zurückzuziehen und dort ein verzetteltes, manchmal trübes Dasein zu fristen, da es im Innern der Werke ein dichterisch leuchtendes hat.

## *Das Verschwinden des Autors*

Aus einer alten chinesischen Kaiserzeit gibt es die schöne Geschichte von dem berühmten Maler, der in hohem Alter sein Meisterstück verfertigt, ein Landschaftsbild von vollkommener Schönheit, vollkommener Wahrhaftigkeit, und, es dem Monarchen vorführend, auf seine Schöpfung zugeht, um – in ihr aufzugehen; er tritt in das Bild ein und verliert sich in seinen Hintergründen. Das schaffende Subjekt im Werk aufgehen zu machen ist die Bewegung allen großen Künstlertums; wo sie gelingt, wird das Kunstwerk wohl selbst zum Mythos, und die Wissenschaft ist dann oft Mythologie der Kunst. Von anderer Art ist jene Bewegung, die darauf zielt, das Subjekt *durch* das Kunstwerk verschwinden zu machen. Dann wird dieses zum Organ eines Prozesses, der die Bewegung des Subjekts in seine Unsichtbarkeit ist; das Theater vermag ihn als Handlung vorzustellen. Als Dreißigjähriger trägt Brecht diesen Prozeß mit sich und der Welt aus, nicht mit der Gelassenheit des Alters, sondern in der Anspannung der Mannwerdung; mit dem Jüngling, der er lange geblieben war, verschwindet er selbst aus seinen Werken. Der Vorgang erscheint ihm im Bilde des Selbstopfers, der Selbstauslöschung im Dienst der Weltrettung durch Weltumstürzung. Ein ganzer Zyklus von Stücken, die ihren tief subjektiven Gehalt hinter einem stählernen Sprachgestus verbergen (auch die Gattungsbezeichnung, »Lehrstücke«, dient dieser Strategie), variiert den Gedanken mit mystisch überhöhender Simplizität.

Der messianische Charakter des Konzepts liegt, als säkularisierter, ebenso zutage wie die dramatische Gestalt des Passionsspiels, die sich ihm entwickelt. Aber das ist nur eine der Fronten, an denen der Dichter, der der verzweifelt-genußvoll Welt und Menschen verzehrende Ich-Mensch nicht mehr sein will und sein kann, in diesen Jahren um sein Verschwinden kämpft. Es ist die Zeit, da auch die erste deutsche Republik in ihren Untergang geht, und es ist dieses Zugleich, diese Identität (Brecht ist diese Republik weit mehr als die Brüder Mann, die sie kulturell repräsentieren), was seiner Arbeit den Antrieb gibt, der seine Produktivität vervielfacht. In zwei folgenden Stücken

– sie entstehen 1930 und '31 – vollzieht das Verschwinden des Helden, der die Projektion des poetischen Subjekts ist, sich auf gelindere, obschon gleichfalls tödliche Weise. Sie markiert das Gelingen jenes Sozialisierungsprozesses, den der Dichter sich auferlegt hat, ebenso wie die anhaltende Anspannung, die dieser für ihn bedeutet; es ist das Ausmaß dieser Spannung, was den Stücken ihre Höhe sichert. Johanna Dark, die man die heilige Johanna nennt, wird nicht mehr, wie die Hauptfiguren zweier Lehrstücke, einverständig exekutiert – sie schwindet dahin in dem Bewußtsein ihres Versagens, das zugleich, ganz nach dem Maß der klassischen Tragödie, kathartischer Erkenntnisprozeß ist; sie vergeht an den Folgen einer Winternacht, die ein allegorisches Wetter war, Schneeblumen von großer Sprachgewalt bildend:

Der Schnee beginnt zu treiben
Wer wird denn da bleiben?
Da bleiben, wie immer so auch heut
Der steinige Boden und die armen Leut.

Die Kälteerfahrung ist Brecht (Peter von Matt hat es ermittelt*) ein ontologisches und, wie sich nachweisen läßt, auch ein psychologisches Apriori; es objektiviert und bestätigt sich an einer sozialen Erfahrung, die sich in der sterbenden Heldin kathartisch klärt:

Denn es ist eine Kluft zwischen oben und unten,
 größer als
Zwischen dem Berg Himalaya und dem Meer
Und was oben vorgeht
Erfährt man unten nicht
Und nicht oben, was unten vorgeht
Und es sind zwei Sprachen oben und unten
Und zwei Maße zu messen

Johanna, die sich in diese Kluft wirft, ist in ihr erfroren; ihr

Ende ist keine Selbstauslöschung, sondern (jedenfalls in der Urfassung*) ein Verlöschen, das von der Kältewelt chorisch überschrien wird:

Soll der Bau sich hoch erheben
Muß es Oben und Unten geben.
Darum bleib an seinem Ort
Jeder, wo er hingehört.
Fort und fort
Tue er das ihm Gemäße
Da er, wenn er sich vergäße
Unsre Harmonien stört.

Um vieles verdeckter noch vollzieht sich das Verschwinden des Subjekts, das der Held ist, des Helden, in dem sich das Dichter-Ego entäußert, in einem Stück, das noch während der Arbeit an der »Heiligen Johanna der Schlachthöfe« Besitz von dem Dichter ergreift. Hier ist der Held nicht mehr der scheiternde Vermittler, wie in der »Heiligen Johanna«, und er ist nicht mehr der scheiternde Revolutionär, wie in der »Maßnahme« (die beiden sind *eine* Person in einander entsprechenden Entscheidungssituationen) – er ist der verschwindende Revolutionär. Das Passionsspiel wird zurückgezogen, Marienspiel tritt an seine Stelle; der Opfertod findet nur noch in weiter Ferne statt; die Mutter gewinnt das Feld, und sie behauptet es stärker und ausdrucksmächtiger, als es der Sohn je vermochte. Der Paradigmenwechsel findet in ein und demselben Stück statt, er ist dessen dramaturgische Bewegung; es ist folgerichtig, daß es »Die Mutter« heißt.

## *Dichters Wiederkehr*

Als die beiden Stücke, das auf einer Tragödie und das auf einem Roman fußende, fertig sind (nur das letztere, »Die Mutter«, kommt noch zur Aufführung), ist auch die deutsche Republik fertig. An sich selbst, der in seinen Helden ist, hat der Dichter, der nicht ihr intellektueller, aber ihr existentieller Repräsentant war, ihr Schicksal mit- und vorvollzogen. Sie vergeht, der kraftlose Vermittlungsstaat mit dem kapitalistischen Unter- und dem sozialdemokratischen Überbau, an einer Kälte, wider die die physisch und psychisch frierenden Massen verdrängtes Kaiserbewußtsein als neues Führergefühl aufbieten; sie vergeht so hilflos und überdröhnt wie Johanna am Ende der Schlachthöfe-Tragödie. Was aber wird aus dem Dichter, der so kunstvoll und angelegentlich um sein Verschwinden rang? Er bleibt lange Zeit hinter der Muttergestalt verborgen, die er am Ende der »Mutter« als die mächtige Heils- und Wärmebringerin aufbot. In den folgenden Stücken kommt deren Autor, so scheint es, nicht mehr vor; mit »Furcht und Elend«, der Bestandsaufnahme des Dritten Reiches, gelingt ihm sogar ein Stück ganz ohne Helden. Als dieser im Herbst 1938 wieder auftaucht, ist es nicht mehr, wie in der alten, republikanischen Zeit, die Last der Freiheit, die ihn drückt, sondern die der Gebundenheit. Auch Galilei ist ein scheiternder Vermittler, aber von anderer Art als Johanna Dark; die Fronten, zwischen denen er zu vermitteln strebt, heißen Gehorsam und Wissen, Kirche und Erkenntnis. Am Ende ist er wieder verschwunden, in einem Niemandsland, zu dem er sich mit beredter Selbstauslöschung selbst verurteilt. Es gleicht der Kalkgrube, in die, zwecks Unkenntlich werden, am Ende der »Maßnahme« der junge Genosse geworfen wird, aber es unterscheidet sich von ihr in einem entscheidenden Punkt: der Ort des Verschwindens ist einer hartnäckig fortgesetzter Arbeit.

Sind »Johanna« und »Galilei« parallele Konzeptionen, so stellen »Die Mutter« und »Galilei« sich als komplementäre dar. Im Verlauf der Handlung tritt aus dem einen Stück die Sohnes-, aus dem andern die Mutterfigur zurück; das Hervortreten der Mutter bewirkt Aufhebung des Passionsspiels (dessen Subjekt verläßt die Bühne), das Zurücktreten der Mutter, als die Frau Sarti, die Haushälterin, in »Galilei« waltet, macht den Weg nicht mehr für das Passionsspiel, aber für einen Seitenstrang, eine Nebenhandlung desselben frei. Im weiteren Gang der Handlung verschlingen sich die Figurationen des Petrus-Verrats als der Wahrheitsverleugnung und des Judas-Verrats als der Preisgabe in einer Weise, daß der Held die Wahrheit furchtsam verleugnet und dadurch das Volk seinen Peinigern ausliefert. Das hat keine Realität in einem historischen oder auch nur rationalen Sinn, es hat, als subjekthafte, eine dramatische Realität und verbindet sich in der Schlußkonstellation der späten Fassungen zu dem Doppelbild eines, der, sich selbst moralisch ausstreichend, dennoch beharrlich-büßend weiterwirkt.

Der Mutter-Raum, hier noch einmal beiseite geschoben, tritt in der Folge um so beherrschender und in immer neuer Abwandlung hervor; er wird um so dramenmächtiger, als die Gefahr der Zeit sich dem Dichter als eine für Leib und Leben zusammenzieht. *Die Flucht nach Ägypten* wird die fundamentale Bewegungsform von Theaterstükken, in denen nicht mehr Jünglingskollektive um den Anbruch eines neuen Äons, sondern Mütter um ihr und ihrer Kinder Dasein laufen; der bethlehemitische Kindermord steht an den Horizont der Geschichte geschrieben. In dem Stück von dem guten Menschen, der ein böser bleiben muß, als der Bräutigam versagt (es ist die Beschreibung einer unerfüllbaren Ehe*), steht der zentralen Frauenfigur erst ein schwacher und verräterischer Liebhaber, dann ein hungriger Sohn gegenüber; in dem Marketenderin-Stück aus dem Dreißigjährigen Krieg hat sie es mit einer ganzen Schar schutzbedürftiger Mannsbilder zu tun. Sie alle, die Jungen wie die Alten, mit Trost und Speise zu versehen kommt Mutter Courage nicht zur Ruhe noch zur Besinnung.

Doch ist ein Wachstum der Statur zu bemerken von dem treulosen Flieger Yang, dem man sein Flugzeug weggenommen hat so wie dem Dichter sein Theater, zu Koch und Feldprediger, die wie Josephsfiguren, jenseits erotischer Komplikation, neben Mutter Courage stehen; während die Söhne verderben, kommen diese beiden davon. Das Wachstum nimmt zu mit Schweyk, den die Herodes-Schergen aus dem Mutterreich der Wirtin Kopecka stoßen. Er trifft es besser als Galilei, da die Macht-Sphäre, mit der er es zu tun hat, außerhalb seines Innern liegt; ein Verirrter, nicht Besiegter, ein Verlorener, nicht Gebrochener verschwindet er in der Kältewelt. In dem glücklichsten, heitersten von Brechts Stücken, das zu einer Zeit entsteht, da Herodes' Untergang absehbar geworden ist, wird das Dichter-Ich aus dem Mutterreich nicht verstoßen, sondern bewegt sich ihm entgegen: Azdak, der listige Aufrührer, richtende Anarchist, zeigt sich als dessen Beschützer, dessen Retter. Die gerechte Welt ist hier nicht mehr das neue Äon, sondern ein Augenblick, durch Glück, List, Tapferkeit dem Chaos des Wirklichen abgerungen; er bildet den flüchtigen, aber doch märchenhaft behaupteten Schluß des Stückes, das Brechts »Zauberflöte« ist und eine Oper wie diese, des »Kaukasischen Kreidekreises«.

Nicht in der Kältewelt, wie Baal, der Verregnende, und Schweyk, der Verschneiende, verschwindet der Held am Ende, sondern – dies eine Mal und nicht wieder – in einer Wärmezone, in der, Gipfel der Utopie, Mutterreich und Dichter-Ich ineinander aufgehen. Für Grusche ist Azdak, der für die Armen, Niedrigen, Bedrängten eingenommene Richter, ein Deus ex machina, Azdak selbst aber ist einer, der auszog, das Volk das Kommen des Gerichts, den Anbruch einer neuen Zeit zu lehren. Die ist aufgebraucht, als er eintrifft; er fällt unter die Henkersknechte, die ihm den Richterhut aufs Haupt drücken: »Schaut, was für ein Richter!« Ein Folterscherz? Was Spott und Hohn scheint, wird, für einen Lidschlag der Geschichte, Ernst. Der zur Passion Erkorene verwandelt sich in den Herrn der Geschichte, und das Stück setzt den unerhörten Vorgang, um ihn recht kenntlich zu machen, zwiefach: Erst wählen die Panzerreiter Azdak zum Richter, dann (Azdak hat, wie der Macheath der »Dreigroschenoper«, schon die Schlinge um den Hals) tut der siegreiche Gouverneur ein Gleiches. Als es geschehen ist, erscheint, an der Hand Grusches, der Sohn als zur Rettung Bestimmter. Er möge an Krippenspiel denken, sagte Brecht seinem Berliner Bühnenbildner, Karl von Appen, bei der Arbeit an dem Stück. Aber hier war weit mehr noch gemeint: die erlassene, die gewendete Passion als momentweiser, gleich wieder verdeckter Eingang des neuen Paradieses. Azdak steht zuletzt in Gedanken. »Die Tanzenden verdecken ihn bald. Mitunter sieht man ihn wieder, immer seltener, als mehr Paare hereinkommen und tanzen.« In Berlin hat Brecht versucht, diesen Schluß zu inszenieren; es wollte ihm nicht gelingen. Er ging dann an »Galilei«.

## *Problem Ankunft*

Ankunft im Reich der Freiheit, das das der Güte und der Vernunft ist, wird im »Kreidekreis« nicht zum Problem. Sie ist, als vorübergehende, ans Ende gesetzt – und am Anfang, in dem sowjetgeorgisch gewandeten Vorspiel, vorgegeben. Der Dramatiker verstummt nach diesem Stück; fünf Jahre später in der Schweiz, mit dem Blick auf die Gründung des Berliner Ensembles, folgt ein dramatischer Nachzügler, ein Revolutionsstück gleich (und entgegen) »Wilhelm Tell«: »Die Tage der Commune«. Hier liegt Ankunft inmitten, ein Straßenfest begeht sie (und man läßt andere die Vendôme-Säule stürzen); am Ende steht eine Barrikade, an der man nur sterben, nicht siegen kann.* Das Stück handelt von Gründung und Untergang jenes Mutterreichs einer zu friedlich-vernünftigem Ausgleich aller Gegensätze und Widersprüche befähigten Gesellschaft, wie es das Vorspiel des »Kaukasischen Kreidekreises« als real existierendes vorgestellt hatte. Daß Frauenfiguren *beide* Reiche leiten, das kaukasische von Nukha wie das von Madame Cabet zusammengehaltene der Place Pigalle, machte die Berliner »Kreidekreis«-Aufführung von 1954 deutlich; eine junge Frau, Isot Kilian, spielte den »Sachverständigen der staatlichen Wiederaufbaukommission aus der Hauptstadt«, der den Erörterungen der Kolchosbauern vorsteht.

Beide Gruppen, die von Nukha und die von Montmartre, sind an jenes Ziel gelangt, das die gewaltfreie, der wirkenden Teilhabe aller offenstehende Gesellschaft ist. Darum wandern ihre Protagonisten nicht mehr wie ihre Vorgänger in der Kältewelt. Theaterspielend versinnbildlichen sich die Kolchosbauern die Weisheit ihrer Beschlüsse; kämpfend, sterbend behaupten die Verteidiger der Commune ihren Platz. Angekommene müssen untergehen – ist das die innere Botschaft des Textes? Seine Moral lautet: Ankommende, ans Ziel Gelangende brauchen starke Mächte, um gegen eine feindliche Außenwelt zu bestehen. Der Großfamilie der Place Pigalle fehlen jene Kanonen, nach denen schon der gute Mensch von Sezuan rief:

Warum haben die Götter nicht Tanks und Kanonen
Schlachtschiffe und Bombenflugzeuge und Minen
Die Bösen zu fällen, die Guten zu schonen?
Es stünde wohl besser mit uns und mit ihnen.

Warum sagen die Götter nicht laut in den obern
  Regionen
Daß sie den Guten nun einmal die gute Welt schulden?
Warum stehn sie den Guten nicht bei mit Tanks und
  Kanonen
Und befehlen: Gebt Feuer! und dulden kein Dulden?

Ein manichäisch, nicht dialektisch operierender Dualismus zeigt sich hier kindlich-unverstellt: Warm und Kalt, Gut und Böse bilden unvermittelte Gegensätze, die sich mit Gewalt gegeneinander aufrechterhalten. »Alles oder nichts« lautet die Losung, die das Hauptlied des Commune-Stücks sechsfach setzt, und es ist eine katastrophische Losung; wer alles fordert (der Dichter weiß es längst), wird das Nichts ernten. Es gibt keinen Binnenkonflikt in dem Stück, der Gegensatz, in dessen Angeln die Fabel hängt, ist statischer Natur: die böse Außen- gegen die gute Innenwelt. Nur Kanonen, die die einen haben wie sie den andern fehlen, stiften eine Beziehung.

Nicht der Ausgang, aber das Fazit des Stücks ist von kulturell vertrauter Art: machtgeschützte Innerlichkeit. Es ist eine hellsichtige Innerlichkeit, ironisch-leichthändig, heiter und luzid, die nun ihren Platz sucht und findet; in der Theaterwelt, die der Dichter ins Leben ruft, wird sie kollektive Kunstgestalt. In Bildern und Beschreibungen und in der Erinnerung ihrer Zuschauer lebt sie als ein Reich der klaren Umrisse, zarten Farben, deutlichen Gedanken fort. Die Rolle, die der Autor in diesem Theaterreich einnimmt, gleicht der, mit der er sich als »Papa« in das Commune-Stück eingeschrieben hatte: der erfahrene Kämpfer als Ratgeber und Beschützer an der Seite Madame Cabets, die alles praktisch-mütterlich in der Hand hat.

Anders abgeklärt geht in Brechts früh begonnenem, spät – 1954 – geendetem Turandot-Stück der Bauer Sen durch die Schulen der Tellekt-Uell-Ins – ein Wanderer, der etwas lernen möchte und dahinterkommt, daß die Wissenden ihr wichtigstes Wissen verbergen: wo die Baumwolle hingeraten sei, die an allen Ecken und Enden fehlt. Die Welt, die er, den Enkel an der Hand, durchstreift, ist eine frauenlose – macht sie sich deshalb soviel Gedanken um Baumwolle? Sens Erkenntnisweg kommt zuletzt bei Kai Ho an, dem Rebellen, der erfahren hat, wo die Baumwolle hingeraten sei. Der steht am Ende vor der Tür, ohne einzutreten – ein Palmsonntagsstück, bei dem der Vorhang fällt, ehe Advent sich begibt. Auf die Ankunft des Retters läuft alles hinaus, Rufe des Volks verkündigen ihn, aber der Befreier verhält seinen der Bühne zueilenden Schritt. Er wird nicht zu Fortinbras, der, auftretend, die neue Ordnung verkündet – im Erscheinen bleibt er der Unkenntliche.

Allzu listig, allzu subtil hat sich der Dichter dem Problem Ankunft entzogen. Sein Problem ist: Auch der Dichter, der der Bauer sein will, ist ein Intellektueller. So läuft es zuletzt noch einmal auf »Galilei« hinaus; dem Stück der Selbststilisierung folgt das der Selbstidentifikation. Seine letzte Szene (es ist die letzte, die Brecht in Druck gibt) spielt an der Grenze und widerruft alle Ankunft; sie setzt den Topos der Wanderung als endgültigen fest. Aber nicht Galilei wandert – sein Werk tut dies; das Wissen ist auf der Reise. Das ist, nach dem Maß des Autors, eine Figur der Gnade, wie am Ende des »Faust«. Sie löst sich aus der tiefen *contritio cordis** der vorletzten Szene und hebt sie auf; daß das Wissen wandert, ist Rettung, ist Rechtfertigung.

*1988*

## Brechts Utopia
## Exkurs über das Saturnische

> Soll man sich also an die alte Zeit halten? Soll man von dem versunkenen Atlantis reden?
>
> *Brecht, um 1939*

> Träume! Goldnes Wenn!
>
> *Brecht, Die Erziehung der Hirse, 1950*

> Wenn das Innere im Dunkel ist, wird das Äußere hell.
>
> *Brecht an Käthe Reichel, 1956*

### *Elisabethanische Krankheit*

Der Hinweis ist nahezu apokryph: in einem Brief an den englischen Geologen G. W. Lamplugh dankt der dreiundsiebzigjährige Friedrich Engels für die Übersendung eines Buches, von dem er vage gehört, das er aber nie gelesen hat und nun als ein Hauptwerk seiner Zeit entdeckt, Robert Burtons »Anatomie der Melancholie«. »Ich schäme mich fast einzugestehen, daß ich mir in meiner Unwissenheit vorgestellt hatte, die ›Anatomy of Melancholy‹ sei eine dieser ernsten psychologischen Abhandlungen des 18. Jahrhunderts, die mir Grauen einflößen. Nun stelle ich fest, daß auch sie ein Werk der größten Epoche der englischen Literatur ist, des Anfangs des 17. Jahrhunderts. Ich gehe mit Vergnügen daran und habe schon genug gesehen, um mich zu überzeugen, daß sie ein ständiger Freudenquell sein wird.«

Der Band, der die Stelle enthält,* gibt Burtons Lebensdaten (1577–1640), ein Register seinen Beruf an: Theologe, Arzt (das mag auf die seelenärztliche Komponente der

»Anatomie« zielen) und Schriftsteller; helfen Lexika weiter? Der Große Meyer von 1895 hüllt sich ebenso in Schweigen wie sein Leipziger Nachfolger von 1972; erst die Encyclopaedia Britannica schafft Rat, in der Ausgabe von 1953 gründlicher als in der von 1961. Und der Soziologe gibt Auskunft, Wolf Lepenies* entschlüsselt die Engelssche Briefstelle; er beschreibt Burtons Lebenslauf und erläutert dessen Hauptwerk, das ein neuerer Forscher, F. P. Wilson, als »Enzyklopädie der Renaissance-Gelehrsamkeit« bezeichnet.

Aber die Form der Darstellung ist, nach einhelliger Bekundung von Doktor Samuel Johnson, Lord Byron und Friedrich Engels, hoch unterhaltend (»ein schön Buch *anatomiam melancholiae*, so voller curiösen Materien«, notiert 1750 Jöchers Leipziger Gelehrten Lexikon), und das Buch, abzüglich seiner systematischen Anlage, entspricht ziemlich genau dem, was Brecht als Ideal eines Werkes vor Augen stand: ein Traktat, zum großen Teil aus Zitaten und Anekdoten bestehend und sich von Auflage zu Auflage umgestaltend, work in progress in jenem Sinn, den Brecht 1948 aus Feldmeilen seinem Freund Korsch anempfiehlt: »Manchmal wünschte ich, Sie hielten ein Journal mit vielen Eintragungen in der Baconischen Form über alle die Gegenstände, die Sie gerade interessieren, unmethodisch im ganzen, ich meine antisystematisch. Solche wissenschaftlichen Aphorismen könnte man einzeln, in der oder jener Zusammenstellung zu diesem oder jenem Zweck, verwerten, sie wären alle fertig zu jeder Zeit; anstatt einen davon umzubauen, könnten Sie einen neuen bauen usw. – Es wäre sozusagen epische Wissenschaft!«

Der »Anatomy«-Auflagen sind viele; auf die Erstausgabe von 1621 (in diesem Jahr wird der sechzigjährige Lordkanzler Francis Bacon zum Viscount St. Albans ernannt und vier Monate später auf Betreiben des Unterhauses in den Tower geworfen) folgen neue Editionen in den Jahren

1624, ’28, ’32, ’38, ’51/’52, ’60, ’76. Der Folioband mit dem zwölfteiligen Titelkupfer* erweist sich als ein Lieblingsbuch jener stürmereichen Epoche, die von Jakob I. über Karl I. zu Oliver Cromwell und der Stuart-Restauration führt. Erst als mit der Glorious Revolution der Staat allmählich ins Gleichgewicht kommt, ebbt das Bedürfnis nach der Zergliederung eines Gemütszustands ab, den die gesellschaftlichen Verhältnisse nur zu nahe legten. Burtons Leben ist frei von den abenteuerlichen Wendungen, die den Weg seines Zeitgenossen Bacon kreuzen; nach Studienjahren in Oxford, wo er am Christchurch-College Fuß faßt, erhält er 1616 ein Vikariat nahe Oxford, 1630 eine Pfarrstelle in Segrave. Er bleibt aber in Oxford wohnen – die Pfründe mag mit dem Erfolg seines Buches zusammenhängen, der in eine Zeit fällt, da der Zentralismus der Krone, zu deren Werkzeug sich der Viscount St. Albans gemacht hatte, bei Kleinadel und Bürgertum auf immer stärkeren Widerstand gestoßen war.

Nicht erst seit König Jakob liegt Melancholie in der geistigen Lebensluft des seit der Mitte des 16. Jahrhunderts von inneren und äußeren Kämpfen bedrängten Landes. Schon das elisabethanische Zeitalter ist von ihr imprägniert; »the Elizabethan malady«, die elisabethanische Krankheit, nennt sie der amerikanische Literarhistoriker Lawrence Babb.** Es ist nicht zu verkennen: die große Literatur des späten 16., frühen 17. Jahrhunderts steht im Flügelschatten jenes in sich gekehrten Engels, dessen schwer versunkene Gestalt unter Waage und Sanduhr, Glocke und Zahlenquadrat Dürer in einer berühmten Radierung (sie stammt aus dem Jahr 1514) noch vor der Reformation mit den Insignien der neuen Wissenschaft umgeben hatte. Am nächtlichen Himmel des eminenten Blattes – »Melencolia I« lautet sein einbeschriebener Titel – verschränken sich die Zeichen des Heils und des Unheils, Regenbogen und Komet.

Die neue Wissenschaft ist *saturninische Meßkunst*; ihre Losung – Panofsky und Saxl haben es 1923 ergründet* – findet sich in einer zeitgenössischen Übersetzung des Abu Masar (Maschar), jenes berühmten arabischen Autors, in dessen Werk (aus dem 9. Jahrhundert) sich die mythologischen Bedeutungen Kronos-Saturns ins Astrologische gewandt hatten. Mit Berufung auf ihn erhält »dieser alte Erdgott«, dem im Mittelalter die Astronomie zugeordnet worden war, nun »das Patronat der Geometrie«** in jenem umfassenden Sinn, der sich die Worte belegt: *Quantitates sive mensuras rerum* (die Quantitäten als Maß der Dinge) seien zu ergründen und *rerum dimensio et pondus* (ihr Ausmaß und Gewicht). Zweiundzwanzig Jahre nach Kolumbus' erster Amerika-Reise – es ist das Jahr der Niederschlagung des Armen Konrads und des Erscheinens von Machiavellis »Il Principe« – gibt Dürers Radierung der mathematisch-geometrischen Welterkundung die *facies nigra* (das schwarze Gesicht) jener geflügelten Figur, deren saturnischer Verdüsterung Jupiter nur noch mit abstraktem Bilde entgegnet.***

Die alte These von den aufstrebenden Klassen, die künstlerisch-poetisch eine ihrer geschichtlichen Perspektive entsprechende positive Weltsicht hervorbringen, findet an den Theaterdichtern des Elisabethanischen England keinen Anhalt. Der »frühe Morgen des Beginnens« – Brechts Galilei feiert ihn in der ersten Szene des Stükkes – ist längst (in jenem Florenz, der Haupt- und Gründerstadt des frühen Handelskapitalismus, aus der Dürer sein Bildprogramm bezogen hatte, hat die Ernüchterung schon am Anfang des 16. Jahrhunderts eingesetzt) einer sengenden Mittagssonne gewichen; die Prometheus-Darstellungen der Zeit um 1600 – von Rubens, Jordaens, Ribera – zeigen den titanischen Lichtbringer als Geschlagenen und Gequälten, nackt kopfüber dem Schnabel des Adlers preisgegeben.

Ist hier, in den Ländern der Gegenreformation, die Grausamkeit der Niederlage ins Bild gesetzt (und eben darin die niedergetretene Intention behauptet), so malen die Dramatiker des englischen Protestantismus die Absurdität des Sieges. Marlowes »Tragische Geschichte von Leben und Tod des Doktor Faustus« macht sich um 1590 auf eine nachgerade prophetische Weise zum dramatischen Organ der Krise jenes wissenschaftlichen Zeitalters, das mit der Entdeckung der Neuen Welt über Europa aufgegangen war. Sein Faust ist ein Gelehrter, der nicht von Erkenntnisdrang, sondern von grenzenlosem Machtstreben getrieben wird und, um sich mit Teufels Hilfe »zum Herrn der Welt« (Akt I/Szene 3) aufzuschwingen, in dem Ausdenken neuer Angriffs- und Vernichtungswaffen schwelgt – hybrid-dämonische Gestalt jener Parole, die sieben Jahre später eine Schrift Francis Bacons in die Welt wirft: *Wissen ist Macht.**

»Um Deutschland legen einen Wall von Erz«, ist der faustische Plan, und: »Ja, beßre Waffen für des Krieges Hitze / Als vor Antwerpen jener Feuerschlund / Solln meine Geisterdiener mir ersinnen.« (I/1**) Herrschaft über alle Herrscher ist das Ziel; es nimmt allgemeine Vernichtung leichthin in Kauf: »Sei's auch, den Mond aus seiner Bahn zu lenken, / Im Ozean das Weltall zu versenken.« (I/3) Der Böse Engel aber lockt am Anfang mit der Verheißung:

> Geh vorwärts, Faust, in der erhabnen Kunst,
> Die alle Schätze der Natur erschließt:
> Sei du auf Erden, was im Himmel Zeus,
> Der Elemente unbeschränkter Herr.

Hybris und Omnipotenzwahn sind der Charakter von Marlowes Faust, der weit mehr an Wissenschaftler vom Schlage Edward Tellers oder Samuel T. Cohens (der eine erfand die Wasserstoff-, der andere die Neutronenbombe) erinnert als an seinen Goetheschen Nachfahr. Die Melancholie ist in diesem Stück Sache des Teufels, der kein brillanter Zyniker ist wie bei Goethe, kein witziger Katastrophentheoretiker, der im voraus den unvermeidlichen Untergang genießt, sondern eine Gestalt, die sich zu ihrer »matten Seele« bekennt. Auf Fausts Frage, wie er, der zur Hölle Verdammte, aus der Hölle herausgekommen sei, antwortet Mephostophilis: »Dies *ist* die Hölle, und ich bin nicht draußen.« Der Vers spricht das Weltgefühl eines Autors aus, der, wie Goethe, aber unter andern Auspizien, Faust und Mephostophilis in einer Person ist. Die Krone quittiert sein intellektuelles Rebellentum, das sich auf nie geklärte Weise mit geheimdienstlichen Aktivitäten im Dienst der Regierung verbindet, durch den Dolch eines von der Königin schnell begnadigten Mörders.

Marlowe, dieser Wundermann des Welttheaters, hatte binnen weniger Jahre die Hauptfiguren und Krisenkonstellationen kommender Jahrhunderte dramatisch aufgeworfen: das schrankenlose Machtstreben in Staat und Wissenschaft ebenso wie den verschwörerisch geplanten Massenmord als politisches Instrument. Sein Altersgenosse Shakespeare, später – und in einer ruhigeren Zeit – antretend, vermeidet Stoffe von augenfälliger Brisanz; die Stimmung von Krise, Aufruhr, Verzweiflung klärt und verdichtet sich in seinem Werk zu dem Ausdruck jener melancholy, die ihre bündigste Fassung in den – von Schlegel übersetzten – Eingangsversen des »Merchant of Venise« findet:

Fürwahr, ich weiß nicht, was mich traurig macht:
Ich bin es satt; ihr sagt, das seid ihr auch.
Doch wie ich dran kam, wie mir's angeweht,
Von was für Stoff es ist, woraus erzeugt,
Das soll ich erst erfahren;
Und solchen Dummkopf macht aus mir die Schwermut,
Ich kenne mit genauer Not mich selbst.

Es ist ein Selbstporträt; von allen Stücken Shakespeares ist die Geschichte von der verzweifelten Selbstlosigkeit des Mannes, der seinen Freund an eine Frau verliert und, auf schier selbstmörderische Weise, selbst die Hand dazu bietet, die vielleicht am stärksten autobiographisch getönte.

## *Konkrete Utopie*

Shakespeare ist die poetische Verkörperung und vitale Eruption der »elisabethanischen Krankheit«; der Nebensinn schöpferischer Verdüsterung, genialer Eintrübung, den das Wort in der griechischen Antike nicht lange nach seiner medizinischen Etablierung annimmt, gelangt bei ihm zu hoher Anschaulichkeit.* Der Corpus Hippocraticum, jene Sammlung medizinischer Schriften des 5./4. vorchristlichen Jahrhunderts, die dem Hippokrates von Kos zugeschrieben wurde, kannte melan-cholia, die schwarze Galle, als einen der vier Körpersäfte (Blut, Schleim und gelbe Galle waren die andern), deren harmonisch abgestimmtes Zusammenwirken als die Definition der Gesundheit galt; Krankheit war Gleichgewichtsstörung als das Überwiegen und einseitige Hervortreten eines der vier Kardinalsäfte. Zog Melancholie von hier aus den Begriff des Schwermütig-Trüben auf sich, so fügte ein dem Corpus Aristotelicum einverleibter Text ihr die konträre Dimension schöpferischen Tiefsinns, einer exzeptionellen Produktivität hinzu. »Aus welchem Grunde«, fragt der Autor der »Problemata Physika«, »sind alle hervorragenden Männer, sei es, daß sie sich in der Philosophie, der Politik, der Poetik oder den bildenden Künsten ausgezeichnet haben, offenbar Melancholiker, ein Teil von ihnen in der Art, daß er sogar von krankhaften Erscheinungen, die von der schwarzen Galle ausgehen, ergriffen wurde, wie man es unter den Heroen von Herakles erzählt? [...] Von den späteren waren es Empedokles, Platon, Sokrates und zahlreiche andere bekannte Männer. Von den Dichtern waren es die meisten.«*

Der Autor versucht eine physiologische Ableitung, die die Wirkung der schwarzen Galle mit der des Weines vergleicht: »Denn wenn das Temperament sehr im Übermaß vorhanden ist, sind sie in hohem Maße Melancholiker, wenn sie aber einigermaßen gemischt sind, dann sind sie hervorragende Menschen.« Das ist die versuchte Rationalisierung eines Wissens, das sich in der Gestalt des Herakles, des irrend-tätigen Halbgotts, zu mythischer Anschaulichkeit gebracht hatte, und zugleich die früheste Fassung eines Problems, das in neuerer Wissenschaft und Literatur nicht zur Ruhe gekommen ist, der Psychologie des Genies, der Frage nach den womöglich pathologischen Antrieben und Dispositionen der exzentrischen Fähigkeit, Neues in die Welt zu setzen.

Hat die Gabe, die Welt aus dem Gleichgewicht des geistig Vorhandenen zu bringen, ein Korrelat in der Psyche des Hervorbringenden, dergestalt, daß auch dort nicht alles in der Balance ist? In der Gleichgewichtsidee der hippokratischen Medizin haben beide Dimensionen des Melancholie-Begriffs ihr Verbindendes: das verschobene, wenn man so will verrückte innere Gleichgewicht als subjektives Korrelat der Fähigkeit, das Gleichgewicht des in der Welt Vorhandenen zu erschüttern. Hinzu kommt die psychologische Evidenz, daß nicht nur, und nicht einmal primär, rastlose Arbeitsamkeit die geniale Leistung bedingt, sondern auch jener Zug von Weltabgewandtheit, In-sich-gekehrt-Sein, für den Melancholie den gängigen Topos bildet. Das Wort, Genie sei Fleiß, wird Bach zugeschrieben (es entstammt einem Vers Fontanes*); es ist wie eine Verschleierung des Umstands, daß Fleiß, für sich genommen, beinahe das Gegenteil von Genie ist, dessen tätiges Eindringen in den Weltstoff die krisengeschüttelte

Abkehr oft zur Voraussetzung hat. Erst die – höchst spannungsreiche – Einheit von beidem, ihrerseits ein Balancevorgang, bringt das Novum, das vorher nicht Dagewesene zur Erscheinung. In dem Planeten Saturn, wie ihn sich spätantike und dann arabische Astrologie als Sterngestalt der von der Erde verbannten römisch-griechisch-orientalischen Gottheit dachte, kommt diese Spannung konträrer Kräfte zu gesammelter Erscheinung. »Die Kronosvorstellung«, resümieren Panofsky und Saxl*, »ist nicht nur dualistisch in bezug auf die Wirkung des Gottes nach außen, sondern auch in bezug auf sein eigenes, gleichsam persönliches Schicksal, und sie ist es außerdem in solchem Umfang und in solcher Schärfe, daß man den Kronos geradezu als einen *Gott der Extreme* bezeichnen könnte.«

Melancholie als Steigerung und Verstörung, als Steigerung durch Verstörung – man konnte den so erweiterten Begriff im frühen 17. Jahrhundert um so leichter auf den Zustand von Staat und Gesellschaft übertragen, als man gewohnt war, sich beide im Bilde des Organismus zu denken: der Staat als Staatskörper, in dem seinerseits die *humores* durcheinandergeraten konnten – Freisetzung von Kräften durch einen Zustand wankenden Gleichgewichts (und umgekehrt Gleichgewichtsstörung durch die Freisetzung von Kräften). Aber man kann den melancholischen Staat auch indirekt bestimmen: als melancholisch machenden Staat – einen, der durch Schlendrian, Verwilderung, das Sich-Aufreiben wirkender Kräfte Melancholie erzeugt, nämlich bei seinen Gliedern und Betrachtern. Robert Burton erblickt den melancholischen Staat zu einer Zeit, da, am Ende der Regierung Jakobs I., das Scheitern eines von lebendiger politischer Erfahrung abgeschnittenen Absolutismus absehbar wird. »Aber wo man viele Unzufriedene sieht, wo allgemeine Mißstände, Beschwerden, Armut, Barbarei, Bettel, Seuchen, Kriege, Empörung, Aufruhr, Meuterei, Streit, Trägheit, Ausschweifung und Genußsucht sich ausbreiten, wo das Land öde und unbestellt liegt, voller Sumpfgebiete, Moräste und Wüsteneien, wo die Großstädte verfallen und die Städte verkommen und armselig sind, die Dörfer entvölkert, die Leute schmutzig, abstoßend und unhöflich – ein solches Land, ein solches Königreich wird zwangsläufig unzufrieden und melancholisch sein, einen kranken Körper haben und der Reform bedürfen.«*

Aber wie, durch wen, mit welchem Ziel, in welcher Richtung? Über Melancholie war auch vor Burton in England theoretisch gehandelt worden; den Werken der Dichter standen die Traktate der Analytiker zur Seite. Neu an dem Melancholie-Theoretiker Burton ist, daß er der Zergliederung des Phänomens ein Hilfsmittel gegen seine soziale Erscheinung, seine soziale Wurzel voranstellt, die Vorstellung eines geordneten, leistungsfähigen, von Unrecht und Wirrnis befreiten Gemeinwesens, mit einem Wort: eine Gesellschaftsutopie. »Ich will, mir selbst zu Genügen und zu Gefallen, ein eigenes Utopia machen, ein neues Atlantis, ein poetisches Gemeinwesen, in dem ich frei herrschen will, Städte bauen, Gesetze und Statuten machen, die ich selbst erlasse.«**

Burtons Staatsvision opponiert dem »schlechttemperierten, melancholischen Staat« und seinen aufrührerischen und streitsüchtigen Bewohnern durch die Imagination einer Ordnungswelt, deren Beschaffenheit sich von den Konstruktionen Thomas Morus' und Campanellas durch ihre Nähe zur Wirklichkeit unterscheidet: der Autor entwirft nicht das Bild einer von Grund auf neuen, sondern der eingerenkten vorhandenen Welt. Sein Entwurf ist, entgegen dem Bild, das neuere Kommentatoren (so Jean Robert Simon) von ihm geben, keine drakonisch-zentralistische, sondern gleichsam eine realistische Utopie, die Vision eines Wohlfahrts- und Sozialstaates auf monarchischer Grundlage und in der Balance von erblichem Grundadel, der auf Verwaltungsdienste verpflichtet wird, und einem Bürgertum, dem nach Verdienst in Krieg und Frieden alle Ämter und Ehrenstellen offenstehen.

»Die utopische Gleichheit«, erklärt Burton im Blick auf die Respublica Christianopolitana des Rosenkreuzers Andreä, auf Campanellas City of the Sun und das New Atlantis des Thomas Morus, »ist eine Art der Regierung, die leichter gewünscht als verwirklicht ist«, und nennt Platos Republik »in vieler Hinsicht gottlos, absurd und lächerlich«.* Die Regierung solle monarchisch sein, da – er sagt es mit einem lateinischen Autor – »die Freiheit niemals lieber hervortrete als unter einem guten König«; die Frage, wie man zu einem guten König komme, beschäftigt ihn nicht weiter. Burtons Vision, die sich nicht als phantastische Erzählung, sondern mit dem »Es soll« des setzenden Subjekts vorträgt, beugt der Entstehung von Großstädten durch die Einteilung des Landes in Provinzen von natürlichen Grenzen und mäßiger Größe vor, in deren zentral gelegener Hauptstadt (die Dörfer liegen maximal acht Meilen von ihr entfernt) alle Bewohner das Lebensnotwendige einkaufen können.

Ausgebreitete Vorstädte sind vermieden; unter den zahlreichen öffentlichen Gebäuden gibt es Heimstätten nicht nur für körperlich und geistig Kranke, sondern auch für Kinder, Waisen, alte Leute, militärische Veteranen. Die Versorgung derer, die nicht mehr für sich selbst aufkommen können, ist ein Hauptelement des Burtonschen Sozialstaats, der den Armen und Schwachen mit Kornzuteilungen, mietfreien Wohnungen, Geldzuwendungen und sogar Pensionen zu Hilfe kommt. »Darum sehe ich keinen Grund«, schreibt er und setzt die Passage kursiv, »warum ein Epikuräer oder Faulenzer, ein reicher Schlemmer, ein Wucherer bequem und in Ehren leben sollten, ohne etwas zu tun, andere unterdrückend und zugleich alle Arten von Vergnügungen kostend, wenn zur gleichen Zeit ein armer Arbeiter, ein Schmied, ein Bauer, der seine Zeit mit beständiger Arbeit verbracht hat, wie der Esel seine Bürde trägt, um zum Gemeinwohl beizutragen, und ohne den wir nicht leben könnten, auf seine alten Tage verlassen sein soll, um zu betteln oder zu hungern und ein elendes Leben zu führen, schlechter als ein Lasttier.«*

Aber auch für die Gesunden ist gesorgt: »Erholung und Ferien, Feste und fröhliche Begegnung« zu feststehenden Zeiten auch »für den geringsten Handwerker, den mißachtetsten Dienstmann«. In den Städten sind – außer Theatern, Gesellschaftshäusern, öffentlichen Spazierwegen – ausgedehnte Gelände für Sport (was hier soviel wie Spiele bedeutet) und Leibesübungen (»gymnicks«) vorgesehen. »Öffentliche Schulen aller Art« sollen entstehen, »für Singen, Tanzen, Fechten und besonders für Grammatik und Sprachen, die nicht nach den langwierigen Regeln, die allgemein üblich sind, gelehrt werden sollen, sondern durch Gebrauch, Beispiel, Unterhaltung, wie Reisende unterwegs lernen und Kinderfrauen ihre Kinder lehren.«

Der Gewinnung eines »süßen und guten Wassers« gehört das Augenmerk dieser imaginären Obrigkeit ebenso wie der Pflege von Wissenschaften und Künsten. In geräumigen Gerichtshöfen wird nach wenigen, durchschaubaren, in der Volkssprache abgefaßten Gesetzen Recht gesprochen. Zu Unrecht bezeichnet ein auch sonst fehlgehender Kommentator das Burtonsche Justizsystem als »sadistisch«, »die juristische Weihe der blutigsten Instinkte«.** Es sind die Strafgebräuche seiner Zeit, der Zeit des Dreißigjährigen Krieges, von denen Burton ausgeht, indem er die furchtbarsten (Rädern, Vierteilen) ausläßt, die übrigen in ihrer Anwendung modifiziert: keine Todesstrafe für Diebstahl, jedoch für Ehebruch und unter Umständen für Verleumdung; Handabschlagen für Kirchenschändung; den Galgen für dauernd zahlungsunfähige Bankrotteure. Es gibt Zwangsarbeit (Galeere oder Bergwerk) und Sklaverei als Strafen, doch wird die erbliche Sklaverei entschieden verworfen; Angriffskriege mit ihren furchtbaren Begleiterscheinungen, »Entvölkerung, Niederbrennen der Städte, Massaker an Kindern«, sind untersagt.

Private Monopole sind ebensowenig statthaft wie die steuerliche Belastung von Grundnahrungsmitteln, ein einheitliches Maß- und Gewichtssystem erleichtert Handel und Wandel; die Spezialisierung der Provinzen auf bestimmte Wirtschaftszweige ist Grundlage der Produktion. Dieser Wohlfahrtsstaat, den der Autor in einer Zone ewigen Frühlings ansiedelt, schließt sich nicht inselhaft ab; er treibt Handel von günstig gelegenen Stapelplätzen und macht sich durch Expeditionen zu Wasser und zu Lande die Errungenschaften der Welt zunutze: verschwiegene Männer erkunden in fremden Ländern »Bräuche und Veränderungen«, »kunstreiche Erfindungen und gute Gesetze«.

Burtons Idealstaat bedünkt in vieler Hinsicht wie eine Vorwegnahme dessen, was im Lauf von drei Jahrhunderten in großen Teilen der Welt Grundlage des gesellschaftlichen Lebens geworden ist. Er hat es in der Geschichte der Utopien nicht zu Ansehen, ja kaum zu einer Erwähnung gebracht, vielleicht, weil er zu wenig im Nirgendwo zu Hause war. Er ist konkrete Utopie in dem Sinn, daß das Wünschenswerte sowohl positiv wie negativ aus dem Gegebenen abgeleitet ist; man braucht es nur besser, vernünftiger, gerechter einzurichten, um Armut und Elend und damit Verwirrung und Gewalttat fernzuhalten. Ein Staat, der für die Gesunden wie für die Kranken sorgt, der sich des Offensivkriegs enthält und zum eigenen Nutzen die Verfassung anderer Völker studiert, der dem Gegensatz zwischen Stadt und Land entgegenarbeitet und Bankschwindler härter bestraft als Diebe, der junge, aber nicht zu junge Ehen (die Mädchen über zwanzig, die Männer über fünfundzwanzig) fördert und Steuern nur auf Luxusgüter legt, wird, so denkt es sich der in allen Schriftstellern alter und neuer Zeit bewanderte Autor, nicht verfehlen, Melancholie hintanzuhalten.

Da aber Vernunft fern ist und Wirrnis nahe, geht er daran, die Spielarten dieser Komplexion zu ergründen wie jener Demokrit von Abdera, den Hippokrates, der Arzt, eines Tages in völliger Nacktheit angetroffen habe, mit einem Buch auf den Knien und einem Messer in den Händen, Tiere zerlegend, um »die Ursachen von Verrücktheit und Melancholie zu finden«. Als ein jüngerer Demokrit entfaltet Burton das Panorama der saturnischen Seelenlandschaft: »Die Anatomie der Melancholie, was sie ist, mit allen Arten von Ursachen, Symptomen, Vorzeichen und allerlei Kuren, in drei Abteilungen, mit ihren verschiedenen Abschnitten, Teilen und Unterabschnitten, philosophisch, medizinisch und historisch geöffnet und aufgeschnitten von Democritus Junior«. Dies sei das einzige Buch, erklärt hundertfünfzig Jahre später Doktor Samuel Johnson seinem Adlatus, das ihn verführen könne, morgens zwei Stunden früher als gewöhnlich aufzustehen.

## *Doppelbild, Doppelvalenz*

Nichts scheint plausibler, als daß die Wahrnehmung gesellschaftlicher Destruktion Visionen von Konstruktion erzeugt, die sich, mit geträumtem oder projektiertem Sprung, aus dem schlechten Seienden in ein gedachtes Gutes werfen. Solche Entwürfe (auch der Marxsche Gedanke eines aus der proletarischen Revolution hervorgehenden Staates qua Anti-Staates, der frei von allen Zwängen und Gebresten wäre, die diesem Anatomen des Kapitalismus vor Augen standen, gehört in diesen Kreis) – solche Entwürfe fungieren als ideelle Vorwegnahme jenes neuen, ungewissen Gleichgewichtszustands, auf den sich die Krise des Bestehenden zubewegt. Daß dieser sich anders herausstellt, als es die Utopiker imaginieren, die Prognostiker induzieren, liegt im Wesen des geschichtlichen Prozesses.

Weder bei Morus, dem Zeitgenossen Luthers und Dürers, noch bei Bacon, dem Mitlebenden Marlowes und Shakespeares, tritt die Utopie so unverblümt als Antimelancholicon auf wie bei Robert Burton. Das ideale Commonwealth erscheint bei ihm als magisches Quadrat der Staatskunst, dazu bestimmt, als abstraktes Jupiterzeichen den Einfluß des trüben, düsteren Saturn ins Helle und Fruchtbare zu wenden. Es wäre fesselnd, die – objektive und subjektive, psychologische wie gesellschaftliche – Verschränkung beider Momente bei einem Autor wie Rousseau zu untersuchen; bei Brecht treten Melancholie und Utopie auf neue, merkwürdige Weise zusammen. Melancholie: das Wort fehlt bei Brecht; er verwendet es nicht, er enträt seiner. Er kann dies um so mehr, als sein ganzes Werk, erst recht das frühe, in diese Farbe getaucht ist.

Ich gestehe es: ich
Habe keine Hoffnung.
Die Blinden reden vom Ausweg. Ich
Sehe.

So dichtet »der Nachgeborene«, ein Zweiundzwanzigjähriger, der seiner Geliebten den Namen jenes Heilkrauts gibt, mit dem Dürer den Kopf seiner Melencolia umwindet: Bittersüß, und versetzt sich auf einem andern Blatt in den »Himmel der Enttäuschten«, der, von unten, nur durch die Hymnen der Bewundrer etwas erwärmt wird. Gegen zu hohe Erwartung verwahrt sich ein anderes Gedicht dieser Zeit,* dessen erste Strophe in den Hauptvers ausgeht: »Wer immer es ist, den ihr sucht: ich bin es nicht.«

Dieser junge Mann weiß alles und durchschaut alles;

nichts, am wenigsten er selbst, hält seinem Blick stand. An zwei zentralen Stellen der »Hauspostille«, im »Gesang des Soldaten der roten Armee« (1919) und im »Mahagonnygesang Nr. 3«, schlägt das Bekenntnis von Marlowes armem Teufel durch: die Erfahrung der Welt als Hölle; Herr Keuner aber ist ein Niemand, der nur im Liegen, getragen, auf die Bühne zu bringen ist (»so wenig zieht es ihn dahin«*), um dort, natürlich, sogleich in Herrschaft zu treten. 1927 tritt dieser dritte Mahagonny-Gesang (er stammt aus der Zeit um 1920) in das Finale der Weillschen Oper ein: »An den Haaren«, singen die drei aus der Netzestadt, als eine im Gewand Gottes unter sie tretende Gestalt sie zur Hölle schicken will, »kannst du uns nicht in die Hölle ziehen / Weil wir immer in der Hölle waren«; in dem Gedicht der »Hauspostille« ist der Vers gesperrt gedruckt. Daß der junge Brecht sich an den Elisabethanern orientiert, hängt auch damit zusammen, daß er ihr Leiden teilt: die elisabethanische Krankheit. Sie entspringt dem gesellschaftlichen Zustand: alte Ordnungsmächte sind gestürzt, neue von offenbarer Hinfälligkeit; ein Zeitklima entfesselter sozialer wie intellektueller Kräfte zehrt die verbürgten Werte auf wie die Inflation das Geld. Und sie entspringt einem psychischen Urgrund, der sich in dem Zeitgrund spiegelt, der sich durch ihn bestätigt; er liegt verschiedenen Deutungen bloß.

Peter von Matt hat 1974 auf die präödipale, von der vorgenitalen Kind-Mutter-Dyade bestimmte Konstellation des Brechtschen Welt- und Dichtbildes hingewiesen und auf deren fruchtbare Kongruenz mit einem Gesellschaftszustand, der zunehmend von anonymen und institutionellen Mächten statt den alten patriarchal und personal geprägten bestimmt ist: »Der Vorgang der Regression entspringt nicht einem aufbewahrten infantilen Trauma, sondern stellt die Antwort dar auf traumatische Gegenwart – konkret geschichtliche Gegenwart. Wenn also der Dramatiker Brecht zu einem primären Phantasie-Material gelangt über Rückgriffe auf vor-ödipale, grundsätzlich dyadische Erfahrungsabläufe, wenn er so (nur so) zu einem für seine Gegenwart notwendigen Schriftsteller wird, dann sagt die Struktur solcher Regression zuerst und zuletzt etwas aus über diese seine Gegenwart, nicht über Privatbiographisches oder gar Privatpathologisches. Es darf von ›kreativer Regression‹ gesprochen werden. Die noch immer verbreitete Vorstellung, man verkehre den Schriftsteller in ein von neurotischen Zwängen heimgesuchtes Wesen, wenn der poetische Produktionsvorgang mit dem Regressionsbegriff auch nur in Verbindung gebracht wird, steht dabei nicht mehr zur Diskussion. [...] Das scheinbar radikal Private entdeckt sich als Öffentliches: als die Basis nämlich jener durch nichts anderes zu ersetzenden Selbstreflexion der geschichtlichen Gesellschaft, die im Kunstwerk geschieht. So müssen die regressiven Abläufe in der Genese wie in der Rezeption des literarischen Produkts zuletzt gewertet werden als die spezifische List der ästhetischen Vernunft.«*

Neben und im Zusammenhang mit der dyadischen Konstellation ist jene erotische Doppeldisposition in Betracht zu ziehen, die in Brechts frühen Jahren zutage tritt und sich später zu dem sublimiert, was man seinen pädagogischen Eros nennen könnte. Die prägenitale Phase, die der Psychologe als bestimmend für Brechts Erfahrungsbild nachweist, ist eine (in erotischer Hinsicht) vorpolare; in den Weltbildern früher Kulturen entspricht ihr die Vorstellung eines bisexuellen Urmenschen, der später in eine männliche und eine weibliche Hälfte zerfällt. Tatsächlich enträt Brechts, des Dialektikers, Weltbild nicht nur der ödipalen Konfliktstruktur, sondern auch der einsinnigen erotischen Fixierung. Von daher kommt es, daß die Prometheus-Figur, grundlegend bei Goethe wie bei Beethoven, bei Shelley wie bei Marx, und der mit ihr verbundene

Topos von Aufruhr, Empörung, Revolte keine Rolle bei ihm spielt. Sein Revolutionspathos zielt nicht auf den Sturz der alten, sondern auf die Herstellung einer neuen Ordnung. Brechts Weltverhalten ist nicht prometheisch-cholerisch, sondern burtonisch-melancholisch strukturiert; seine individuelle wie gesellschaftliche Grunderfahrung (in der Koinzidenz beider liegt die Quelle seiner dichterischen Tragweite) sind nicht die Schranken einer vorhandenen Ordnung, die es niederzureißen gelte, sondern die Gegebenheit von Chaos, Kälte, Unbehaustheit, der es neue Ordnung qua Utopie abzugewinnen gilt. Es ist darum folgerichtig, daß die Revolution von 1918 ihn kaltläßt: »Trommeln in der Nacht« ist das Stück über ihre Unvorhandenheit auf seiner seelischen Bühne. Der Sturz von Vaterordnung, Kaiserwelt kümmert ihn wenig: beide haben ihm nicht im Weg gestanden. Mit der Freiheit als Idee hat Brecht nie etwas anfangen können; Freiheit war für ihn das Krisenhaft-Vorgegebene, ein psychisches Apriori und *insofern* ein Problem.

Die dyadische Struktur mit ihrem elementaren Gegensatz Wärme/Kälte ist bei Brecht, auch gegenüber jeder Vater-Erfahrung, so dominant, daß die Figur erotischer Sonderung dagegen verblaßt. In Platons »Gastmahl« spricht Aristophanes von einem verschollenen Geschlecht mannweiblicher Einheit und ordnet es dem Mond zu, der gleichermaßen an Sonne und Erde, der männlichen und der weiblichen Urkraft, teilhabe. Mondhaft ist auch Brechts Weltbeleuchtung; über seiner Erfahrungsweise und ihrem poetischen Ausdruck liegt jenes reflektierend erzeugte Mondlicht, das, eine Grauquelle, die Konturen schärft und die Farben löscht.

In andern Mythologien nimmt, statt der Erde, der Mond die Stelle des Weiblichen ein; die Alchemie beschwört in diesem Sinn das Doppelbild von Sonne und Mond als Sinnbild kosmischer Vollkommenheit. Bei Goethe findet die

Chiffre dieser chymischen Hochzeit* einen dichterischen Nachklang, »Divan«-Verse feiern die kraft der Liebe wiederhergestellte Ur-Einheit:

Die Sonne kommt! Ein Prachterscheinen!
Der Sichelmond umklammert sie.
Wer konnte solch ein Paar vereinen?
Dies Rätsel wie erklärt sich's? Wie?

Jakob Böhmes mystische Dialektik findet das Doppelbild des Geschlechtlichen am Anfang des Paradieses und gibt ihm höchste theosophische Weihen: Christus und die Jungfrau Sophia als »eine Person, als die wahre männliche Jungfrau Gottes, welche Adam vor seiner Eva war, da er Mann und Weib und doch keines war, sondern Jungfrau Gottes«.** Der deutschen Romantik wird die »coincidentia oppositorum« hermaphrodisischer Bisexualität zum Inbild der aus zwei Sphären, der männlichen wie der weiblichen, genährten musischen Schöpferkraft: der Künstler, der mit dem Werk schwanger geht. Dennoch, und bei allen Ehren, die ihr altes Wissen erweist, ist die erotische Doppeldisposition gesellschaftlich stigmatisiert, und nicht erst in der bürgerlichen Welt; hieraus ergibt sich der Zwang zur Entscheidung ebenso wie deren Unkosten. Die Gewalt, die das sich domestizierende Subjekt wider sich verübt, schlägt auf verschiedene Weise nach außen, als unbewußte Strafhaltung gegenüber dem Geschlecht, dem die nun vereinseitigte Zuwendung gehört, aber auch in einem Weltverhalten, in das sich drakonische Züge einschreiben: die Welt, die Gesellschaft muß für das bestraft werden, was sie das Subjekt zwingt, sich anzutun.

## *Von der Schwierigkeit, jasagen zu lernen*

In dem Maß (und zu der Zeit), wie es Brecht gelingt, erotische Ambivalenz im Sinne fixierter Heterosexualität zu bemeistern (am 10. April 1929 heiratet er zum Entsetzen seiner Freundinnen die Schauspielerin Helene Weigel, die ihm 1924 den Sohn Stefan geboren hat), entringt sich seinem melancholisch-chaotischen Weltverhältnis das Gegenbild der Utopie; die Gewinnung einer neuen Mutterfigur koinzidiert mit Ordnungssuche auch in der gesellschaftlichen Welt. Die Wende begibt sich nach der »Dreigroschenoper«, in der das anarchische Individuum, ein Frauenräuber, der auf dem promiskuitiven Rückfall ertappt wird, an der Übermacht der kalten Welt scheitert. Eine Vater-Instanz ahndet den Frauenraub – dieses sein erfolgreichstes ist Brechts einziges ödipal strukturiertes Drama. Der Autor hat an beiden Figuren teil, er ist der Räuberhauptmann und der puritanische Geschäftsmann zugleich und läßt sein anarchisches Ich gleichsam an seinem strategischen scheitern. Fortan ist Brecht ein kurierter Macheath, der sich auf die Seite der Ehe wie der Organisation schlägt; soll man sagen, daß er in die Firma Bettlers Freund einheiratet? Peachums Truppe war etwas wie eine Gewerkschaftsparodie gewesen, nun geht der Autor daran, mit der Arbeiterbewegung ernst zu machen; er tut es mit jener »fanatischen Trockenheit«,* die ihrerseits – und ganz unmittelbar – eine Spielfigur, übrigens eine saturnische, ist.

Die Lehrstücke markieren die Wende. Sie vollzieht sich im Zeichen der Reduktion. Brecht macht mit der »Armut« ernst, die er sich früh und ganz im Sinne von Luthers »armem, elendem, sündhaftem Menschen« zugeordnet hatte; eine sancta simplicitas von höchster artifizieller Bewußtheit malt die Figur der Entsagung als eine der Rettung. »Wer aber den Wunsch hat, einverstanden zu sein, der hält bei der Armut.« (»Das Badener Lehrstück vom Einverständnis«, VII) Das ist die Hochsprache deutscher Mystik; mit biblischem Pathos vollzieht sich die Wendung zu jener mönchischen Einheit von Armut und Demut, die der dreißigjährige Rilke, noch unter strikt individualistischen Auspizien, ein Vierteljahrhundert vorher im »Stundenbuch« vollzogen hatte.* Das anarchische Individuum hatte der Chaos- und Kälteerfahrung standgehalten, nun baut es sich, auf zwei Ebenen, eine neue Mutter-Welt; sie steht nicht mehr im Zeichen des Sich-gehen-Lassens, sondern des Gehorchens, mit Brechtscher Wendung: des Einverständnisses.

Die neue Haltung gibt sich mit Berufung auf Bacon: *Natura non nisi parendo vincitur* (Die Natur wird allein durch Gehorchen besiegt), sowohl theatralisch-experimentell wie soziologisch-revolutionär. Aber sie hat auch eine subjektive Seite, als Drang nach dem Sich-verschwinden-Machen der unhaltbaren, unerträglichen Individualität in einem Umfassend-Ganzen, das sich als Bewegung zur Aufhebung der aus Kälte, Chaos, Fremdheit gemachten Welt versteht und diese Aufhebung an sich selbst schon spendet, insofern subjektiv realisierend, was sie gesellschaftlich verheißt. Auch die in der 7. Szene des Badener Lehrstücks dramatisch exponierte Keuner-Lehre: »In seiner kleinsten Größe überstand er den Sturm«, und das fünffache »Verwisch die Spuren!« am Anfang des »Lesebuchs für Städtebewohner« hat außer der objektiven eine persönlich-wörtliche Bedeutung, als das Verlangen nach Aufgabe der unbändig-weltverzehrenden Individualität; erst von daher gewinnt es seine dichterische Kraft.

Aus der Verkündung der Welt als der schon daseienden Hölle, des Jammertals voller Dunkel und Kälte, die am Ende der »Dreigroschenoper« noch einmal großartig Gestalt gewinnt, mit einer Sprachgewalt, die keinen Einspruch zuläßt, weil sie aus den Tiefen der Seinserfahrung hervorbricht, erhebt sich mit »stählerner Einfalt« (das Wort fällt zweimal, am Ende des »Ozeanflugs« und am Anfang des »Badener Lehrstücks«) das Konzept der *Hilfeverweigerung* als eines Instruments der Utopie: die verworfene Welt soll durch Verweigerung helfender Eingriffe an sich selbst – der Kulmination ihrer Widersprüche – zugrunde gehen, damit aus ihren Trümmern der Phönix neuer Ordnung erstehe. »Dennoch raten wir euch, der grausamen / Wirklichkeit / Grausamer zu begegnen [...] / Wenn keine Gewalt mehr herrscht, ist keine Hilfe mehr nötig. / Also sollt ihr nicht Hilfe verlangen, sondern die Gewalt abschaffen. / Hilfe und Gewalt geben ein Ganzes / Und das Ganze muß verändert werden.« (»Badener Lehrstück«, IV)

Politik als Anti-Politik: Verweigerung der Handreichung, die eine wankende Welt aufrechterhalten könnte; es gilt, den Untergang herbeizuführen, nicht, ihn zu vermeiden. Wo das Bestehende melancholisch, also als Anarchie, höllengleich, als ein Nirgendzuhaus, erfahren wird, wird die Katastrophe zum Ziel: Quellpunkt neuer Ordnung, deren Beschaffenheit ganz und gar metaphysisch, aus aller Welt liegend, bestimmt wird:

Euch
Fordern wir auf, mit uns zu marschieren und mit uns
Zu verändern nicht nur
Ein Gesetz der Erde, sondern
Das Grundgesetz
Einverstanden, daß alles verändert wird
Die Welt und die Menschheit
Vor allem die Unordnung

So heißt es im »Badener Lehrstück« (Szene XI), und »Die Maßnahme« (Szene II) fordert mit bezeichnender Wortwahl »Ausmerzung des Urgrunds«. Das Mittel dazu ist nach außen (den andern gegenüber) Hilfeverweigerung, nach innen (dem Ich gegenüber) Selbstauslöschung. Um zu der Änderung der Welt berufen zu werden, müssen die drei Monteure mit ihrem eigenen Tod einverstanden sein; als Marschierende erstehen sie wieder auf. Damit ist die wesentliche Änderung aber schon geleistet. Das Nirgendheim einer in ihrem Grundgesetz geänderten, das bedeutet aber: abgeschafften Welt und Menschheit entdeckt sich als so tiefempfunden wie psychologisch vorwändig; es ermöglicht das Abwerfen der in der übermächtigen Kälte-Welt nicht mehr aufrechtzuerhaltenden Individualität.

Die Bewegung ist alles, das Ziel ist nichts – die Losung der reformistisch gewordenen Sozialdemokratie gewinnt hier einen neuen, gleichsam wörtlichen Sinn: Wo das Ziel das Nichts ist, ist die Bewegung darauf zu tatsächlich alles, was erreichbar ist, und zugleich ein Vorgeschmack, Vorgefühl des Ziels. In den Fluß- und Verwesungschiffren von Brechts frühen Gedichten hatte sich der Refötalisierungswunsch lyrisch-subjektiv, mit sinnlicher Metapher gesetzt.* Nun umgibt er sich, die melancholische in die utopische Gestalt wandelnd, mit dem dramatischen Schein stählerner Objektivität.

## *Das Lehrstück als Passionsspiel*

Einen völlig märchenhaften, darum um so aufschlußreicheren Ausdruck findet die Wende von der Melancholie zur Utopie, von der Selbstbehauptung des chaosverfallenen, chaosbedrängten Ich zu seiner intentionellen Auslöschung in der zwiegesichtigen Schuloper vom Ja- und Neinsager. Das beiläufig scheinende Doppelwerk mit seinem hochsynthetischen Fibel-Ton steht im Zentrum des Umschaltvorgangs; es reflektiert dessen ganze Intention, dessen ganze Problematik. Für das unhaltbare Dasein setzt der Dichter die stärkste Chiffre ein, über die er verfügt: die kranke Mutter, und es stimmt zu seiner Grunderfahrung, daß kein Vater zur Stelle ist. Der Sohn selbst vertritt dessen

Stelle; er hat, als Pfleger und Beschützer, die kranke Mutter für sich. Mit der Mutter ist die ganze Stadt, das heißt aber: die ganze Welt, krank, und Besserung ist nicht in Aussicht. Der Satz, mit dem die Mutter dies, scheinbar simpel, konstatiert, ist tragend: »Leider geht es mir nicht besser, da man gegen die Krankheit ja bis jetzt keine Medizin kennt.«

Das ist nicht länger hinzunehmen. »Man muß etwas finden«, sagt der Lehrer; »eine Reise über die Berge«, dorthin, wo »die großen Ärzte« wohnen, soll die Medizin, die keiner kennt, herbeischaffen. Das ist die Reise nach Utopia, zu der Brecht selbst aufgebrochen ist. Er erkennt sie als »gefährliche Reise«, nichts für Kinder (daß er sich unter den erwachsenen Reisegenossen als Kind begreift, ist ein so konstitutiver wie rührender Zug der Geschichte), und will trotzdem mitgenommen werden, sogar um den Preis, sich von der Mutter zu trennen; will er ihr wirklich helfen? Wenn die »Hilfsexpedition« des Lehrers und der Studenten erfolgreich wäre, würde der Mutter ohnedies geholfen. Nicht um der Mutter willen bricht der Knabe auf – er will sich selbst helfen, und zwar von der Mutter; er will sich durch die Reise gen Utopia emanzipieren. »Alles ist, wie du sagst. Aber trotzdem kann mich nichts von meinem Vorhaben abbringen.«

Die gefährliche Reise gilt der Rettung der Welt und der Emanzipation von der Mutter; die Wanderung, der Marsch selbst nimmt ihn als neue Mutter auf. Aber sie geht über seine Kräfte, und es kommt zur Entscheidung zwischen dem Scheitern der Reise und seinem eigenen Scheitern; soll der versagende einzelne geopfert werden oder das Utopicum der weltrettenden Medizin? Das dramatische Diptychon setzt in dem zweiten seiner beiden Teil-Stücke, dem »Neinsager«, die Entscheidung für die Ich-Erhaltung als definitive Lösung: »Wenn es drüben etwas zu lernen gibt, was ich hoffe, so könnte es nur das sein, daß man in unserer Lage umkehren muß.« Der Beschluß, den Marsch fortzusetzen, also die Auslöschung des unzulänglichen, sich wider guten Rat übernommen habenden Individuums erscheint als die erste, hernach namens des »neuen großen Brauchs, den wir sofort einführen müssen«, widerrufene Stufe der Erkenntnis.

Zwischen beide Stücke fällt – im Mai 1930 – die Entstehung der »Maßnahme«, die der Disposition des »Jasagers« folgt, indem sie sie in eine scheinreale Revolutionsszene versetzt. Der Junge Genosse, der sich zu seiner eigenen Bestürzung als zu schwach erweist, Hilfe zu verweigern und an der Auslöschung seines Antlitzes festzuhalten, wird, mit seinem Einverständnis, getötet, und sein Tod erscheint wie die Steigerung, die Apotheose dessen, was der Marsch der vier Masken durch die Welt des Unrechts selbst schon vollzog: Auslöschung der Personalität. Die Kalkgrube, in die der Tote nach seiner eigenen Einsicht geworfen wird, ist die Vollendung der Maske, die er in einem rituellen Akt zu Anfang des Marsches vorgelegt bekam; zugleich ist sie eine Transformation des Abgrunds, in den sich der Jasager der Schuloper stürzen läßt. Die Verse selbst bezeichnen die Identität der Figuren, der Situationen. »Lehne deinen Kopf an unsern Arm. / Strenge dich nicht an. / Wir tragen dich vorsichtig«, sagen die drei Studenten, ehe sie den Knaben hinabstürzen, nicht ohne »Erdklumpen und flache Steine« hinterherzuwerfen, und die drei Agitatoren sagen, ehe sie ihn erschießen, zu dem Jungen Genossen: »Lehne deinen Kopf an unsern Arm / Schließ die Augen.«

Beide Werke beschreiben Krise und Untergang dessen, der mit der Last seiner Schwäche: der Ich-Bewahrung, zu dem »Vormarsch der proletarischen Massen aller Länder« (so lautet, nach Anlehnung des Kopfes, das Schlußwort des Jungen Genossen) stößt. Zugleich enthüllt sich der tiefste Sinn jenes Willens zum Gehorsam; das Einverständnis, um das es geht, gilt zuletzt dem eigenen Untergang. Wo sich das Mittel aus seinem Zweck rechtfertigt, entdeckt sich die Einheit von Mittel und Zweck; die Auslöschung in ihren verschiedenen Stufen: Maskierung, Wanderung, Tötung, ist selbst, nämlich von der Position des Subjekts her, jene Änderung der Welt, die Tilgung der von ihr ausgeübten Gewalt, die als Ziel vorgestellt wird.

Was sich mit und an beiden Jasagern begibt, ist ein homoerotischer Liebestod, und er ist es in Schopenhauerschem Sinn: einverständige Aufhebung des Principium individuationis. (Eine Frau, die den vier Agitatoren am Ende der ersten Szene beigesellt wird, verschwindet spurlos, ehe sie ein Wort hat sagen können.) Wenn in »Tristan und Isolde« das dyadische Gegenüber von Nacht und Tag, hellböser Welt und bergendem Schoß des Dunkels in heteroerotische Ich-Auslöschung ausgeht, so geschieht dies im »Jasager« und in der »Maßnahme« mit homoerotischer Konstellation; die Liebe zum Tode, die hier aus einer Welt voller Schmerzen hilft, findet unter jungen Männern statt. Der Vorgang maskiert, er rationalisiert sich im Namen der Utopie:

> Noch ist es uns, sagten wir
> Nicht vergönnt, nicht zu töten. Einzig mit dem
> Unbeugbaren Willen, die Welt zu verändern,
>     begründeten wir
> Die Maßnahme.

Mit jener »stählernen Einfalt«, die ein Schlüsselwort der Lehrstück-Tetrade ist, setzt Weltaufhebung (die Aufhebung des »Willens zum Leben«) sich als politische Idee; darin liegt das historisch Neue des ästhetischen Konzepts.

Peter von Matts Schluß von der Abwesenheit des Parricida-Motivs bei Brecht auf das Konzept eines »katastrophenlosen Dramas«* läßt sich an dem Komplex der Lehrstücke nicht aufrechterhalten; die Wende von der

Melancholie zur Utopie bringt einen Stücktypus hervor, bei dem die Katastrophe des Helden im Zentrum der dramatischen Konstruktion steht. Sie deutet neben anderm auf die persönlichen Unkosten dieser Wende: die Gewalt, die der Dichter sich antut, schlägt in der Erscheinung der Gewalt nach außen, die der Held sich von andern antun läßt. Brecht kennt und produziert das Katastrophendrama, nur ist es nicht parricidisch strukturiert, sondern steht im Zeichen der Ergebung: Welterlösung (Erlösung der Welt von sich selbst und des Ichs von der Welt) durch einverständige Opferung. Nicht aus der Tragödie folgt das Lehrstück, sondern aus dem Passionsspiel.

## *Bildwandel im Zeichen der Niederlage*

»Welche Niedrigkeit«, singt der Kontrollchor in Brechts und Eislers didaktischem Oratorium »Die Maßnahme«:

> Welche Niedrigkeit begingest du nicht, um
> Die Niedrigkeit auszutilgen?
> Könntest du die Welt endlich verändern, wofür
> Wärest du dir zu gut?
> Wer bist du?
> Versinke in Schmutz
> Umarme den Schlächter, aber
> Ändere die Welt: sie braucht es!

Als zwei Jahre nach der Uraufführung der »Maßnahme« in der Berliner Philharmonie die Kanone der Weltumwälzung nach hinten losgeht und der um der Änderung der Welt willen zu umarmende Schlächter selbst die Macht ergreift, seinerseits die Welt ändernd und entschlossen, jede Niedrigkeit zu begehen, um die Niedrigkeit, wie er sie begreift, auszumerzen, da blickt der Denkende, der zu kurz gedacht hatte, als er zu weit dachte, auf die *Zeit seines Reichtums* zurück. Es ist ein trauriger, aber kein melancholischer Blick; der nichtmelancholische Brecht, das lebensoffene Alter ego jenes mönchischen Mystikers, der, ein ins Weltrevolutionäre gewandter Rilke, sich durch die Gelübde der Armut und Demut kasteit und sich durch die – mißlingende – Geste der Selbstauslöschung von Weltgier und Ich-Besessenheit zu heilen strebt, zeigt sich in der Glorie seiner Genußfähigkeit:

Sieben Wochen meines Lebens war ich reich.
Vom Ertrag eines Stückes erwarb ich
Ein Haus in einem großen Garten. Ich hatte es
Mehr Wochen betrachtet, als ich es bewohnte.
Zu verschiedenen Tageszeiten
Und auch des Nachts ging ich erst vorbei, zu sehen
Wie die alten Bäume über den Wiesen stünden in der Frühdämmerung
Oder der Teich mit den moosigen Karpfen lag, vormittags, bei Regen
Die Hecken zu sehen in der vollen Sonne des Mittags
Die weißen Rhododendronbüsche am Abend, nach dem Vesperläuten.
Dann zog ich ein mit den Freunden. Mein Wagen
Stand unter den Fichten. Wir sahen uns um: von keiner Stelle aus
Sah man dieses Gartens Grenzen alle, die Neigungen der Rasenflächen
Und die Baumgruppen verhinderten, daß die Hecken sich erblickten.
Auch das Haus war schön. Die Treppe aus edlem Holz, sachkundig behandelt
Flachstufig mit schönmaßigem Geländer. Die geweißneten Stuben
Hatten getäfelte Hölzer zur Decke. Mächtige eiserne Öfen

Von zierlichster Gestalt trugen getriebene Bildnisse:
arbeitende Bauern.
In den kühlen Flur mit den eichenen Bänken und
Tischen
Führten starke Türen, ihre Erzklinken
Waren nicht die erstbesten, und die Steinfliesen um das
bräunliche Haus
Waren glatt und eingesunken von den Tritten
Früherer Bewohner. Was für wohltuende Maße! Jeder
Raum anders
Und jeder der beste! Und wie veränderten sich alle mit
den Tageszeiten!

Die Peripetie ist stupend: da die Katastrophe sich erfüllt hat, siegt, in Gestalt der Erinnerung, das Leben. Besitz, zur Zeit des Besitzens vor jener inneren Instanz, die die Dichtung ist, geheimgehalten, wird in dem Augenblick erzwungener Aufgabe zu dem, was er als gewährter nicht sein durfte, einem Gegenstand der Feier. Als Vorhandenes geleugnet, nämlich vor allem vor sich selbst, wird das Verlorene, Geraubte zum Element der *konkreten* Utopie, und seine Bestandteile sind von alter Kultur, die bewahrten Spuren einer versunkenen Zeit. Die konkrete Utopie zeigt sich als Nostalgie im biographischen wie geschichtlichen Sinn.

Auch in der Prosa des Gesprächs wird, Walter Benjamin gegenüber, des Fischteichs gedacht und in keinem kleinen Zusammenhang. »Sie planen Verwüstungen von eisigem Ausmaß«, notiert Benjamin bei einem Besuch in Svendborg Brechts Äußerung.* »Darum können sie sich auch mit der Kirche nicht einigen, die auch ein Gang auf Jahrtausende ist. Mich haben sie auch proletarisiert. Sie haben mir nicht nur mein Haus, meinen Fischteich und meinen Wagen abgenommen, sie haben mir meine Bühne und mein Publikum auch geraubt.«

Daß einer, der in entscheidender Zeit so hoch gespielt, so hoch mitgespielt hat, dem Verlust seines Karpfenteichs nachtrauert, ist ein Selbst-Dementi von frappierender Unbefangenheit. Es entdeckt die vormals eingenommene Haltung nicht im moralischen Sinn (denn alles, auch das sich wechselseitig Dementierende, ist geglaubt und kommt mit der vollen Wucht einer mit sich selbst und der Welt spielenden Einbildungs- und Überzeugungskraft einher), aber im ästhetischen als Schein – eine poetische Figur, die mit den Elementen, Argumenten, Versatzstücken der Wirklichkeit hantierte, um ein Innerstes, Persönlichstes zum Ausdruck zu bringen.* Vielleicht ist dies das Wesen künstlerischer Genialität: die Realität in einer Weise als Spielmaterial seelischer Bedürfnisse zu handhaben, daß mit der Gewalt der Ich-Aussage zugleich ein Wesentliches der Wirklichkeit getroffen wird.

Ein der »Zeit meines Reichtums« zeitlich nahestehendes, sich »Gegen die Objektiven« verteidigendes Gedicht versucht die eigene Subjektivität politisch zu retten. Aber die Abwehr der Vorhaltung: »Wer die Gewalt lehrt / darf die Gewalt nicht beschuldigen!«, ist ausflüchtig; der Dichter, schon auf dem Rückzug, deckt ihn, indem er die alten Fechtfiguren in die Luft malt. Katharsis bahnt, nach der Katastrophe, sich an,** doch es zeigt sich: sie braucht Zeit, um sich zu erklären. Ein kleines Gedicht, zehn Jahre später geschrieben, aber auf die Erfahrung dieser Zeit bezüglich, deutet sie an und konstatiert:

> Als wir uns nun eben werfen ließen
> In das große Kräftespiel
> Blickten wir uns so gebieterisch um wie Riesen
> Doch ein Riesenschritt war uns zuviel.

Die zweite Strophe beginnt mit den Versen: »Und wir sonnten uns im Hasse / Und wir priesen Kraft und hatten keine.« Es liegt im Wesen von Dichtung, daß sie Irrtümer mit derselben ästhetischen Energie zu bekunden weiß wie Berichtigungen.

Das utopische Denken, zu dem Brecht nach seiner in letzter Minute abgewendeten Hinrichtung in der »Dreigroschenoper« übergeht, ist melancholische Utopie; sie findet ihre kenntlichste Gestalt in einem Gedicht, das die zurückgelegte Denkepoche mit großem poetischen Griff zusammenfaßt, dem »Gleichnis des Buddha vom brennenden Haus« (1937). Die Kennzeichnung der Welt als real existierender Hölle hat hier ebenso ihren Platz (das Haus, aus dem die von Buddha ins Freie gewiesenen Bewohner nicht fliehen wollen, ohne sich der Beschaffenheit des Fluchtorts vergewissert zu haben, steht in Flammen) wie die Bestimmung der von Grund auf geänderten Gegenwelt als des Nichts. Es ist das buddhistisch-schopenhauersche Nirwana, das Rettung vor dem »Rade der Gier, auf das wir geflochten sind«, das die Erlösung von dem brennenden Willen zum Leben verheißt, und weil es das Nichts ist, sind Fragen nach seiner Beschaffenheit so unsinnig wie unstatthaft. Da Utopia Nirwana ist, kann es keine Gestalt haben.

Das sind Rückzugsgefechte auf dem Weg aus der Befangenheit in einer Dicht- und Gedankenwelt, der auch die Keuner-Direktive von 1930, aus dem ersten Heft der »Versuche«, angehört hatte: »Wer das Wissen trägt, der darf nicht kämpfen; noch die Wahrheit sagen; noch einen Dienst erweisen; noch nicht essen; noch die Ehrungen ausschlagen; noch kenntlich sein. Wer das Wissen trägt, hat von allen Tugenden nur eine: daß er das Wissen trägt.« Das war die persönliche und gleichsam berufsständische, auf den Intellektuellen, der man selbst ist, gemünzte Fassung der Maxime gewesen, daß, wer an der Änderung der Welt arbeitet, von allen andern Anforderungen entbunden sei (»Die Maßnahme«, II). Unter der trügerischen Überschrift »Der Kommunismus ist das Mittlere« hatte sich ein zur gleichen Zeit entstandenes Gedicht besonders deutlich ausgedrückt; es steht dem Buddha-Gedicht gegenüber wie der Rebus seiner Auflösung. Auch hier ist die Welt als Hölle gesetzt: Bevor der Kommunismus nicht etwa »nur zu einem kleinen Teil«, sondern »ganz und gar verwirklicht ist / Gibt es keinen Zustand, der / Selbst von einem Unempfindlichen ertragbar wäre«. Daher:

> Zur Gewalt seine Zuflucht nehmen
> Scheint böse.
> Aber da, was ständig geübt wird, Gewalt ist
> Ist es nicht Besonderes.

»Wer sich gegen ihn stellt«, den Kommunismus nämlich, hatte diesem für die »Mutter«-Dramatisierung geschriebenen, ihr dann aber entzogenen Liedtext »nicht ein Andersdenkender / Sondern ein Nichtdenkender, ein nur an sich Denkender / Ein Feind des Menschengeschlechtes« gegolten. An seinem Anfang steht noch einmal die alte, aus aller Dialektik, aller Vermittlung tretende melancholisch-utopische Negationsarithmetik: »Zum Umsturz aller bestehenden Ordnung aufzurufen / Scheint furchtbar. / Aber das Bestehende ist keine Ordnung.« Da Realität = Unordnung ist, muß Negation der Realität = Ordnung ergeben.

Was die Losung, »der Kommunismus ist das Mittlere«, inzwischen bedeutet, erfährt Walter Benjamin 1938 bei seinem zweiten Besuch in Svendborg. »Es ist gut«, sagt Brecht zu dem tiefstblickenden seiner Freunde, »wenn man in einer extremen Position von einer Reaktionsepoche ereilt wird. Man kommt dann zu einem mittleren Standort.«* Schon bei Benjamins erstem Besuch, im Sommer 1934, stellt sich Brecht zu dem Kampf der Arbeiterklasse in ein Verhältnis, das sich von der Behauptung der negativen Utopie gereinigt zeigt; er bestimmt, nun anders irreal, seinen Standort als »den des großbürgerlichen Schriftstellers«. »›Dieser‹, sagte er, ›ist in der Tat an einem Punkt mit den

Interessen des Proletariats solidarisch: am Punkt der Fortentwicklung seiner Produktionsmittel. Indem er es aber an diesem einen Punkte ist, ist er an diesem Punkt, als Produzent, proletarisiert, und zwar restlos. Diese restlose Proletarisierung an einem Punkt macht ihn aber auf der ganzen Linie mit dem Proletariat solidarisch.‹«*

Die Katharsis, die der Katastrophe von 1933 folgt, führt zu einer Neubestimmung des utopischen Moments; die Wende vollzieht sich im Zeichen eines Mythologems, dessen poetische Ohnmacht seiner politischen Abstraktheit entspricht. Es trägt, wie alle konstruktive Utopie, den Namen *Große Ordnung* und hat zentrale Funktion in einer auf den Namen Me-ti lautenden Chinoiserie, die der Autor zeitlebens in seiner Lade verschließt – Selbst- und Weltstilisierung im Sinn und mit dem Gestus altchinesischer Didaktik. Sie ist Bestandteil einer literarischen Strategie, die im Namen von Parabelästhetik die Probleme industrieller Gesellschaften mit dem begrifflichen Arsenal agrarischer Hochkulturen zu bewältigen strebt. Auf andere, gleichsam positive Weise trägt sie den Stempel der Reduktion: terrible simplification als simplification de la terreur. An einer Stelle (»Man muß so radikal sein wie die Wirklichkeit«) kommt es dahin, daß Hitler gleichsam als Muster, »wie man herrscht«, empfohlen wird.

Der Gestus der Einfalt – einer Einfalt mit Jahrtausendhall – dient als Schutzwehr vor der heillosen Widersprüchlichkeit der Welt. Wie weit die Einsichten des denkenden Brecht diejenigen Brechts als des Denkenden überbieten, zeigt Benjamins Niederschrift der Svendborger Gespräche von 1938. Was dort unverblümt zur Sprache kommt, geht in das »Buch der Wendungen« mit einer Verblümtheit ein, die sich durch Schlichtheit unkenntlich zu machen sucht. Allerdings: das Me-ti-Konvolut stammt zum größeren Teil aus der Zeit *vor* diesen Gesprächen, die wenige Wochen nach dem letzten der Moskauer Prozesse stattfinden. Vor den Prozessen mag Brecht geglaubt haben, durch eine Form, die sich der instrumentalisierten Sprache politischer Polemik mit fabelhafter Verkleidung entzog, den Riß überbrücken zu helfen, der zwischen dem Selbstherrscher Stalin und seinem Opfer und Opponenten Trotzki quer durch die kommunistische Weltbewegung verlief. Spätestens mit dem Bucharin-Prozeß mußte ihm das Illusionäre des Unternehmens klar werden, das danach als bloße Form weiterläuft. Die Maskerade macht sich in der Schublade selbständig und wird wie zur Tarnung vor denen, die diese womöglich unbefugt öffnen könnten.

Was geäußert wird, ist deutlich genug, um des Versteckspiels zu bedürfen. Des Weisen Zustimmung finden weder die beweislosen Prozesse des Ni-en – Stalins also – noch dessen monarchische Herrschaft. »Die große Maschinerie«, äußert der Weise, »wurde nicht von den Bürgern in einer Volksherrschaft, sondern von den Arbeitern unter einem Kaiser aufgebaut.« »Aufbau und Verfall« erscheinen als zwei Seiten einer Medaille: »Wenn Fehler gemacht wurden, bestrafte man, die sie kritisiert hatten; aber die sie begangen hatten, blieben in ihren Ämtern. Sie waren bald nicht mehr die Besten, sondern nur mehr die Gefügigsten. Einige Gute blieben die ganze Zeit durch, weil sie, wären sie gegangen, nicht mehr mit den Mitgliedern hätten sprechen können, aber bleibend konnten sie ihnen nur sagen, was sie für falsch hielten. Dadurch verloren auch sie das Vertrauen der Mitglieder und zugleich ihr eigenes. Unter diesen Umständen erschien keine einzige gute Darstellung der Lage mehr, die planmäßiges Handeln gestattet hätte, und wurde von denen, die die Lage wenigstens aus Erfahrung kannten, nichts getan, was jene nicht vorher billigten, die die Lage nicht kannten. [...] Angesichts dieser Umstände verzweifelten die Besten.« Hier wird der Weise augenscheinlich zum – Realisten.

## *Vom Passions- zum Marienspiel*

Was sich dem auf die Attitüde der Weisheit festgelegten Aphoristiker entzieht, gelingt dem Stückeschreiber: die künstlerische Bewältigung einer gewandelten Lage. Nachdem der Versuch der »Rundköpfe«, die politische Wirklichkeit in dem Netz symmetrischer Konstruktionen zu fangen, an der Sperrigkeit des Gegenstandes gescheitert ist (das in die eigenen Maschen verliebte Netz hatte sich als zu dünn erwiesen), tritt der Dichter, die Position durchschauender Übermacht, die in Kunst bewältigt, was nicht in Wirklichkeit zu bewältigen ist, aufgebend, vor der Gewalt des Rückschlags in die Haltung der Beobachtung, der Beschreibung zurück und gewinnt die Nähe zur Wirklichkeit mit dem Abstand zu sich selbst: in siebenundzwanzig Szenen unter dem Titel »Furcht und Elend des Dritten Reiches«.

Es ist ein Durchgangsstadium. Am Ende des Sich-Einlassens auf das Schreckensvoll-Wirkliche, die umgeschlagene Utopie, entsteht ein Komplex von Stücken (es sind acht innerhalb von sechs Jahren), die die Niederlage von 1933 auf ähnlicher Höhe und mit mehrfacher motivischer Korrespondenz, obwohl mit sehr andern Mitteln verarbeiten wie Schillers spätes dramatisches Œuvre die Niederlage der Französischen Revolution.* Sie geben den Duktus des Passions- und Missionsspiels auf, ohne in die Exhibition des anarchischen Individuums (oder gar in die Parricida-Problematik des antifeudalen Revolutionsstücks) zurückzufallen; sie verlegen Kritik des Bestehenden, die intentionelle Aufhebung des Dualismus von Güte und Selbstbehauptung, Mütterlichkeit und Kampf ums Dasein ins Innere des Zuschauers, der nicht mehr den Direktiven des Lehrstücks, dieser argumentativ – und um so unentrinnbarer – wirkenden Identifikationsdramatik, unterliegt, sondern zu eigenem Urteil freigesetzt erscheint. Die existentielle Figur der Bewegung wendet sich aus dem kollektiven Topos des Marsches in den individuellen der Wanderung und findet in der wagenziehenden Mutter Courage, in der den Säugling über die Berge tragenden Grusche ihre vollkommene poetisch-dramatische Ausbildung.

In diesen Wandernden erscheint das humane Korrelat des heraklitischen Flusses, in dem der Dichter den Ausgleich findet zwischen verwünschtem Sein und erwünschtem Nicht-Sein, zwischen dem Bestehenden und seiner Annihilierung. Im Fluß der Dinge, in der Vorstellung ihres dauernden Wandels erscheint Negation nicht länger als vernichtendes, sondern als umbildendes Agens; das Nichts wird konstruktiv: es wird vom Sein in Dienst genommen. In dem Moldau-Lied des zuletzt gleichfalls wandernden Schweyk, ganz spät in jener lyrischen Erwägung, die die Unendlichkeit als gänzlichen Wandel, eine dem Endlichen verwehrte Dimension, faßt:

Dauerten wir unendlich
So wandelte sich alles
Da wir aber endlich sind
Bleibt vieles beim alten

findet die hegelisch-heraklitische Rekrutierung des Nichts im Dienste des Seins, des Seins im Dienste des Nichts ihren poetischen Ausdruck.

Aus den Passionsspielen vom Untergang des Jünglings im homoerotisch timbrierten Marsch- und Missionskollektiv löst sich die Figur der wandernd-lebenschützenden, sohnbegleitenden Mutter, die antiutopische, antikatastrophische Figur schlechthin, die nur das konkreteste aller Ziele, das unbedingte Nahziel kennt: sich und das Kind durch die Welt zu bringen. Brechts Theater vollzieht den Übergang von der Christus- zur Mariengeschichte, von dem messianischen Passionsdrama mit Jünglingskollektiv, Missionsmarsch, Heilserwartung und Opfertod zur Heiligen Familie mit der Madonna im Mittelpunkt, Josephsfiguren zur Seite (das ist Simon bei Grusche, Koch und Feldprediger bei der Courage) und der Flucht nach Ägypten als fundamentaler Bewegungsform.

Beide Archetypen sind in dem ersten der Mutter-Stücke – es führt den Mariennamen: *Die Mutter*, gleichsam im Titel und entsteht 1931 parallel zum *Neinsager* – dramatisch aufeinander bezogen: Muttergestalt und Missionskollektiv, Maria und die Jünger in wachsender Aktionseinheit. Die Aktion steht zu Anfang ganz im Zeichen des Sohnes (die Mutter fungiert als das retardierende Element), am Ende ganz im Zeichen der Mutter; der Sohn ist, durch einen nur mehr berichteten Märtyrertod, aus der Handlung verschwunden. Der Paradigmenwechsel von der Jesus- zur Mariengeschichte (sie endet nicht mit dem Opfertod, sondern der fortgesetzten Wanderung und endet also nicht) vollzieht sich als das Geschehen des Stückes selbst. Beide Modelle sind so kontrastierend wie vereinbar; was sie verbindet, ist die Absenz einer eingreifenden Vater-Figur.

Die Flucht nach Ägypten, diese Grundfigur des Marienspiels, bestimmt auch den ersten Teil des »Kaukasischen Kreidekreises«. Brechts Hinweis an den späteren Bühnenbildner des Stückes, Karl von Appen, bei der Ausformung der Figuren an Krippenspiel zu denken,* kommt nicht von der Oberfläche des Stückes, Krippenspiel ist seine Grundfigur – eine bühnenbildende Markierung im weitesten Sinn. Die messianische Utopie von Weltgericht und Anbruch des Gottesreichs liegt hier so fern wie dem Marienspiel die Passion; als Perspektive steht beides an den Horizont gemalt. Im Vorspiel nur nimmt die Vision einer gewaltfrei Besitz zuweisenden, von der Kunst mehr als von dem Delegierten der staatlichen Wiederaufbaukommission bestimmten Gesellschaft Gestalt an; der Dichter träumt sie sich in ein sagenhaftes Sowjetgeorgien.

Lebenserhaltung, die Bewahrung des Elementar-Menschlichen, das das vom bethlehemitischen Kindermord Bedrohte ist, ist fortan der Gegenstand einer Dramatik, die von dem Bewußtsein eigener Lebensgefahr ebenso geprägt ist wie von dem der Gesamtgefährdung der Menschheit: »Sie planen Verwüstungen von eisigem Ausmaß.« Gegen die persönliche und die allgemeine Gefahr, die im dramatischen Bilde eines werden, wird als vitale Schutzwehr das Bild der Mutter aufgeboten und in immer neuen Abwandlungen erprobt: Shen Te, Courage, Kopecka, Grusche. Die katastrophische Inklination sinkt aus der Zone dichterischer Formung in den Untergrund privaten Reagierens ab und schafft sich zuweilen beiläufig Luft, so in jener Journal-Eintragung vom 21. Juli 1944, die für einen Augenblick Miene macht, den todverfallenen Schlächter zu umarmen. Der Hitler, der den Aufstand des 20. Juli niederschlägt, erscheint dem kalifornischen Betrachter als Arm der Revolution – er liquidiere endlich die Junkergeneräle.*

Was hier die Feder lenkt, mag unterschwellige Furcht sein, um die Stunde Null, die messianische Stunde des Zusammenbruchs, der Deutschland zutreibt, betrogen zu werden – Brecht hofft auf eine Volkserhebung im Angesicht der Katastrophe. Andere fürchten eine solche Möglichkeit und schicken auch deshalb ihre Bombergeschwader in den letzten Monaten des Krieges, als militärisch schon alles entschieden ist, zur Zerstörung der deutschen Städte aus.** Auch Augsburg ist nur noch ein Trümmerfeld:

Die Vaterstadt, wie find ich sie doch?
Folgend den Bomberschwärmen
Komm ich nach Haus.
Wo denn liegt sie? Wo die ungeheuren
Gebirge von Rauch stehn.
Das in den Feuern dort
Ist sie.

## *Hirtensang und Bauerntraum*

In dem unter den Fieberschauern der McCarthyschen Intellektuellenverfolgung erbebenden Amerika rüstet Brecht dazu, sein Œuvre unter Dach und Fach zu bringen. Der in der Fremde des Exils zu dem Klassiker wurde, der er immer sein wollte, faßt das von Hitler befreite Deutschland ins Auge, um jene Utopie zu realisieren, die ihm immer konkret war: seine Theaterutopie. Der Ort ihrer Ausbildung (erst nach fünfjährigem Warten kann ihn der Dichter in Berlin beziehen) liegt nicht zufällig an einem Fluß, der vor der Weidendammer Brücke wiedervereinigten Spree; die zum Bild der tellus freigelegte Drehbühne aber, gegen die die Weltenwanderer dieses Theater anschreiten, ist das theatralisch gebändigte Inbild eines Flusses. Die kreisende Fläche vollzieht die Bewegung des die Erdscheibe umfließenden Okeanos, der zwischen Sein und Nicht-Sein, Erde und All vermittelt.

An der begünstigten Stätte tritt das soziale Utopia der Großen Ordnung in die kleine Große Ordnung einer Theatertruppe über, die die Probe der Kunst auf das gesellschaftliche Exempel macht; sie ist an sich selbst ein gesellschaftliches Exempel. Die Marienfigur der Mutter tritt in ihrem Funktionszusammenhang deutlich hervor; in dem hintergründigen Regenten dieser Kunstgesellschaft interferieren die Figurationen einer den Schein der Heiligkeit geflissentlich vermeidenden Trinität: Brecht ist Vater, Sohn und heilig-unheiliger Geist als ein und derselbe. Zwei Stück-Schlüsse versuchen 1953 und '54 das Utopiebild einer befreiten Gesellschaft, aber die Schwierigkeiten sind groß; der Tanzschluß des »Kaukasischen Kreidekreises« wird nach zahlreichen Proben fallengelassen, die Festdemonstration am Ende von »Katzgraben« unterliegt immer neuen Probenanläufen. Erst postum, mit einem Stück, das Brecht 1956, bald nach Chruschtschows 20. Parteitag, zur

Erprobung an einer andern Bühne hervorholt: »Die Tage der Commune«, seiner einstigen »Morgengabe für die Deutsche Demokratische Republik«*, gelingt dem Berliner Ensemble das Festbild einer von ihren Unterdrückern befreiten, zwanglos zu sich selbst kommenden Gesellschaft. Das Bild – die Festtafel vor dem Montmartre-Café – steht nicht am Ende, sondern in der Mitte des Stücks: wirkliche Freiheit als ein aufatmendes Innehalten zwischen Sieg und Niederlage der Revolution.

Der fortwährenden Anstrengung, die Erscheinung einer befreiten Gesellschaft als kollektive Theaterproduktivität zu organisieren, erwidert in literarischer Sphäre die Transformation des Utopicum Große Ordnung ins Agrarische; das Telos der revolutionären Umgestaltung nimmt idealgärtnerische Züge an. Als Inbegriff der neuen Gesellschaft erscheint ein Garten Eden, der, wie der originale, Hochbild pflanzlichen Gedeihens ist. Den Schlüssel zu seiner Pforte liefert das Wort eines Denkers, mit dessen Hilfe der Dichter einst eine Hauptfigur seines Weltverhaltens, das Sich-Fügen als Mittel des Überdauerns, bestimmt hatte, die Baconsche Losung: *Natura non nisi parendo vincitur*, nur durch Gehorchen wird die Natur besiegt. Das Wort ist doppelsinnig: Gehorchen der Natur und der Natur Gehorchen; in dem Baconschen Experiment verbindet sich beides: der Mensch folgt der Natur, damit diese lernt, dem Menschen zu folgen.

Die Natur, die, um nutzbar zu werden, lernen muß zu folgen, war zuerst und vor allem des Autors eigene Natur gewesen. Der statische Terminus des Parierens entdeckt seine psychologische Dialektik: Nur wem es sehr schwerfällt, zu gehorchen, wird Einverständnis zum Hauptstück seiner moralischen Strategie machen. Schon früh, noch ehe sie formuliert war, und mit großem dichterischen Griff hatte die Maxime vom Einverständnis in der Pflanze ihr Sinnbild gefunden; es ist der Baum Green, von dem der

Dichter sich davon überzeugen läßt, daß es, vor allem angesichts der eigenen Größe, überlebenswichtig sei, dem Winde zu folgen. Die spätere Redaktion des Gedichtes (BFA 11, 55 und 305) markiert genau den Umschlag der subjektiven Evidenz in die objektive Schlußfolgerung; aus: »Sie leben ziemlich allein, Green? / Ja, wir sind nicht für die Masse«, wird:

> Und ich weiß jetzt: einzig durch Ihre unerbittliche
> Nachgiebigkeit stehen Sie heute morgen noch gerade.

Was in der »Hauspostille« ein Bild individueller Pädagogik gewesen war, wandelt sich dem Fünfzigjährigen zu einem Mittel sozialer Vervollkommnung. Der so oft Baumgleichnisse für die Mühsal des Wachstums unter der Last der Verkümmerung berufen hat, entwirft nun das Bild eines durch ergründend-erziehliches Denken – das doppelte Gehorchen des Baconschen Experiments – befreiten Wachstums, das dem kargen Boden die volle Frucht abgewinnt. In einer jener »Notizen über die Dialektik auf dem Theater«, die 1963 in den »Schriften zum Theater« publik wurden, treten zwei Hauptkategorien Brechtschen Denkens, die sich wie Ufer und Fluß zueinander verhalten: Einverständnis und Veränderung, mit der des Utopischen als des »besseren Selbst« der Gesellschaft* (ein nie zuvor gebrauchtes Wort) zusammen: »Als die Hauptquelle des Vergnügens haben wir die Fruchtbarkeit gefunden der Gesellschaft, ihre wunderbare Fähigkeit, allerlei nützliche und angenehme Dinge – und letzthin ihr besseres Selbst hervorzubringen. Und nehmen wir noch dazu, daß wir Lästiges und Unpraktisches entfernen können. Beim Pflanzen, Instandhalten und Verbessern eines Gartens zum Beispiel nehmen wir nicht nur die Vergnügungen, die da geplant sind, voraus, sondern die schöne Tätigkeit selbst, unsere Fähigkeit des Erzeugens macht uns Vergnügen. Erzeugen heißt aber Verändern. Es bedeutet Einflußnehmen, addieren. Man muß einiges wissen, können, wollen. Man kann der Natur befehlen, indem man ihr gehorcht, wie Bacon sagt.«

Das Garten-Bild gesellschaftlicher Erfüllung, ein mit allem utopischen Pathos ausgestattetes Paradies glückender Pädagogik, ist kein dramatischer Gegenstand – ein Versepos übernimmt seine poetische Ausgestaltung. Das zu Unrecht oft übersehene Gedicht aus dem ersten Jahr der neuen Republik wie des Berliner Ensembles, »Die Erziehung der Hirse«, ist Brechts *Georgica**, ein Hirtengedicht vom Goldenen Zeitalter. Saturn, der Gott des Ackersegens, regiert darin als *lord of utopia***, der Schirmherr goldener Vorzeit als der Beschützer eines neu aufsteigenden Zeitalters paradiesischer Fruchtbarkeit. Die konkrete Figur, die diese mächtige und zweideutige Gottheit, die auch der Schutzgott der Melancholie ist und in umflorten Stunden die eigenen Kinder verschlingt, in dem Gedicht macht, hält auch heute noch stand; seine beiden Stalin-Strophen, nichts weniger als taktisch implantierte Devotionsfiguren, enthüllen den saturnischen Doppelcharakter mit kenntlichster Chiffre. Es sind die Strophen 20 und 21; in der einen wird »des Sowjetvolkes großer Ernteleiter« in einem Atem mit »Dung und Dürrewind« genannt, in der andern ist ausdrücklich »nicht die Hirse die Angeklagte«, die verhört wird, nämlich »in Lyssenkos Treibhaus, fern in Moskau«. In Form des Kryptogramms, das nur jenen etwas sagte, die die Schrift schon gelesen hatten, diesen aber unmißverständlich, wird die Doppelidentität des Schirmherrn bezeichnet: der Ernteleiter ist zugleich der Leiter der Verhöre, er ist der Düngende und der Dörrende in einer Person.

Hier ebenso wie in den Wendungen des »Buches der Wendungen« oder in den Gesprächen mit Benjamin und der dort berufenen »Ansprache des Bauern an seinen Ochsen«*** zeigt sich, daß Brecht an der Figur des Ni-en (auch diese Chiffre, als von hinten lesbare, ist ein Kryptogramm) ein vorab intellektuelles, nicht existentielles Interesse nimmt; mit Gelassenheit faßt er das Janusköpfige der Erscheinung ins Auge. Stalin ist ihm problematisch, aber kein Problem, und man ahnt den Urgrund solchen Gleichmuts: es ist der von paternalen Obsessionen freie Kindheitsraum, der den Dichter instand setzt, die Josefs-Figur als – Josefsfigur zu nehmen, als ein Phänomen, das weder zu Abkehr noch zu Identifikation verführt, sondern (so in den Benjamin-Gesprächen) mit der Distanz des Tiefseeforschers ins Auge gefaßt wird.

»Träume! Goldnes Wenn! / Sieh die schöne Flut der Ähren steigen! Säer, nenn, / Was du morgen schaffst, schon heut dein Eigen!« – die refrainhaft wiederkehrende Strophe öffnet mit bündigster Wendung den utopischen Horizont und schließt ihn wieder mit dem Bild des neuen Goldenen Zeitalters, das eines begünstigter Pflanzenerziehung ist. Und so zwiespältig es um den neuen Augustus stehen mag, so eindeutig steht es um den Besteller des paradiesischen Feldes: Gott ist ihm fern und das Weib auch, so kommt Aufruhr nicht auf. Statt der Gebotsübertretung im tragischen Dreieck Adam-Jehova-Eva herrscht Einverständnis; der seßhaft gewordene Nomade gehorcht der Hirse, so wie die Hirse ihm gehorcht. Kein Erzengel muß den säenden und erntenden Alten aus dem Garten weisen; mit sich und der Hirse allein bewirkt er zum Staunen aller das Paradies: den unermeßlichen Ertrag.

Brecht selbst erscheint im Bilde des Alten (so nennt ihn, mit genauer Bedeutung, Ernst Bloch*, und der Amerika-Heimkehrer ist es wirklich), der sich in der wermutbewachsenen Steppe angesiedelt hat. Der Nomade ist seßhaft geworden, und an einem Flusse; die er zu Erträgen spornt, ist nicht Hirse, aber das Theater. Schreibt er sich in das Versepos als zentrale, so in »Turandot«, sein letztes Schauspiel, als Randfigur ein, und es nimmt nicht wunder, daß es eine wandernde ist: Als Sen, der Baumwollbauer, der mit seinem Enkel durch die Tui-Schulen zieht, um zu prüfen, ob er dort etwas lernen könne, geht er durch das früh begonnene, nun ans Ende kommende Stück.

»Turandot«, von Schiller auf Brecht kommend, ist dessen »Parsifal«, mit den verstörten Weißwäschern als dem Kongreß derer, die sich fragen, wohin das Heiltum gekommen sei. Die Gralsritter vermissen den Phallus-Speer (und der König weist auf seine Wunde), die chinesischen Geistesritter bewegt ein konträres und komplementäres Symbol: Baumwolle. Wo ist sie hin? Wie bekommt man sie wieder? ist die Frage, die alle fordert, und den Dichter am meisten. Auch die zwiefache Ankunft des Grals-Retters, krisenverschärfend das erste, krisensprengend das zweite Mal, findet sich, obschon stark verkürzt, in dem Parabelstück. In den ratlosen Tui-Kongreß platzt das Kai-Ho-Lied der vier halbnackten Männer wie der schwanenschießende Waldjunge in den Gralsbezirk; zum Schluß verknappt des Kai Ho tatsächliche Ankunft zu einem andern Reflex, dem Jubelruf der Menge. Als konstitutive verflüchtigt sich die Disposition des Advents-, des Palmsonntagsspiels* hier ins Imaginäre. Als einer, der der reine Tor nicht ist, aber ihn vorstellt, wandert der alte Bauer durch die Welt der Wahrsager, zu der auch er gehört, und merkt auf ihre Schwächen; seinen Reis sieht er zuletzt an anderm Ort wachsen, in der Gegenwelt, die vor dem Tor steht, ohne hereinzutreten.

Der Schluß des Stückes – Kai Ho, der Führer des Aufstands, übernimmt die Macht, als sich der Kaiser gerade dem Gangsterboß Gogher Gogh ausliefert – ist träumerisch, nicht utopisch. Das Bild, das er malt, zielt nicht auf Zukunft, sondern berichtigt Vergangenheit, *corriger l'histoire*: Der Mao Tse-tung des Langen Marsches trifft, ein reitender Bote seiner selbst, genau in dem Augenblick in Berlin ein, da Hindenburg Arturo Ui zum Kanzler ernennt. Im Vorfeld der illusionären Konstruktion (sie ist Operettenfinale in der Art, aber nicht mit dem Verstand der »Dreigroschenoper«) zieht der weisheitsdurstige Bauer das Fazit; dem Enkel das Bild der guten Gesellschaft malend, wird er zum Alter ego Tschaganak Bersijews, des Kasachen: »Da ist freilich der Kai Ho, hier habe ich sein Büchlein. Ich weiß von ihm bisher nur, daß die Dummköpfe ihn einen Dummkopf, und die Schwindler ihn einen Schwindler nennen. Aber wo er war und gedacht hat, sind große Felder mit Reis und Baumwolle, und die Leute anscheinend froh. Wenn die Leute froh sind, wenn einer gedacht hat, Eh Feh, muß er gut gedacht haben, das ist das Zeichen.«

Der Enkel-Frage: »Müssen sie mit Feuer und Schwert ausgetilgt werden, Großvater?« fehlt das Subjekt – »die guten Dinge« des vorangegangenen Satzes können es nicht sein. Eine frühere Stelle erklärt das Rätsel: es sind die Tellekt-Uell-Ins, die der nachsichtig gewordene Dichter von Feuer und Schwert ausnimmt. »Es ist mit ihnen eher wie mit dem Boden. Man muß bestimmen, was man von ihm haben will, Hirse oder Unkraut.« Die befreite Welt, *ubi incolae nitent**, erscheint im Bild des wohlbestellten Feldes.

## *Aufblitzend: der Glücksgott*

Ist Brecht, der seßhaft gewordene Nomade, dem die Theaterernte unter den Händen so aufgeht wie dem Kasachstaner die Hirse, der elisabethanischen Krankheit ledig geworden? Das Ernte-Gedicht rühmt nicht nur die Pädagogik, sondern auch das Behagen; dem *Goldnen Wenn* entgegnet in der heimischen Jurte der gegenwärtige Tee, und das alte *h*** zieht den Genuß gleichsam in die Länge:

Schön sind die Gespräche unter Satten!
Und die Kleinen, kriechend durch die Jurte, stören
nicht!

Und man trinkt den heißen Thee auf filzernen Matten,
Und man raucht, und jeder hört, und jeder spricht!
*»Da ist noch viel Thee!*
*Vorsicht! Der Thee ist heiß!«*

Das den Blick aus agrarischen Fernen auf sich selbst richtende lyrische Ich sieht den »Wechsel der Dinge« anders; die beiden Strophen aus der Spätzeit – Elisabeth Hauptmann hat sie mit Recht zu *einem* Gedicht verbunden – gehören zu den anrührendsten dieses Dichters, des Schalenmenschen, hart verpackt in immer neue Verhüllungen, des Maskengeistes, dem die Rosenblätter des Rilkeschen Epitaphs zu perlmuttenen Schilden wurden. Der Altgewordene faßt sich ins Auge:

Und ich war alt und ich war jung zu Zeiten
War alt am Morgen und am Abend jung
Und war ein Kind, erinnernd Traurigkeiten
Und war ein Greis ohne Erinnerung.

War traurig wann ich jung war
Bin traurig nun ich alt
So wann kann ich mal lustig sein?
Es wäre besser bald.

Das ist zu einer Zeit geschrieben, da nicht »Turandot« über die Bühne gehen soll, sein »Parsifal«, in dem er als ein bäurischer Weiser an die Grenze jenes Gelobten Landes gelangt, das das dem Gogher Gogh in letzter Minute entrissene ist, sondern das Stück des Sündenfalls und der Selbstabrechnung, »Leben des Galilei«; das Werk geht über seine Kräfte. Sen und Tschaganak waren Figuren der Selbststilisierung nach einem Familienbilde gewesen, dem er selbst nach der Rückkehr aus Hollywood immer ähnlicher geworden war: »Mir, der ich von Bauern abstamme«, heißt es in einem Gedicht. Galilei ist eine Figur der Selbstidentifizierung; das Stück, das nach Verhandlungen mit Kortner, die 1950 scheitern, im Sommer 1954 erneut auf den Plan des Theaters gesetzt wird, gerät 1956 in die psychisch brisante Zone jenes Gigantensturzes, den, mit der Zertrümmerung des Stalin-Mythos, in Moskau Chruschtschows 20. Parteitag vollzieht.

Brechts Galilei ist ein Baal, den seine unstillbare Produktivität in eine Welt verschlägt, in der er sich nicht zurechtfindet: die Welt der Herrschaft, der Verantwortung, der Politik; sie häuft Lasten auf ihn, die ihn erdrücken. Sein Autor, der ihn schon in Svendborg, mehr noch in Hollywood der Zerknirschung über seine Unzulänglichkeit preisgab, legt ihm in Berlin unter dem Druck der Zeit auch noch das Joch des kategorischen Imperativs auf den Nacken, in Form eines Eides, der, sinnvoll genug, in der Urschrift ein »hypokratischer« heißt, ehe dann der *hippokratische* daraus wird. Mit einem *fabula docet* im Sinn der alten Moralitäten entläßt er den Leser/Zuschauer in eine Welt, deren »Zerbersten« (das Gedicht »Abgesang« beschwört es im August 1945) nicht mehr poetische Figur, sondern greifbare Gefahr ist.

Das Joch der moralischen Formeln, die soviel unwirksamer sind als die »großen Formeln« der Wissenschaftler,* knirscht auf Galileis Schultern wie auf denen seines Autors, und dieser wäre nicht, der er ist, ein Mann jenes fortgesetzten Selbstwiderspruchs, der ihn auf dem Drahtseil der Kunst wie der Existenz aufrechterhält wie den Seiltänzer die Ausschläge der Stange, wenn er der zwiefach – durch die Verhältnisse und durch seinen Autor – überforderten Figur nicht die groß freigesetzte gegenübergestellt hätte, einen ins Mythische gesteigerten, durch keine Realität mehr verletzbaren Baal. Er ist die wiederhergestellte Einheit der Triebwelt, der Ymir der Edda, der, »ein Riese des Ur-Daseins« (A. H. Petiscus), Mann und Weib zugleich und aus Hitze und Kälte hervorgegangen ist; er vertritt jenes »dritte Geschlecht« Platons, das, von kugelrunder Leibesbeschaffenheit, Sonne, Erde und Mond in einem ist. Der abstrakten Utopie in allen ihren Spielarten, den geschichtsphilosophischen wie den individualmoralischen, entgegnet hier Utopie als das Sinnlich-Unmittelbare, konkret Erfüllende schlechthin, und ein glücklicher Fund leistet Hebammendienste. Unter dem 16. November 1941 notiert das Tagebuch: »in chinatown für 40 cts einen kleinen chinesischen glücksgott gekauft. überlegte ein stück *die reisen des glücksgotts*. der gott derer, die glücklich zu sein wünschen, bereist den kontinent. hinter ihm her eine furche von exzessen und totschlag. bald werden die behörden aufmerksam auf ihn, den anstifter und mitwisser mancher verbrechen. er muß sich verborgen halten, wird illegal. schließlich denunziert, verhaftet, im prozeß überführt, soll er getötet werden. er erweist sich als unsterblich, lachend sitzt er gemütlich zurückgelehnt im elektrischen stuhl, schmatzt, wenn er gift trinkt usw. völlig erschöpft ziehen die verstörten henker, richter, pfaffen usw ab, während die menge vor dem totenhaus, die von furcht erfüllt zur exekution gekommen war, von neuer hoffnung erfüllt, weggeht ...«

Der 40-Cents-Erwerb erinnert an Marianne v. Willemers Frankfurter Messefund vom September 1815: einen orientalisierenden Phantasieorden, der eine vom Halbmond umfaßte Sonne darstellte; er hatte Goethe die »Divan«-Vision der chymischen Hochzeit von Sonne und Mond als der wiederhergestellten All-Einheit eingegeben. Ein östliches Licht umfließt hier wie dort die Sinnbilder des erfüllten Augenblicks. Aber während das Goethesche Glückszeichen sich als eine Vereinigung polarer Qualitäten darstellt, ist das Brechtsche ein fetter, fröhlicher, rundbäuchiger Götze, eine Figur vor und jenseits aller Dualität. Hier ist nichts mehr von Melancholie. Die Abstraktionen, verzweifelte Reflexe der Entzweiung, sind gebannt, und so sind es Welttrauer und Ichaufgabe; Nähe herrscht als der fühlsam durchdrungene Augenblick.

In dem Maß, da der Dichter den Mythos der Erfüllung malt, eines Lebenshungers, der sich lustvoll-unbekümmert das Stück Welt herausbricht, das er braucht, um sich zu ersättigen, wächst ihm ein ganz und gar Goethescher Ton zu:

Auf dem gischtgemischten Schwall
Reite du vertraulich:
Höh'n sind herrlich überall
Und die Tiefen graulich.

Dieser neue, mythisch-unbezwingliche Baal ist keiner, der sich auf den Boden des Bootes legt, um »in seiner kleinsten Größe« zu überdauern; er meint:

Groß bleibt groß und klein bleibt klein
Soviel weiß ich noch.
Kleine treffen nicht mehr ein
Große vielleicht doch

Und er weiß:

Sterne treten ungenau
In ein neues Haus.

Das Projekt, aufblitzend, als die deutschen Armeen vor Moskau zum Halten gebracht werden (es ist die erste positive politische Erfahrung seit neun Jahren), nimmt Gestalt an, als ihre Niederlage absehbar ist, und es ist die Gestalt der Oper: der mythisch restituierte Baal soll sich durch Musik beglaubigen. »23. 1. 45 / beginne mit der oper *die reisen des glücksgotts*.« Das Werk – Paul Dessau beginnt es sogleich zu komponieren – wäre Brechts »Divan« geworden; es zeigt sich in einem Zwischenentwurf auch der Form nach ganz divangemäß, als »ein halb lyrisches, halb prosaisches Werk« (5. September 1943). Aber der Dichter entzieht sich ihm – vertagt er es auf spätere Zeiten? Was ihn, im Schillerschen Sinn, zum sentimentalischen Dichter macht, der Drang nach theoretischer Selbstrechtfertigung, nach Befestigung im Abstrakten, kurz: die moralische Tendenz, obsiegt über die Verherrlichung subversiver Naivität. Schon das drittnächste Notat, vom 11. Februar 1945 (am Vortag ist er siebenundvierzig geworden), zeigt ihn unter dem Einfluß Ruth Berlaus vor einer andern Arbeit: »[...] beschließe, das manifest zu versifizieren«. Das Kommunistische Manifest von 1848 ist gemeint, und das Projekt trägt nicht weit; es mutet wie eine Flucht vor der Glücksgott-Oper an.

Die Texte des Opernprojekts sind etappenweise ans Licht gelangt, 1964 der Hauptteil, sieben *Lieder des Glücksgotts*, von denen fünf – als das zweite, dritte, siebente und zweimal das elfte Lied – numeriert sind, ohne kenntlichen Zusammenhang mit den Ziffern der überlieferten Szenendispositionen. Der neue Held ist so diesseitig, daß er ganz utopisch ist, und er ist so utopisch, daß das Fragmentarische sein Raum wird, wie schon bei Fatzer, mit dem er untergründig zu tun hat: ein paar lyrische Inventionen, in die Luft eines Projekts gesetzt, dem Brecht noch vier Jahre später tragende Bedeutung beimißt; ein Repertoirestück wie Goethes »Faust«, die »Dreigroschenoper«, der »Kreidekreis« soll daraus werden.

Brechts Glücksgott ist auf dem Lande zu Haus, dort, wo auch die Wurzeln seines Autors liegen; der unbezwingliche Glücksbringer ist einer, der Äpfel verschenkt und rät, die Kerne auszusäen: so würden alle satt. Auch sein Sexus gibt sich bäurisch, und nicht in einem naturalistischen Sinn; das große Ziel der wiedergewonnenen Geist-Leib-Einheit soll als subversives, in der Oberwelt der Sublimationen und Verdrängungen ungelittenes, unleidliches kenntlich werden:

Aber, Mädchen ich empfehle
Etwas Lockung im Gekreisch:
Fleischlich lieb ich mir die Seele
Und beseelt lieb ich das Fleisch.

Ein Jahr nach dem Erscheinen der sieben Gedichte fördert das unergründliche Archiv zwei weitere zutage,* die die Spannweite des Plans wie in den Brennpunkten einer Ellipse versammeln. In der einen Strophe verwandelt sich der rundbäuchige Götze geradeswegs in den römischen Saturn; in seinen Früchten gibt er das Goldene Zeitalter, das einst das seine war, »die goldene Heutigkeit«, wie Brecht auf einem Extrablatt vermerkt,** handgreiflich zu kosten:

Ich bin der Schutzgott der Pflüger und Säer
Der Lehrer der Pflücker, der Lehrer der Mäher:
Die schäumende Milch, das duftende Brot
Traube und Birne war's, was ich bot.

In der andern Strophe, die aus der Ursprungszeit des Projekts, vom Dezember 1941, stammt,*** zeigt sich der Ackergott von seiner intellektuellen Seite; sie steht unter dem heilenden Einfluß des sanguinischen Jupiter. Die magischen Quadrate sind abgehängt, der Zirkel aus der Hand gelegt, beschattet-konstruierender Fernblick ist einer Nahsicht gewichen, die sich entschlossen zeigt, das Jammertal hier und jetzt zu vertreiben, mit einer geist-leiblichen Unmittelbarkeit, die sich als das ewig Ketzerische begreift. »Wir protestieren all mit Lust«, hatte Goethe einst sein Lied auf die wackeren Sachsen geschlossen, die »Herrn Carolus' leidigem Degen« so lange widerstanden, und das Gedicht unter Verschluß genommen. Brechts unverwüstlicher Protagonist erklärt für sein Teil:

Ich bin der Glücksgott, sammelnd um mich Ketzer
Auf Glück bedacht in diesem Jammertal.

Ein Agitator, Schmutzaufwirbler, Hetzer
Und hiemit – macht die Tür zu – illegal.

Der Dichter selbst macht vor dem geplanten Werk die Tür zu. Noch einmal, in Berlin, drei Tage vor der »Puntila«-Premiere im November 1949, kommt es produktiv in Sicht, dann nur noch als abgelegtes.* Das Fragment ist die Form, die die Illegalität des Glückes in der herrschenden Welt annimmt.

*1986*

# »Galilei«-Komplikationen

Sterne treten ungenau
In ein neues Haus.

*Brecht, Zweites Lied des Glücksgotts, 1945*

Copernicus, des Atlas Nachfolger, ist der Ansicht, die Erde sei ein Planet, der sich bewegt und andern leuchtet, wie der Mond es uns tut. Digges, Gilbert, Keplerus, Origanus und andere verteidigen diese seine Hypothese in reinem Ernst und halten den Mond für bewohnt. Wenn es so ist, daß die Erde ein Mond ist, dann sind wir wohl taumelig, schwindlig und verrückt in diesem sublunaren Irrgarten.

*Robert Burton, The Anatomy of Melancholy, Oxford 1651*

## *Zweierlei Schranken, zweierlei Verrat*

Das Stück »Leben des Galilei« geht in den Jahren 1954/55 aus einer eingreifenden Umarbeitung und Ineinanderarbeitung jener beiden Fassungen hervor, die 1938/39 in Svendborg, 1945 in Santa Monica entstanden waren. Den Anstoß zu der Wiederaufnahme des Stoffes gibt offenbar die Lektüre der Oppenheimer-Protokolle, von der das Arbeitsjournal unter dem 8. Juli 1954 berichtet; »auf Umwegen« hatte Stefan Brecht dem Vater die Publikation über das Hearing übermittelt. Aber schon zwei Jahre vorher war wieder von »Galilei« die Rede gewesen; das Stück, sagt Brecht am 6. Dezember 1952 zu Ernst Schumacher und schreibt es in sein Journal, behandle »die Unmöglichkeit schrankenloser Forschung«. Ist er sich des Doppelsinns der Wendung bewußt? Sie kann bedeuten, daß der Forschung Schranken auferlegt werden müssen, damit sie nicht zu falschen Zwecken mißbraucht wird; sie kann aber auch meinen, daß wirkliche Forschung nicht stattfindet, insofern ihr Schranken auferlegt werden. Das letztere ist das Fazit der ersten, 1938 in Svendborg entstandenen Fassung des Stückes, auf das letztere lief die englische Fassung hinaus, die Brecht 1945 mit Charles Laughton in Kalifornien erarbeitet hatte. Der »Galilei«-Text, wie er, der dänischen Fassung folgend, seit 1948 als Bühnenmanuskript des Suhrkamp-Verlags in Umlauf war, ist ein Stück »für die Freiheit des Lehrens und für diese auf allen Gebieten« (Andrea Sarti im vorletzten Bild). »Die Wissenschaft«, sagt Galilei in seinem Schlußbekenntnis (er sagt es später nicht mehr), »beruht darauf, daß man die Fakten nicht den Meinungen unterwerfen darf, sondern die Meinungen den Fakten unterwerfen muß. Sie ist nicht in der Lage, diese Sätze einschrän-ken zu lassen und sie nur für einige Meinungen und ›die und die Fakten‹ aufzustellen.« (BFA 5, 102) Sein Widerruf steht hier unter unmittelbarer Todesdrohung; der Papst-Satz, daß man dem Forscher äußerstenfalls »die Instrumente« zeigen solle, fehlt ebenso wie Galileis spätere Äußerung, daß mehr als dies ihm nicht gedroht habe. Die Schlußszene mit dem Manuskriptschmuggel über die italienische Grenze ist, als Sieg der List und der Solidarität über eine Macht, die in offener Konfrontation nicht zu bestehen ist, das folgerichtige, unverzichtbare Finale.

Das wird in der Neufassung, die in Heft 19 der »Versuche« 1955 im Suhrkamp-Verlag erscheint (im Dezember dieses Jahres beginnt der Autor in Berlin mit den Proben), alles anders. Ein Stück, das 1938 geschrieben worden war, um – im Anschluß an die Anfang des Jahrs geschriebene Physiker-Szene in »Furcht und Elend des Dritten Reiches« – die Freiheit der Forschung wider ideologische Vergewaltigung zu behaupten und dabei das taugliche Mittel der Konspiration von dem untauglichen des offenen Konflikts abzuheben (das entsprach den Direktiven des 7. Komintern-Kongresses von 1935), unterstellt sich nun einer andersartigen Tendenz; angesichts der in der Wasserstoffbombe gipfelnden Fehlentwicklung nicht nur neuester, sondern der Physik überhaupt soll das Schauspiel* auf die Notwendigkeit hinauslaufen, daß die Forschung selbst sich Schranken setzt, indes diejenigen, welche andere ihr setzen, gleichzeitig abgewiesen werden. Dabei nimmt das Stück einen Typus geistlichen Theaters auf, der sich als Nebenhandlung der alten Passionsspiele ausgebildet hatte,** das Spiel von Judas Ischariot, der den Herrn um einen Beutel Silbers verrät und danach in Verzweiflung fällt, das Selbstgericht an sich vollstreckend. Es scheint einfach: der Herr, der verraten wird, den Schergen der Obrigkeit ausgeliefert, ist das Volk, Galilei sein Wissenschafts-Judas; nicht tätlich, sondern explikativ vollstreckt er sein Urteil über sich: eine verbale Selbsthinrichtung, deren Ort das vollständig umgeschriebene Gefangenschaftsbild wird. In Wahrheit sind die Verhältnisse komplizierter.

Das Verräterstück nach dem Judas-Modell vollzieht eine eigentümliche Abwandlung der ödipalen Konfliktstruktur der klassischen Tragödie; es ist gleichsam die melancholische Variante jenes cholerischen Konstrukts. Ödipus tötet den unerkannten Laios in zornmütiger Aufwallung, Judas verrät den Herrn mit Vorsatz und Bedacht; an Stelle der aggressiven Selbstbehauptung gegenüber einer paternalen Kronfigur tritt eine Aktion anderer Art und anderen Objekts: der Verrat als Auslieferung an Dritte. Auch fehlt das Tertium actionis, die zwischen Subjekt und Objekt der Auflehnung stehende Mutter-Frau, und man kann nur mutmaßen, wohin sie geraten ist. Offenbar besitzt das Objekt des Verrats selbst erotische Bedeutung; der Verräter handelt aus enttäuschter Liebe. Ganz verschieden auch ist der Ausgang, die Vernichtung des Missetäters:

dieser wird nicht, wie beim ödipal strukturierten Drama, von einer äußeren Gewalt niedergeschlagen, sondern von der melancholischen Instanz des eigenen Gewissens; seine Vernichtung ist Selbstbestrafung, Selbstgericht.

Die Worte Verrat, verraten sind im Deutschen doppeldeutig, und in diesem zwiefachen Sinn kennt die Passionsgeschichte Verräterfiguren. Judas verrät (anzeigt) Aufenthaltsort und Identität des Herrn und verrät (läßt im Stich) dergestalt die Gemeinschaft der Jünger. Petrus seinerseits verrät den Herrn, indem er die Zugehörigkeit zu ihm leugnet: »Ich kenne den Menschen nicht.« (Matth. 26, 72) Judas fällt der Selbstvernichtung anheim; niemand entlastet ihn von seiner Schuld. Petrus weint und bereut, er wird entsühnt und ist hinfort ein unermüdlicher Bekenner.

Galileis Abfall gleicht in der frühen Fassung dem des Petrus: Der Himmelsforscher läßt das Volk im Stich, indem er unter der Todesdrohung die Erkenntnisse seine Wissenschaft verleugnet, und arbeitet dann um so hingebungsvoller an ihr. In der historischen Perspektive, die der Autor der Figur in der späten Fassung aufprägt, schlägt der Petrus-Verrat in den Judas-Verrat um: Der die Wissenschaft vom Himmelssturz verratende Galilei gibt das Volk der falschen Wissenschaft preis, die es – in der Endgestalt der großen Bombe – mit Vernichtung bedroht. Das Ende des Stücks liiert beide Schicksale, Selbstgericht und rastlose Tätigkeit. Die – virtuelle – Selbstzerstörung und die sühnende, forttreibende Aktivität verschmelzen in Bild 14 zu einer Figur.

## *Verratenes Volk?*

Aber ist es wirklich das Volk, das Galilei verrät? Der Dichter will es so, und warum er es so will, läßt sich womöglich jener Buckower Elegie abnehmen, die einen »Bösen Morgen« beschreibt:

Heut nacht im Traum sah ich Finger, auf mich
deutend
Wie auf einen Aussätzigen. Sie waren zerarbeitet und
Sie waren zerbrochen.
Unwissende! schrie ich
Schuldbewußt.

Was der Dichter seinem Helden, der der verworfene Un-Held ist, am Ende des Stückes bereitet, ist ein prosaisch geweiteter Böser Abend. Mit der Fehldeutung des 17. Juni, von der die Tagebucheintragung vom 20. August 1953 zeugt (»Aber nun, als große Ungelegenheit, kam die große Gelegenheit, die Arbeiter zu gewinnen«), verbindet sich die melancholische Verkennung der eigenen Rolle in jenen katastrophischen Tagen. In der Figur des Galilei dramatisiert der Dichter das, was er als sein Versagen jenem messianischen Moment gegenüber empfindet, der 1933 ausgeblieben und ihm nun als ein Zugleich von »großer Gelegenheit« und »großer Ungelegenheit« erschienen war: das Eingreifen der Arbeiterklasse.

Die Finger, die der Dichter in »Böser Morgen« auf sich deuten sieht und die er in »Leben des Galilei« am Ende des 14. Bildes auf den Forscher richtet, sind dieselben, die in »Trommeln in der Nacht« auf den zu seiner beschädigten Braut desertierenden Kragler weisen. Das 1919 geschriebene Stück zeigt den Autor in einer Lage, die als Grundsituation in seinen frühen Stücken umgeht: in der Lage des Abtrünnigen, der nach Hause geht (oder, wie Fatzer, ausbleibt), als es auf ihn ankommt, als die Probe der Tat auf die Dringlichkeit der Worte gemacht wird. Der offene, sich im Wortsinn verlaufende Schluß des frühen Dramas mutiert in zwei späteren Stücken – »Der Jasager« und »Die Maßnahme« – in den Gestus der Selbstbestrafung: der Versagende, der zuletzt der sich Versagende ist, stimmt seiner eigenen Beseitigung zu. Auf andere Weise wird der

Held des Galilei-Stückes zur Projektionsfigur solcher Problematik. Sein Widerruf steht in der späten Fassung mit ähnlicher Bedeutung wie Kraglers Desertion von dem Kampfplatz der Revolution; dann aber setzt der in den Lehrstücken demonstrierte Selbstbestrafungsmechanismus ein, ausgelöst, paradox genug, von dem Gefühl des Versagens gegenüber dem 17. Juni.

Die der Galilei-Figur aufgeprägte Bedeutung enthüllt sich in ihrem Konstruktionscharakter; sie ist scheinrational im Sinn offenbarer Abstraktheit. In dreifacher Explikation setzt der Stückeschreiber aus dem Mund seiner Figuren – Galilei vernimmt es von Barberini, dem Kleinen Mönch und Ludovico Marsili, außerdem singt es im Karneval der Balladensänger – den hierarchischen Bau der feudalen Klassengesellschaft zu dem Sphärenmodell des geozentrischen Systems in Beziehung und läßt sich von der strukturellen Korrespondenz beider zu dem finalen, von dem zerknirschten Helden selbst vorgetragenen Trugschluß verleiten, Galilei, der den Kopernikus als erster beweisen konnte, habe es gleichsam in der Hand gehabt, den Kosmos feudaler Unterordnung aus den Angeln zu heben. Sein Erliegen vor dem Weltbild der Kirche habe jene revolutionäre Kraft gelähmt, die, von des Physikers Widerstand beflügelt, ausgebrochen wäre, um die alte Welt zum Einsturz und die neue Wissenschaft zu sich selbst, nämlich zu der Verpflichtung auf wahre Nützlichkeit, zu bringen. Als ob es bloß des heroischen Entschlusses bedürfe, um von Phänomenen des Überbaus her die Basis der Gesellschaft zum Einsturz zu bringen, von dem astronomischen Reflex des sozialen Systems als zu berichtigendem her dieses selbst.

Hier fingiert sich die theoretische Einsicht in den Zusammenhang von Kultur und Gesellschaft als geschichtsmächtig und überspringt mit einer Überhebung, die der Gegenpol des apologetischen Tuismus* ist: voluntaristischer Tuismus, alle Vermittlungen der Realität, der historischen sowohl, die hier mehr denn bloßes Parabelkleid ist und sein will, wie der aktuellen. Die dramatische Imagination einer revolutionären Bewegung im Italien von 1630, die statt des Bundschuhs gleichsam das kopernikanische System auf ihre Fahne geschrieben hätte, könnte als legitim erscheinen, wenn dergleichen überhaupt und an irgendeiner Stelle in der Zeit gelegen hätte. Es ist aber geschichtsphilosophischer Schein – ein Gedankengebäude, in dem das Subjekt des Autors sich wie gesetzgebend in die geschichtliche Welt seines Stückes projiziert.*

Aber das Volk kann aus einem noch viel einfacheren Grund nicht der dramatische Gegenstand von Galileis Abfall sein: es kommt in dem Stück, insofern dieses seinen Helden in Handlungen begriffen zeigt, gar nicht vor. Der Held und die vielfach beschworenen Campagna-Bauern haben keine existentielle, sondern eine rein proklamative Beziehung zueinander, proklamiert von dem Autor und selbst die Form der Proklamation annehmend: in dem karnevalisch-saturnalischen Umzug des 10. Bildes. Saturn ist der Gründer und Herr des Karnevals, jener spielerisch-ephemeren Aufhebung der Herrschaftsverhältnisse, die für ein paar Tage und Nächte das Goldene Zeitalter einer von aller Repression befreiten Triebwelt heraufführt; um so tiefer, um so melancholischer der Aschermittwochssturz zurück in die Herrschaftswelt. Ein Revolutionsfasching mit Planetensymbolen und allseits gekündigtem Einverständnis – er kommt und geht als eine saturnische Vision: »Wer wär nicht auch mal gern sein eigner Herr und Meister?«

Um in einem mehr als phantastisch-intellektuellen, nämlich dramatischen Sinn zum Objekt des Verrats zu taugen, müßte »das Volk« zuvor in ein Verhältnis zu Galilei, und umgekehrt, getreten sein. Dieses Verhältnis wird beschworen, es wird herbeigeredet, aber es findet nicht statt;

nur zu leicht entdeckt sich der Balladensänger des 10. Bildes als eine Maske des Stückeschreibers. Nicht das Volk ist das Objekt von Galileis Abfall; der Herr, der sich von Galilei verraten sieht, ist der irdische Anwalt des Herrn, die Kirche. Das Stück, dem Brecht die ausdrückliche Bekundung mit auf den Weg gegeben hat, daß es, »gegen die katholische Kirche« gespielt, »einen großen Teil seiner Wirkung« verliere: alle Obrigkeit sei gemeint*, nimmt diese Anwaltschaft – die Kirche als weltlichen Stellvertreter Gottes – sehr ernst; der Protest, den in seinem Zentrum der Sehr alte Kardinal wider die Verstoßung des Menschen aus der Mitte der Welt einlegt, ist von einer Eindringlichkeit, mit der es nur eine andere Textstelle, die Selbstverurteilung Galileis im 14. Bild, aufnimmt.

## *Der Ochse und sein Stall*

Die Szene im Collegium Romanum (Bild 6), an deren Ende der Astronom des Papstes die Richtigkeit der Galileischen Himmelsbeobachtungen bestätigt, beschreibt Galileis Triumph. In der folgenden Szene (die Bilder 6–8 bilden den dritten Akt des Stückes, das, wie so viele Brechts, unterderhand der Fünf-Akte-Disposition der klassischen Dramaturgie folgt**) setzt peripetisch jene Krise ein, die, abfallend, zur Katastrophe führt, und sie bekundet sich mit dem klassischen Mittel der Stichomythie, des fechtfigurengleich Argument um Argument konfrontierenden Gegenübers der antagonistischen Hauptfiguren. Galileis Gegenmacht ist, ähnlich wie in Schillers »Wallenstein«, nicht individuell, sondern kollektiv strukturiert; die verschiedensten Figuren – im sechsten Bild eine ganze Schar von Klerikern, im siebenten zwei Kardinäle und der Inquisitor – können für sie eintreten. In einer Person verdichtet sich das mächtige Kollektiv jedoch; es ist die

Gestalt dessen, der später als Papst das letzte Wort in Dingen Widerruf-Erzwingung spricht, der aufgeklärte Kardinal Barberini, nachmals Urban VIII. Der Konflikt kulminiert auf der Höhe des Dramas (die Stelle steht in der arithmetisch genauen Mitte des Gesamttextes der 1955 im 19. Versuch veröffentlichten Endfassung) folgerichtig in einem stichomythischen Wortwechsel zwischen Barberini und Galilei. Scheinbar ist dieses schon in der kalifornischen Fassung enthaltene »Duell«* eine humoristische Paraphrase der Kontor-Kontroverse zwischen Peachum und Filch im ersten Bild der »Dreigroschenoper«: man bekämpft einander mit Bibelsprüchen. In Wahrheit bezeichnet der Diskurs den Kern des Stückes, den kritischen Gipfel seiner umgedeuteten Handlung:

GALILEI Die Schrift. – »Wer aber das Korn zurückhält, dem wird das Volk fluchen.« Sprüche Salomonis.

BARBERINI »Der Weise verbirget sein Wissen.« Sprüche Salomonis.

GALILEI »Wo da Ochsen sind, da ist der Stall unrein. Aber viel Gewinn ist durch die Stärke des Ochsen.«

BARBERINI »Der seine Vernunft im Zaum hält, ist besser als der eine Stadt nimmt.«

GALILEI »Des Geist aber gebrochen ist, dem verdorren die Gebeine.« *Pause.* »Schreiet die Wahrheit nicht laut?«

Hier geht es um ein in doppeltem Sinn sprengkräftiges Wissen – jenes, das die bestehende Weltanschauung, und jenes, das die bestehende Welt in die Luft sprengt. Galilei ist hier der Kopernikaner, der die kirchliche Ideologie ins Wanken bringt – und er ist Albert Einstein, der durch den Kardinal dazu vermahnt wird, was er – nachträglich – selber wünschte: sein Wissen um die Möglichkeit der Bombe für sich zu behalten. Zugleich drängt an dieser zentralen Stelle eine dritte Implikation ans Licht. Das Stück, damals noch unter dem Titel »Die Erde bewegt sich«, ist im

November 1938 binnen drei Wochen geschrieben worden, ausgelöst, so suggeriert es der Vorspruch in »Versuche 19«, durch »die Nachricht von der Spaltung des Uran-Atoms durch deutsche Physiker«. Aber erst am 22. Dezember 1938 hatte Otto Hahn die Beschreibung seiner Entdeckung einer Fachzeitschrift übergeben. Hingegen war im März 1938 der letzte jener Prozesse zu Ende gegangen, in denen Stalin seine einstigen Mitkämpfer an den Pranger gestellt hatte; sie bekannten ihre Schuld. Am 25. Juli dieses Jahres gibt Brecht Walter Benjamin das durch den Untertitel »Nach einem ägyptischen Bauernlied, 1400 v. d. Z.« getarnte Gedicht »Ansprache des Bauern an seinen Ochsen« zu lesen; mit Zustimmung des Dichters identifiziert es der Gast als Stalin-Kommentar. Es ist das lyrische Korrelat jener beiden Galilei zugewiesenen Mittelsätze der stichomythischen Konfrontation, die aus der Wechselrede heraustreten, um unter sich zu disputieren: über die Rolle des Ochsen.* Der Stall war sehr unrein geworden durch den Ochsen. Aber der Gewinn durch die Stärke des Ochsen war 1945 augenscheinlich: Hitler war besiegt, und Stalin hatte entscheidenden Anteil daran. Nicht sich meint Galilei in dem Bilde des Ochsen, der weder weise ist noch über Vernunft verfügt, sondern nur mit diesen beiden dialektisch verschränkten Eigenschaften heraufgeführt wird: Unreinheit und Stärke.

Brechts Stück geht aus der Anfang 1938 geschriebenen Physiker-Szene in »Furcht und Elend des Dritten Reiches« (Nr. 7 der Buchfassung) hervor, als ein nun historisch angesiedelter dramatischer Exkurs über den unpolitischen Fachmann, der aus seinem Berufsinteresse heraus – er braucht den Wahrheitsbegriff als Handwerkszeug – in Konflikt mit der herrschenden Ordnung gerät und unter Opfern lernt, daß offener Widerstand aussichtslos, heimlicher dagegen sinnreich ist. Dazu verbündet er sich im vorletzten Bild erstens mit dem Volk (in Gestalt eines konspirativ tätigen Kaminsetzers), zweitens mit der Emigration (in Gestalt Andrea Sartis). Das entsprach dem von Georgi Dimitroff auf dem Komintern-Kongreß von 1935 verkündeten Konzept des Trojanischen Pferdes. »Galilei«, schreibt Ernst Schumacher*, »war [...] als ›trojanisches Pferd‹ entsprechend der Volksfrontideologie aufgefaßt.« Mit verhängnisvoller Scheinspiegelung war das offiziell verkündete antifaschistische Kampfprinzip des Trojanischen Pferdes von 1936 an auf die Hauptmacht der Komintern zurückgeschlagen: der Stalinsche Apparat sah nun bei sich selbst und im eigenen Lande überall Trojanische Pferde der *Konterrevolution*. Sogar Bucharin, der einstige Vorsitzende der Kommunistischen Internationale, wurde unter dieser Anschuldigung vor Gericht gestellt – und gestand seinen Verrat.

Nach beiden Seiten, die 1938 von höchster intellektueller und politischer Aktualität waren, ist das Trojanische Pferd in »Galilei« anwesend; die – durchaus paradoxe – Überlagerung der Momente verschärft sich mit den angesichts der Kernwaffenentwicklung an den Stoff herantretenden Akzenten. Die beiden in der kalifornischen Fassung in den Schwerpunkt des Stückes eingesenkten Ochsen-Sätze deuten, als ein vergrabener Fingerzeig, auf ein Beziehungsfeld, das innerhalb der dänischen Fassung in den – nunmehr getilgten – Dialogen des Landhaus-Bildes aufgeschienen war, mit Sätzen wie dem von der »neuen Zeit«: »Sollte sie aussehen wie eine blutbeschmierte alte Vettel, dann sähe eben eine neue Zeit so aus!«** Die Brecht-Biographie Werner Mittenzweis erschließt dieses Beziehungsfeld in anderer Hinsicht. »Der ›Kunstgriff‹, die unbarmherzige Analyse, mit der sich Galilei über alle Betrachter seines Falles erhebt, wurde unter anderem auch durch die Verteidigungsrede Bucharins während seines Prozesses in Moskau angeregt«, schreibt der Autor angesichts der intensiven Durcharbeitung, der Brecht den

Protokollband des Bucharin-Prozesses unterzogen habe; »einige Passagen der Verteidigungsrede Bucharins« wiesen »bis in die rhetorischen Wendungen hinein Ähnlichkeiten mit der Schlußszene des ›Galilei‹ auf«.* Das trifft auf die Berliner Fassung des Stückes unmittelbarer zu als auf die Svendborger, auf die Mittenzwei sich bezieht; in der Tat stammt die nicht näher bezeichnete Äußerung Brechts, die er in diesem Zusammenhang heranzieht, aus einer Probe des Landhaus-Bildes am 21. Januar 1956.*

Sollte Brecht den Bucharin-Prozeß zwiefach, in seiner wahren und seiner fiktiven Gestalt, in das Stück eingelassen haben? Nicht Galileis Selbstverurteilung, sondern sein Widerruf liefert die reale Prozeßanalogie. Sie ist dem Stückeschreiber schwerlich verborgen geblieben; Ambivalenz ist gleichwohl im Spiel.* Auf mehrfach gebrochene Weise identifiziert sich Brecht in der Gestalt des Physikers mit den Verurteilten, Sich-selbst-Verurteilenden der Prozesse, die, so schien es, aus sich verselbständigenden Vernunftgründen das Einverständnis aufgegeben hatten und, auf die Größe ihrer Verdienste pochend, aus der Reihe getreten waren. Mit ihrem Geständnis berichtigen sie den Verrat und treten, untergehend, in die Reihe zurück. Er identifiziert sich mit ihnen und mit ihrer Verurteilung, denn es ist, so scheint es ihm, sein Problem, das die Prozesse austragen, das Problem des Jungen Genossen in der »Maßnahme«; darum glaubt er ihnen. Was Brecht hier untergründig bekundet, gilt nicht nur für ihn. Wie er glaubten viele linke Intellektuelle den Prozessen, nicht weil sie sich mit Stalin, sondern weil sie sich mit den intellektuell hochqualifizierten Angeklagten identifizierten. Diese verkörperten ihnen den eigenen strafwürdigen Hang zur Abweichung, zum Aus-der-Reihe-Treten aus selbständiger Vernunft.

## *Die Macht der Großen Mutter*

Zerknirscht und wortreich, als stünde er vor einem Volksgerichtshof, dessen zu erwartendem Urteil es zuvorzukommen gelte, versichert der Galilei des Brechtschen Stückes in der vorletzten Szene, daß er – das Volk verraten habe, das, so scheint es ihm, nur auf ein Stichwort aus der Astronomie gewartet hat, um die Verhältnisse von Herrschen und Dienen, Ausbeuten und Ausgebeutet-Werden auf den Kopf zu stellen und dadurch der Wissenschaft den Weg des Heils zu weisen. Aber diese Selbstanklage ist eine selbstquälerische Fiktion, die den Petrus-Verrat des Forscherhelden – also den Widerruf der wissenschaftlichen Wahrheit unter dem lebensbedrohenden Druck der Inquisition – in einen Judas-Verrat ummünzt, den Verrat des Volkes an dessen Peiniger.

Es ist fesselnd zu sehen, daß schon in Brechts frühestem Stück (es heißt »Die Bibel« und wurde Anfang 1914 in einer Augsburger Schülerzeitschrift veröffentlicht*) die Figur des Petrus-Verrats im dramatischen Zentrum steht. In dem Einakter des Fünfzehnjährigen, der in einer von katholischen Truppen übermächtig belagerten protestantischen Stadt spielt (man kann sie sich im Holland der spanischen Okkupation denken), stehen sich Glaubensverrat um des Überlebens willen und Glaubensbehauptung mit Preisgabe der ganzen Stadt gegenüber. Die übergabereife Stadt kann sich von der Zerstörung freikaufen, wenn sie zum Glauben des Feindes übergeht und die Tochter des Bürgermeisters sich dem feindlichen Feldherrn preisgibt. Der Bruder redet seiner Schwester zu, der Vater ist schweigend auf seiner Seite, der Großvater aber besteht auf der Nichtpreisgabe von Glauben und Ehre: »... eine Seele ist mehr wert als tausend Körper!« Nach schwerem Ringen entscheidet sich das Mädchen festzubleiben, damit sich selbst und alle andern dem Untergang überliefernd. Der

Petrus-Verrat ist abgewendet, zugleich ist das die Gemeinschaft rettende Selbstopfer verweigert; die Katastrophe folgt auf dem Fuß. In dem frühen Stück, in das der Autor seinen Namen als einen biblischen Imperativ einzeichnet (»Brecht dem Hungrigen das Brot», setzt der Autor entgegen dem biblisch-originalen in Jesaja 58/7: »Brich dem Hungrigen dein Brot«), zeigt sich der Grundkonflikt des Brechtschen Dramas in seiner vollen Ambivalenz; in »Leben des Galilei« findet er unter konträren Auspizien – der versäumte Widerstand als die verspielte Rettung – seine späteste Ausformung.

Käme der Vorstellung des von Galilei verübten Volksverrats in dem Stück eine mehr als rhetorische Realität zu, so müßte Galilei dem Objekt der verräterischen Handlung an irgendeiner Stelle begegnen. Aber das geschieht nicht, abgesehen von jener Szene, wo der Sohn des Volkes, der als »der kleine Mönch« in dem Stück figuriert, dem Physiker klarmacht, daß »seine Leute«, also die Campagna-Bauern, weit davon entfernt sind, an Aufruhr oder Protest zu denken. Es ist Galilei selbst, der in dieser Szene mit der »göttlichen Geduld« der Unterdrückten keine Geduld hat.

Zwar scheint in der städtisch angesiedelten Karnevalsszene Galileis Lehre dem Volk zu begegnen, so daß der Eindruck entsteht, als habe man, wenn nicht auf dem Lande, so doch in Italiens Städten auf »Galileo Galilei, den Bibelzertrümmerer« (so der Straßensänger am Ende der Szene) nur gewartet, um die herrschende Welt als eine voller ungerechter Herrschaft aus den Angeln zu heben. Aber der Eindruck ist nach mehr als einer Seite irreal; den aufständischen Bewegungen dieser Zeit ging es nicht um die Zertrümmerung, sondern um die In-Kraft-Setzung der biblischen Botschaft als einer der Brüderlichkeit und Gerechtigkeit. Zudem taugte der kopernikanische Sonnenzentralismus an sich nicht zur Umsturzmetapher. Erde und Volk lassen sich so gut zusammendenken wie Sonne und hierarchische Macht; das zu dieser Zeit in Frankreich aufkommende absolute Königtum versinnbildlichte den Herrscher nicht zufällig durch das Sonnenzeichen. In einer das Machtzentrum Sonne geschäftig umlaufenden Erde konnte das Karnevalsvolk schwerlich ein Bild seiner Befreiung erblicken, lediglich eine karnevaleske Umkehrung der augenscheinlichen Himmelsverhältnisse. Es mag das Vernunftlicht der Aufklärung sein, das Brecht hier symbolisch in das Zentrum eines neuen Weltgefühls einsetzen will; dabei weiß er selbst, daß die Aufklärung keine Volksbewegung, sondern die Geistesrichtung des erstarkenden Bürgertums war. Um die Beziehung zwischen dem Forscher und dem städtischen Bürgertum zu pointieren, läßt er seinen Un-Helden im 11. Bild aus einer Mischung von Leichtsinn und Bequemlichkeit die Fluchthilfe des Eisengießers Vanni ausschlagen, der ihn im Namen der »oberitalienischen Städte« anspricht. Aber das Beiseitesetzen einer Fluchthilfe genügt in keiner Hinsicht für die Etablierung einer Verratskonstellation.*

Um das Objekt des dramatisch wirklichen, nicht bloß rhetorisch prätendierten Galilei-Verrats ausfindig zu machen, muß man auf jene Kräfte sehen, mit denen der Forscher innerhalb des Stückes unmittelbar konfrontiert wird; das ist weder das Volk, das Bürgertum oder die weltliche Macht (der Florentiner Hof spielt in dem Konflikt keine zentrale Rolle), sondern die geistliche, die Kirche. Sie hat hier viele Gesichter, Brechts Stück gleicht auch in dieser Hinsicht dem andern großen Verrats-Drama der deutschen Literatur, Schillers »Wallenstein«, in dem, wie in »Leben des Galilei«, der Verräter/Aufrührer zugleich Vaterautorität besitzt und die oberste Autorität (dort der Kaiser) als kollektiv vermittelte in Erscheinung tritt.

Verrat erscheint hier wie dort als Rebellion einer Instanz gegenüber, die frontal (oder an einem Dritten, der begehrten Frau) nicht angreifbar ist, da sie, ins Kollektive erweitert, Vater- *und* Mutter-Züge auf sich vereinigt. In Brechts Stück ist das die Mutter Kirche, die in Gestalt des Kardinal-Inquisitors mit *paternalen* Befugnissen auftritt und darum mit unentrinnbarer Übermacht ausgestattet erscheint. Wo Vater- und Mutter-Bedeutung so eng koalieren, steht der auf seinen eigenen Kopf pochende Sohn auf verlorenem Posten.* In Schillers Wallenstein-Stücken überwiegt lange Zeit die maternale Bedeutung des übermächtigen Kollektivs; das zeigt sich daran, daß im Gewebe der Handlung nur eine Frau – die Gräfin Terzky – handlungs- und widerstandsfähig erscheint. In dem Maß, wie der paternale Charakter der Kaiser-Instanz sich erklärt, wird der zaudernde Feldherr selbst konfrontationsfähig; sein Untergang – von Mörderhand namens der Krongewalt – entspricht dieser Veränderung, deren Hervortreten der innere Gang und das Ergebnis der Handlung ist.

In »Galilei« bleibt der maternale Charakter der Kollektivinstanz bestimmend. An Stelle der übermächtigen Vaterfigur, dem traditionellen Objekt von Rebellion und Emanzipation, ist eine – ins Kollektive geweitete – Mutterfigur getreten, die noch viel mächtiger ist als jene, weil es ihr gegenüber nicht nur keine Sieges-, sondern nicht einmal eine Konfrontationsmöglichkeit gibt; diese setzt jenes unabhängige Dritte voraus, das im ödipal disponierten Drama die Frau ist. So ergibt sich, bei gleichem Ziel der Befreiung und Selbstbehauptung, eine völlig andere Konfliktabwicklung. An Stelle der offenen Lossagung tritt die verdeckte; der Aufruhr, der sich nicht erklären kann, sinnt auf Umwege und bemerkt, daß sie nicht aufrechtzuerhalten sind; sie laufen melancholisch in sich selbst zurück.

Es ist deutlich: bei allem Eifer, mit dem Galilei sich in Bild 9 des Stückes auf die Ergründung der Sonnenflecken wirft, tritt er doch nicht in offenen Widerstand gegen das ihm auferlegte – und von ihm angenommene – Verbot. Er verfällt, einen Personalwechsel an der Spitze der Institution als Neuorientierung mißdeutend,* lediglich politischem Wunschdenken; die Sterne, so meint er, stünden günstig genug, um es mit einer List zu versuchen. So erfüllt er (der Inquisitor beschreibt es dem Papst im 12. Bild) die ihm auferlegte Weisung, das neue Himmelssystem nur hypothetisch zu erörtern, auf eine Weise, die das kirchliche Dogma nicht nur durchbricht, sondern auch noch satirisch bloßstellt; zugleich beschwört der Autor – er tut es gleichsam anstelle des Helden – die imaginäre Hilfe eines plebejischen Gegenkollektivs. In diesem Sinn ist die Karnevalsszene des 10. Bildes nicht nur äußerlich phantastisch – sie ist eine Traumeinlage.

Die Mutter Kirche entdeckt den Betrug des begabten, ungebärdigen Kindes und ist geneigt, über ihn hinwegzusehen, aber ihre paternale Seite – die Inquisition – ist aufgereizt und zeigt sich unerbittlich. Sie ahndet die Übertretung als Abfall; die Strafe des Widerrufs trifft den von der phantastischen Hilfsmacht im Stich Gelassenen. Sie trifft ihn widerstandslos und das nicht, weil er um sein Leben, gar sein Wohlleben fürchtete oder vor körperlichem Schmerz zurückschreckte. Daß Galilei furchtlos ist, wenn es um sein Werk geht, ist in den dem Stück unauflöslich zugehörigen Pest-Szenen des 5. Bildes mit Deutlichkeit bekundet. Er ist furchtlos, wenn die Gefahr von außen kommt, die Macht aber, die ihn hier schlägt, sitzt in seinem Innern: er kann das Band nicht zerreißen, das ihn an das Vater-Mutter-Reich der Kirche bindet. Der schrankenlose Denker, dessen Forschen alle Hülsen des alten Weltbildes durchstieß, findet eine unüberwindliche Schranke in sich selbst, und er macht vor ihr halt: Galilei widerruft, um in der Bindung zu bleiben. Die Angst vor der Folter, auf die er sich im 14. Bild der Endfassung beruft, ist eine Finte, und er sagt es, im Lügen ehrlich, gleich selbst: die Foltergefahr war bloße Einbildung. Es war nicht körperlicher, es war seelischer Schmerz, vor dem er zurückwich. In »Coriolan« (die Shakespeare-Bearbeitung geht der »Galilei«-Neufassung um zwei Jahre voraus) hatte Brecht zuvor eine anders scheiternde Emanzipation vom Mutterkollektiv (auch dies: ein römisches) zum Gegenstand von Drama gemacht. Coriolans Abzug von dem belagerten Rom (»Oh, Mutter, Mutter! Oh! Was machst du?«) entspricht psychologisch wie dramaturgisch dem Galileischen Widerruf.

In jenem antimonarchischen Drama, das in Deutschland vor allem Schiller ausgeprägt hat, trifft Vernichtung den Aufrührer, der dies erklärtermaßen, in klarer Kollision ist, von außen, als förmlicher Urteilsspruch oder als Mordstahl im Dienst der angefochtenen Krone. Galilei ist kein Aufrührer, sondern ein Aufstörer; er widerruft und bleibt, als Geschlagener, zwiefach Büßender, in der Bindung und am Leben. Unter der Last des Vorwurfs, die Kirche verraten zu haben, hat er sich selbst, seine Emanzipation, das Recht seiner wissenschaftlichen Vernunft verraten; er fällt in Melancholie. Aber es ist nicht suizitäre Judas-Melancholie, die statt der Übermacht, die man mit fremder Hilfe zu vernichten strebte und doch in sich nicht vernichten kann, das eigene Leben angreift. Sondern es ist tätige, produktive Melancholie; der Ordo der Kirche hat ihn, wiewohl strafend, ja wieder aufgenommen. Das ist, bei aller Entsprechung der Finalsituationen, der Unterschied zu Coriolan. Beider Situation am Ende des Stückes ist die des doppelten Abfalls, des Verrats des Verrats. Aber der zurückweichende Rom-Belagerer bleibt außerhalb des Mutterreichs und wird durch das Schwert des Konkurrenten – es ist die Figur des feindlichen Bruders – bestraft, erlöst. Galilei, der widerrufende Rom-Opponent, bleibt innerhalb dieses Reiches; so kann, obschon eingeengt und im verborgenen, die Befreiungsarbeit weitergehen. In ihr verbindet sich die Einsicht, daß er nur mit dem Mutter-Kollektiv, nicht gegen dieses sich emanzipieren kann, mit der Trauer darüber, daß die römische Mutter, aus kurzsichtigem Herrschaftsinteresse, ebendies verweigert.

Es ist diese Trauer, die sich in Selbstanklage kehrt. Der Galilei des 14. Bildes erfüllt alle Momente, die Sigmund Freud für die Kennzeichnung der pathologischen Melancholie heranzieht. »Endlich muß uns auffallen, daß der Melancholiker sich doch nicht ganz so benimmt wie ein normalerweise von Reue und Selbstvorwurf Zerknirschter. Es fehlt das Schämen vor anderen, welches diesen letzteren Zustand vor allem charakterisieren würde, oder es tritt wenigstens nicht auffällig hervor. Man könnte am Melancholiker beinahe den gegenteiligen Zug einer aufdringlichen Mitteilsamkeit hervorheben, die an der eigenen Bloßstellung eine Befriedigung findet. Es ist also nicht wesentlich, ob der Melancholiker mit seiner peinlichen Selbstherabsetzung insofern recht hat, als diese Kritik mit dem Urteil der anderen zusammentrifft. Es muß sich vielmehr darum handeln, daß er seine psychologische Situation richtig beschreibt. Er hat seine Selbstachtung verloren und muß guten Grund dazu haben.«* Den Schlüssel zu einem Symptombild, das »ein schwer lösbares Rätsel« aufgebe, finde man, »indem man die Selbstvorwürfe als Vorwürfe gegen ein Liebesobjekt erkennt, die von diesem weg auf das eigene Ich gewälzt sind«.

Wer dieses Liebesobjekt im Fall Galileis ist, liegt zutage; es ist die Mutter Kirche, die ihrem »gläubigen Sohn« (Bild 7) untersagte, was er in ihrem Dienst zu tun gedachte: die Ergründung des Himmels. Der Abfall ist wechselseitig, die Selbstanklage, versäumten Aufruhrs wegen, verschobene Anklage – eine, die sich von dem Liebesobjekt der Großen Mutter, ordo ordinum, nicht trennen kann und darum gegen sich selber wütet.

## *Vom Sündenfall*

Aber sosehr der Galilei des 14. Bildes die Symptome der Freudschen Beschreibung erfüllt, sosehr übersteigt er sie in einem Hauptpunkt, der Tätigkeit; diese ist seelisch entwertete, aber fortgesetzte Befreiungsarbeit. Der melancholischen Reflexion ihrer moralischen Wertlosigkeit entringt sich in den späteren Fassungen des Stückes das Bild der Utopie. Galileis Postulat einer Wissenschaft, die von keinem anderen Ziel gelenkt werde, als »die Mühseligkeit der menschlichen Existenz zu erleichtern«, korrespondiert im Innersten mit der Sehnsucht des Sehr alten Kardinals nach Erhaltung jener Welt, die den Menschen als ihren Mittelpunkt begreift. Nicht wörtlich, aber sinnbildlich, nicht physikalisch, aber moralisch soll dies gelten.

Das geozentrische Weltbild mit seinen Sphärenschalen um die Erd-, die Menschenmitte läßt sich mit einiger Anstrengung* als Gleichnis der Ständehierarchie verstehen, so wie Campanella das kopernikanische Sonnensystem als Muster eines zentralistischen Gleichheitsstaates begriffen hatte. Vor allem aber ist das geozentrische System Sinnbild und Veranschaulichung eines ideellen Anthropozentrismus, der den Menschen zum Mittelpunkt des Alls macht, um ihn – in einem theologisch-transzendentalen Sinn – zum Mittelpunkt seiner selbst zu machen. Die Wissenschaft, die der alte Galilei als von ihm verscherzte an einen imaginären, im Wortsinn utopischen Horizont malt, ist ebendie, welche im Einklang mit dem Vater-Mutter-Reich der Kirche steht: eine Wissenschaft, die sich auf den Menschen als ihr Maß, ihren Schwerpunkt bezieht. Daß er sie vormals betrieben oder doch durch Standhaftigkeit qua Revolutionsbeförderung habe gewinnen können und nun verspielt habe, ist seine melancholische Illusion als die seines Verfassers.

Brecht hat den Kernsatz des umgearbeiteten Stückes,

den ethischen Imperativ, auf den dieses als auf seine Moral hinausläuft, Bacons »Novum Organon« entlehnt,[*] jenem antiaristotelischen Traktat, dessen Titel und Anlage er 1948 für eine Sammlung von Theaterthesen übernommen hatte. Es ist der kategorische Imperativ einer Wissenschaft, die sich, im Sinn eines »hippokratischen Eids«, primär vom praktischen Bedürfnis und nicht von dem Drang nach Erkenntnis leiten lasse: »das Gelöbnis, ihr Wissen einzig zum Wohle der Menschheit anzuwenden«.[**] Aber der historische Galilei war kein Baconist, und nicht (jedenfalls nicht direkt) von Bacon, sondern von der Mathematik, vom »empirischen Pythagoreismus« (Heinz Heimsoeth) führt, wie der Philosophiehistoriker erhärtet,[***] der Weg zu *der* Naturwissenschaft, die mit Galilei anhebt.

Galileis Experimente sind nicht die Baconischen, sondern von wesentlich neuer, mathematisch ergründender Art – es sind ebendie, deren Resultate er am Ende des Stückes nach Holland bringen läßt. Und in das Reich der Kaufleute gehören sie aus einem mehr als äußerlichen Grund – hie Zensur, da Freiheit der Forschung – tatsächlich. Der Galilei, der die Wissenschaft revolutioniert, betreibt, manch nützlicher Erfindung, die dabei abfällt, ungeachtet, keine Wissenschaft im Dienst des Menschenreichs (*regnum hominis*), auf das Bacon die folgsame *interpretatio naturae* beschränken möchte, sondern Erkenntniswissenschaft im Sinn und mit den Mitteln mathematischer Abstraktion. Diese läßt Anwendungen zu, Erfindungen zur Erleichterung menschlicher Mühsal, aber diese sind Folgen, keine Zwecke im Sinn methodischer Prioritäten. Die neue, die Galilei-Wissenschaft, wie sie sich in dem im 14. Bild an Andrea Sarti übergebenen Werk über die Mechanik, den »Discorsi«, bekundet, ist in sich selbst voraussetzungslos und eben darum »für alles zu gebrauchen«, methodisch neutral gegenüber allen Folgen, allen Anwendungen. Ein Vorbehalt, wie ihn Bacon im ersten Buch des

Neuen Organon (§ 66) mit bestürzender Intuition gegen die Atomforschung erhebt, ist ihr wesensfremd.*

Der Baconische Empirismus mit seinem Primat des Nutzens und der Erfahrung steht auf eigentümliche Weise zwischen Mittelalter und Neuzeit, und so tut es die Wissenschaftsvorstellung Brechts. Seine in der letzten Fassung des 14. Bildes artikulierte Idee einer ethisch anthropozentrischen Naturforschung im Dienst des Ordo humanus ist ein Übergangswesen, wie es in Bacon Gestalt angenommen hatte und hier auf den Bacon-Überwinder Galilei wunschhaft-imperativ projiziert wird. Die Galileische Wissenschaftsrevolution geht, von keinerlei Himmelswiderruf aufhaltbar (das ist der tiefere Sinn des unauthentischen »Und sie bewegt sich doch»), im genauen irdischen Gleichschritt mit jener Aufhebung konkreter Qualitäten, die die Geldwirtschaft in der Erzeugungswelt vollzieht. So wie in der neuen Wirtschaft der Geldwert, eine quantitative Größe, zum abstrakten, allgemein verfügbaren Wesen der produzierten Werte wird, wird in der neuen Wissenschaft das vermittels mathematischer Gesetze auf Meßwertbeziehungen – »Quantitates sive mensuras rerum«** – reduzierte Naturgeschehen zu der effektiven Erscheinung der Natur. Was Brecht, im Blick auf die große Bombe, als Galileis *moralischen* Sündenfall*** prätendiert, ist dessen *wissenschaftlicher* Sündenfall: die methodisch-immanente Auslieferung der Wissenschaft an die Kategorien der neuen Geldherrschaft. Galileis wirklicher Sündenfall, nach dem in seiner Schlußrede aufgestellten Maßstab, liegt dort, wo ihn, in anderer Weise, auch die Kirche sieht, in dem Abfall der Wissenschaft als forschender Praxis, ausgeübter Theorie von der Zentralität des Menschen. Galilei hat gegen das Verbot der Kirche – ein mildes Verbot, das nicht die astronomische Forschung, sondern nur die weltbildumstoßende Schlußfolgerung untersagte – eine Kosmologie propagiert, die das Kriterium des Menschen außer Kraft setzt, und, mit zensurieller Gewalt auf die Erde verwiesen, das Werk weitergetrieben, eine Wissenschaft gründend, die ebenso rücksichts- wie vorsichtslos hinter die Welt der Phänomene, der Qualitäten dringt, um als Wesen der Dinge ihre quantifizierbaren Relationen auszufinden.

»Weiß ich, was ein Mensch ist? / Weiß ich, wer das weiß! / Ich weiß nicht, was ein Mensch ist / Ich kenne nur seinen Preis« (»Die Maßnahme«, V) – ebendies ist, in bezug auf die Dingwelt, das Wesen von Galileis hinter dem Rücken der Inquisition vollzogener Wissenschaftsumwälzung; sie beschreibt die naturgegebene Welt durch den Meßwert wie der merkantilische Unternehmer die manufakturell hervorgebrachte durch den Goldeswert. Beide Neuerungen haben das Praxiskriterium des Erfolgs für sich: indem sie sich an die abstrakte Natur der Dinge halten, die quantitative und unsichtbare statt der sinnlichen und qualitativen, wirken sie, als Technik und als Markt, furchtbar (und fruchtbar) beschleunigend auf den Bereich der Produktion. Brecht sah sie in seinen Tagen in der Erscheinung der H-Bombe kulminieren; in den unsrigen übergipfeln* sie sich in der finalen Gestalt des Sternenkrieges, in der technische und gnostische Utopie einander gespensterhaft umarmen, paradox enthemmt von dem Bewußtsein der Dezentralität der Erde als eines verschmerzbaren Gestirns unter Myriaden anderer in einem sich ständig weiter entgrenzenden All.

Nicht jener neue, von Galilei und Kepler heraufgeführte, von Newton vollendete, sich in der *Auffindung der Bewegungsgesetze* erfüllende Wissenschaftsbegriff ist der Brechtsche, so lebhafte Anstrengungen der Stückeschreiber auch macht, ihn, ins Soziologische gewendet, für seine Arbeit zu reklamieren. Sein Wissenschaftsbegriff – und wie könnte es bei einem Beweger poetischer Konkretion anders sein – ist der Baconische, der sich in der Idee der Erziehung, einer »Didacta magna«, wie sie Comenius im

Anschluß an Bacon entwickelte, erfüllt, es ist der Goethesche.

Den Sinnen hast du dann zu trauen:
Kein Falsches lassen sie dich schauen,
Wenn dein Verstand dich wach erhält

– das* ist Bacons Erfahrungswissenschaft, und: »Was fruchtbar ist, allein ist wahr« – das ist interpretatio naturae im Dienst des Menschenreichs. Wie Bacons Naturanschauung versucht die Goethesche, alte und neue Zeit zu versöhnen; mit dem Mut einer nur zu ahnungsvollen Verzweiflung stemmt sie sich gegen Newton, den Lichtzergliederer, ohne dem Kopernikus Abbruch zu tun. Mit großartiger Wendung huldigt das späte Gedicht dem Begründer des neuen Weltbilds:

Verdank es, Erdensohn, dem Weisen,
Der ihr, die Sonne zu umkreisen,
Und dem Geschwister wies die Bahn.

Wie Goethe sich in den Kopernikus schickt, so schickt sich Brecht in den Newton, nämlich »in das allgemeine logische Prinzip, das der Naturwissenschaft Galileis, Descartes', Huygens', Newtons zugrunde lag, die Logik der Relation, die Ersetzung der qualitativen Verschiedenheit der Gestalten durch die verschiedenen Bewegungen von Punkten eines Relationsfeldes« (Gerd Irrlitz), ja er erweckt sogar den Anschein, dieses Prinzip für sein Theater zu akquirieren. Aber das ist eine Vorgabe, die die Kunstpraxis nicht einlöst und nicht einlösen kann. Mag der Autor theoretisch-intellektuell den *Magnus ordo*, der ihm vor Augen steht, mit der *Magna lex* einer naturgesetzlich aufgefaßten Soziologie verwechseln, künstlerisch behält Konkretion die Oberhand, und das innere Mißtrauen des phänomenal qualifizierenden, didaktisch operierenden Dichters gegenüber abstrakten Regulierungen, mit denen er doch immer wieder kokettiert, ist fundamental.

In den emphatischen Termini der Erbsünde und des hippokratischen Eids wird der undurchschaute Widerspruch auf dem Grund von Brechts Wissenschaftsverhältnis in einer Weise überbrückt, die sich terminologisch selbst enthüllt. Das moralische Postulat bildet, im Sinn des Kantischen Imperativs, eine utopische Formel, die den Anschein erweckt, als ob die Behebung der Antinomien – sie spielen zwischen »Zaum« und »Verdorren« (Barberini-Galilei) und in der Doppeldeutigkeit des Begriffes Entfesselung – zur Willensentscheidung des Subjekts stehe und die ethisch-anthropozentrische Beschränkung der Wissenschaft mit der Idee ihrer Entfaltung dadurch in Einklang zu bringen sei, daß dem alten Ordo eine neue soziale Funktion gegeben werde: *regnum hominis* als *regnum Saturnium*. Jene Umfunktionierung der Fabel, die das vom November 1938 datierende Stück im ersten Ansatz schon im folgenden Jahr und dann verstärkt in der kalifornischen Fassung erfährt, vollendet sich 1955 und '56 in einer Konstruktion, in der die gegeneinander aufgestellten Kräfte – Kirche und Wissenschaft – intentionell eines werden, namens jener Idee anthropozentrischer Beschränkung naturwissenschaftlichen Denkens, die einzig Schutz vor der Vernichtung verheißt.

Das Volk als Kirche, die Kirche als Inbegriff des Volksinteresses ist die institutionelle Utopie, auf die die Antinomien des 14. Bildes wie euklidische Parallelen zulaufen, in der sie sich auflösen. Nicht, daß er das Volk, ein Kollektiv, das er nie zu Gesicht bekam, verriet, treibt den Furor von Galileis Selbstanklage an, sondern daß es ihm nicht gelang, die Weisheit der Kirche, dieses Horts zweckmäßiger, menschengebundener Wissenschaft, mit dem Stand der Erkenntnis zu versöhnen. Galilei ist nicht der gescheiterte Revolutionär, er ist der gescheiterte Vermittler.

*1987*

# Teamwork und Eigensinn oder Lust und Schrecken der Desillusionierung
## Anmerkungen zur »Dreigroschenoper«

### *Teamwork*

Die »Dreigroschenoper«, das ist der Inbegriff theatralischen Teamworks; der Besetzungszettel der Uraufführung macht es ebenso deutlich wie die Namenstriade, die Brecht 1931 unter den Druck des Textes in Heft 3 seiner »Versuche« setzt: »Brecht. Hauptmann. Weill.« Das Theater selbst, schien es, hatte diesen Goldklumpen wie aus dem Innern eines Vulkans ausgespieen. Der Titel – »Ludenoper« hatte Brecht über das Werk geschrieben – wurde während der Proben von Lion Feuchtwanger gefunden, mit der Mackie-Messer-Moritat entsprachen Brecht und Weill über Nacht der Anforderung Harald Paulsens, des Macheath-Darstellers, den es nach einem Auftrittslied verlangte (statt seiner sang es dann der Darsteller des Polizeichefs), und die endgültige Fassung des Stücks stellte sich erst am Vormittag der Premiere heraus, nach einer bis in den frühen Morgen dauernden Generalprobe: Autor, Bühnenbildner und Theaterdirektor einigten sich auf Kürzungen im Umfang einer dreiviertel Stunde.

Es war eine akute Theateranforderung gewesen, die Brecht darin bestärkt hatte, in der Bearbeitung der ihm von Elisabeth Hauptmann zugereichten Vorlage fortzufahren: der »Beggar's Opera« von 1728, dieser »ältesten Anti-Oper der Theatergeschichte« (B. Delcker), deren Text von John Gay und deren Musik von Johann Christoph Pepusch stammte, einem nach London ausgewanderten Berliner. Der Bestseller aus der Regierungszeit des berüchtigten Robert Walpole war im Vorfeld des 200. Jahrestags seiner Uraufführung in London wiederentdeckt worden. Josef

Aufricht, ein junger Schauspieler, der, von seinem Vater dazu ausgerüstet, in Berlin das Theater am Schiffbauerdamm gepachtet hatte, brauchte für seinen Einstand eine erfolgversprechende Novität und war nach langem, vergeblichem Suchen auf Brecht und dessen Gay-Bearbeitung gestoßen. Man muß es festhalten: dieser größte Erfolg des Berliner Theaters seit der Uraufführung von Webers und Kinds »Freischütz« 1821 am Königlichen Nationaltheater ist nicht dem subventionierten, sondern dem kommerziellen Theater entsprungen, zu einer Zeit, da sich die deutsche Republik nach schweren Gründungskrisen stabilisiert zu haben schien – ein Jahr, bevor eine von den USA ausgehende Finanzkatastrophe auch über Europa hereinbrach und das kapitalistische System bis in seine Grundfesten erschütterte. Man schrieb August 1928; in Deutschland versuchte eine sozialdemokratisch geführte Reichsregierung in einem ständigen Balanceakt, die Interessen von Arbeiterschaft, Bürgertum und Wirtschaft unter einen Hut zu bringen.

Sieht man genauer hin, so verflüchtigt sich das Bild des Theatervulkans nicht, aber es erweist sich als ergänzungsbedürftig. Der Vulkan, der hier in einer Weise brodelte, daß Aufricht noch kurz vor der Premiere Ausschau nach einem Ersatzstück hielt, war kein natürlicher, sondern ein Kunst-Kraftwerk, und er hatte unten in der Schmiede einen Hephaistos, der klaren Kopf behielt, auch wenn die Gesellen mit glühenden Kohlenstücken warfen: den Autor. Siegfried Unseld traf es im Kern, als er in dem Nachwort seines »Dreigroschenbuchs« von 1960, der umfassenden Sammlung einschlägiger Texte und Kommentare, darauf hinwies, »wie hier in einem einzigartigen Schöpfungsakt dialektischer Art aus einem Stück ein neues und völlig eigenes geworden« sei. Aufrichts Interesse regt Brecht zu dem Stoff nicht an, aber es bringt die Arbeit auf Touren, und je weiter sie fortschreitet, um so wichtiger wird ihm das Ganze. Im

Mai 1928, als der Text bereits einem Bühnenvertrieb übergeben ist, ziehen sich Autor und Komponist an die französische Riviera zurück, um dort fünf Wochen lang »wie verrückt« (Lotte Lenya) weiter an Text und Komposition zu arbeiten; sie haben begriffen: es gilt ein Hauptwerk.

Gegen den Widerstand des Theaterdirektors, der Theo Mackeben als Reserve in der Hinterhand hielt, hatte Brecht auf Kurt Weill als Komponisten bestanden; beide arbeiteten gerade an der Opernfassung eines Songspiels namens »Mahagonny«, das 1927 auf einem Musikfest in Baden-Baden wie eine Bombe eingeschlagen hatte. Die »Dreigroschenoper« war die Fortsetzung dieser Arbeit auf einer Stück-Ebene, die zwischen dem Songspiel des Kleinen und der Operndimension des Großen Mahagonny lag; was herauskam, war eine Sprechoper, nicht unverwandt der »Zauberflöte«, die auf ähnliche Weise – und mit vergleichbarer Wirkung – zustande gekommen war, in intensivem Zusammenwirken von Librettist und Komponist unter den Bedingungen eines von der Abendeinnahme lebenden Privattheaters, dessen Direktor es darauf absah, mit hohem Anspruch breiteste Wirkung zu erzielen. Genau dies war Josef Aufrichts Fall.

Die »Dreigroschenoper« gleicht der »Zauberflöte« auch in der Singspielstruktur mit ihrem ständigen Wechsel von Dialog- und Gesangspartien; sie ist ihr sogar im dramatischen Grundriß verwandt. In beiden Werken geht es um einen jungen Mann, der, von der Schwiegermutter unterstützt, die Tochter gewinnt, um alsbald auf den Widerstand einer übermächtigen Vaterinstanz zu prallen. Das ist der ödipale Grundriß des klassischen agonalen Dramas – die »Dreigroschenoper« ist das einzige Stück Brechts, das ihm folgt. Kein Zufall, daß es sein erfolgreichstes wurde.

Der Unterschied beider Werke liegt unter anderem darin, daß die Urheber der »Dreigroschenoper« keine politischen Absichten verfolgten; Alfred Kerr fiel das in seiner

Premierenkritik, Ziffer IX, ebenso auf wie dem Rezensenten der »Roten Fahne«. Schikaneder und Mozart ging es um das Problem von Herrschaft und Humanität nicht nur im allgemeinen, sondern im Politisch-Besonderen, es ging ihnen um ein märchenhaft-eindringliches Signal zugunsten der durch eine politische Wende in schwere Bedrängnis geratenen österreichischen Freimaurerei. Bei Brecht und Weill geht es theatralisch-konkret, dem Sinne nach aber ganz allgemein, um die Verwandtschaft der bürgerlichen mit der kriminellen Sphäre: der Räuber imitiert bürgerliche Bräuche, und der Geschäftsmann ist ein Betrugsfabrikant, der mit der Pedanterie eines Oberbuchhalters zu Werke geht. »Räuber sind Bürger – sind Bürger Räuber?« faßte Brecht 1955 gegenüber Giorgio Strehler den Grundgedanken des Stückes; 1931 hatte er notiert: »Die Vorliebe des Bürgertums für Räuber erklärt sich aus dem Irrtum: ein Räuber sei kein Bürger. Dieser Irrtum hat als Vater einen anderen Irrtum: ein Bürger sei kein Räuber. So ist also kein Unterschied? Doch: ein Räuber ist manchmal kein Feigling.«

Natürlich geht es Brecht und Weill auch um die Kunst. Zwar finden sie in der zeitgenössischen Opernszene kein so prägnantes Parodie-Objekt wie einst Gay und sein Komponist Pepusch an der Händelschen Oper, der »The Beggar's Opera« buchstäblich den Garaus machte, doch ist ihre *Oper für kleine Leute* eine lustvolle Attacke auf die durchkomponierte Oper von Meyerbeer und Wagner bis zu Puccini und Alban Berg, ein vehementes Plädoyer wider den expressiven Stil, den großen musiktheatralischen Bogen. Ihr Instrumentarium ist der kühle, verfremdende Blick, der Gefühle nur zuläßt, insofern er sie vorführt, nicht ironisch, aber mit aller Komik des Bruchs zwischen Anspruch und Wirklichkeit. Fast widerwillig huldigte der junge Adorno in seiner Frankfurter Premierenbesprechung von 1928 dem musikalischen Ertrag: »Wie fern mir zunächst eine Musik liegt, die nicht aus dem aktuellen Stande des musikalischen Materials die Konsequenzen zieht, sondern durch die Verwandlung des alten, geschrumpften Materials zu wirken sucht: bei Weill ist solche Wirkung so schlagend und originell gewonnen, daß vor der Tatsache der Einwand verstummt. Gewiß, auch bei Weill eine Wiederkehr; aber keine um der Stabilisierung willen, sondern eine, die die dämonischen Züge der abgestorbenen Klänge aufdeckt und nutzt.« Brecht sprach im Blick auf Weills Komposition von »gestischer Musik«: »Auf keinen der üblichen narkotischen Reize« verzichtend, arbeite sie »an der Enthüllung der bürgerlichen Ideologien mit« und werde »zur Schmutzaufwirblerin, Provokatorin und Denunziantin«.

## *Eigensinn*

In Text und Musik und dem Einklang beider erweist sich die »Dreigroschenoper« als das magnum opus einer Desillusionierung, die, sich als Genußmittel in Szene setzend, den Charakter der Unentrinnbarkeit annimmt. Wenn Brecht gegenüber Strehler darauf verweist, daß der Großbürger, der in und mit diesem Stück über sich selbst gelacht habe, danach »bestimmte Haltungen« nicht mehr habe einnehmen können, so vergißt er, daß das Nicht-Aushalten der totalen Desillusionierung auch für den Klein- und Mittelbürger galt und nicht zuletzt für ihn selbst, den Autor, der sieben Wochen nach der Uraufführung mit dem Studium der »materialistischen Dialektik« ernst macht und sich an der Gründung eines der KPD nahestehenden »Bundes proletarisch-revolutionärer Schriftsteller« beteiligt. Es scheint, als hätte weder er selbst noch sein Publikum (die intellektuelle Jugend flog auf das Stück, die ältere Generation war entsetzt) der hier mit Witz und Verve vorgeführten Annihilierung standzuhalten vermocht, die einem Zeit-, einem Generationsgefühl Ausdruck gab. Es bedurfte nur des Anstoßes der äußeren, ökonomischen Krise und der von ihr vollendeten sozialen Deklassierung, um die Suche nach dem neuen Eschaton zur divergierenden Massenbewegung werden zu lassen. Auf der Flucht vor der Unterminierung der alten Welt- und Werteordnung suchte man nach dem neuen Volk Israel, dem von der Geschichte statt von Gott auserwählten Heilsvolk, und glaubte es bei sich selbst zu finden, sei es als gedemütigte nationale Ethnie, sei es als Unterabteilung des internationalen Proletariats. Der Fundamentalismus detonierte als Durchgangsstadium auf dem Weg zu einem Pluralismus, dessen Crux ist, daß er nur als Konsumismus funktioniert, bei immer wachsendem Verbrauch.

Die Differenz von Genießbarkeit und Verträglichkeit im Desillusionierungsprozeß deutet darauf, worum es Brecht, außer der Kunst und der Gesellschaft, bei der »Dreigroschenoper« noch ging: um sich selbst. Kein Theaterstück, keine Oper erreicht ihr Publikum, *wenn* sie dieses erreicht, ohne das, was man den existentiellen Bezug nennen könnte, existentiell nach Maß und Bedürfnis ihres dramatischen Urhebers im Bunde mit dem der Musik. Dieser Wirkgrund hat eine gesellschaftlich-allgemeine und eine psychologisch-individuelle Komponente; beide zusammen spannen jenes Parallelogramm der inwendigen Kräfte auf, aus dem bei den Urhebern den Vektor der Inspiration und beim Publikum der der Wirkung hervorgeht.

Bei der »Zauberflöte« hatte die erstere in der akuten politischen Bedrohung der Aufklärungsbewegung durch den Österreich durchbebenden Rückstoß der Französischen Revolution gelegen; bei dem Probeschuß-Drama des »Freischütz« gab die postnapoleonische Restauration mit ihrer Tendenz zur Wiederherstellung der alten feudalabsolutistischen Zöpfe den zeitgeschichtlichen Bezugspunkt. Die Krisensituation, der die »Dreigroschenoper« erwächst, ist der sich an Weltkriegsniederlage, Staatsumbruch, Bürgerkrieg, Inflation heftende Verfall des Bürgertums, der, wie das Stück hellsichtig diagnostiziert (hier liegt der Realismus, fast die Prophetie des Finales), auf die Inthronisation des Kriminellen hintreibt. Der Gewinn an Freiheit, den der Zerfall der bürgerlichen Welt- und Werteordnung für den einzelnen mit sich bringt, ist einerseits genießbar und bildet andererseits eine Gefahr: die der Destabilisierung; Brecht hat das erstere ein Jahrzehnt lang ausgelebt und erfährt nun das letztere. Die Bedrohung, der er sich ausgesetzt sieht, ist eine Krise der Freiheit – jener mit dem Umsturz von 1918 über ihn wie über die ganze deutsche Gesellschaft hereingebrochenen Entgrenzung, die er in vollen Zügen durchmessen hat, um sich nun, nach seinem dreißigsten Geburtstag, an einem Punkt zu finden, da – er hat es schon früher konstatiert – das Chaos tatsächlich aufgebraucht ist. Es gilt erwachsen zu werden und das heißt: sich als soziale Existenz festzustellen.

Von dieser Lage her, die keine subjektive ist, insofern sie mit der einer ganzen Generation korrespondiert, gewinnt der Held der alten Weltstadtkomödie (auch die »Bettleroper« war einer in die Totalität des Kapitalismus gestürzten Metropole entsprungen) eine spezifische Bedeutung für den Autor. Indem er in der Figur des Räuberhauptmanns, der der Ausbeutung seiner Gangstertruppe müde ist und nicht nur auf eine Ehe, sondern auf den Übergang ins bürgerliche Geschäftsleben zusteuert, seine eigene Lage parodiert, gewinnt sein Zugriff auf den Stoff jene Intensität, die, auf den Komponisten überspringend, das werdende Stück mit psychodramatischen Energien auflädt, die auch den Zuschauer elektrisieren. Was naive Biographen wider den Autor ins Feld führen: der selbstherrlich-ausbeuterische Umgang mit dem Mitarbeiter-Team, der unerbittliche Geschäftssinn, die mit der ehelichen Bindung verbundene Preisgabe zahlreicher anderer Freundinnen bei unerschütterlicher Anhänglichkeit an diese – alles dies hat sich Brecht in diesem Stück selbst vindiziert und sich in Macheath' Schicksal zugleich das Gefahrenmoment vor Augen geführt, das seiner Sozialisation im Wege steht: der Rückfall in alte, anarchische Gewohnheiten.

Als er im März 1928 nach dem Gayschen Stück greift, um es zu seinem Stück zu machen, ist er, nach dem Scheitern seiner Fernehe mit Marianne Zoff (im November 1927 hatte die Scheidung stattgefunden), im Begriff, mit Helene Weigel, der Mutter seines dreijährigen Sohnes, an eine zweite Familiengründung zu gehen, an deren Ernsthaftigkeit angesichts der Person der Partnerin kein Zweifel sein konnte. Der Räuberhauptmann Macheath wird ihm zur Projektionsfigur der psychischen Widerstände, die sich dabei in ihm auftürmen; die Tatsache, daß Macheath, statt sich auf des Polizeichefs Wink in Sicherheit zu bringen, *zweimal* sein Leben aufs Spiel setzt, indem er zweimal ins Hurenhaus geht, den Ort der promiskuitiven Regression, wird zum theatralischen Zeichen dafür. Der Tod scheint diesem verzweifelten Hochzeiter eine kleinere Drohung als die ihm von Polly abgenötigte Ehe.

Daß der Autor seinen Helden durch einen reitenden Boten im letzten Moment doch noch freispricht, ihm und sich dergestalt ein Happyend bescherend, bezeichnet im Gewande der Parodie eine existentielle Entscheidung. Und tatsächlich, sechs Wochen nach der Uraufführung, deren Erfolg ihn aller finanzieller Sorgen enthebt, bezieht Brecht in Berlin mit Helene Weigel eine große gemeinsame Wohnung, und im April 1929 heiraten beide, zum Entsetzen mehrerer enttäuschter Bräute. Wie ernst der Konflikt ist, dessen der Autor sich in der »Dreigroschenoper« mit den Mitteln der Komödie entäußert, ist mit Indizien in den Text eingraviert, die der ödipalen Struktur eine Disposition hinzufügen, die dem Stückeschreiber von nun an immer wichtiger wird: es ist die des Passionsspiels. Ein solches

Indiz ist nicht nur die terroristische Kopf-ab-Phantasmagorie im »Lied der Seeräuberjenny«, diesem Tagtraum der Tellerwäscherin, die, um den Mangel an Anerkennung wettzumachen, die Bevölkerung einer ganzen Hafenstadt über die Klinge springen läßt; Ernst Bloch hat ihn früh als apokalyptisches Ingrediens erkannt. Dem Lied, das eine Einlage, kein Rollenlied ist, entgegnet der finale Choral, den – Lotte Lenya hat es berichtet – der Regisseur der Uraufführung, Erich Engel, im Bunde mit Aufricht und Kortner noch in den Endproben zu Fall bringen wollte; das sei Bach, sagten sie, und Bach passe nicht in das Stück. Es war Caspar Neher, der Bühnenbildner der Aufführung, welcher Weill den Rücken stärkte; es blieb bei dem Choral, der ein Weltgefühl ausdrückt: das der Kälte, der Verlorenheit im Dunkel. Mit seiner düster-dringlichen Gnadenbitte bildet er den genauesten Gegensatz zu dem visionären Terrorismus des Liedes der Seeräuberbraut.

Auch die Tatsache, daß Brecht, als Lyriker von unbegrenzter Kompetenz, für vier wichtige *ballads* des Stücks (die englische ballad läßt sich im Deutschen am besten mit Song übersetzen) von vornherein auf Texte François Villons zurückgreift, die Macheath-Gestalt damit in die tragisch-wüste Perspektive des spätmittelalterlichen Anarchisten rückend, zeugt von der andern, nichtparodistischen Ebene, die dem Werk eingesenkt ist; die Villon-Lieder verändern die Aura der Figur von dem Augenblick an, als Macheath inmitten des zweiten Akts in die Krise gerät. Wie ernst es ihm mit der Figur ist, die, anders als bei John Gay, der in ihr den korrupten Premierminister attackierte, keine Außenbezüge hat, bezeichnen erst recht einige andere in den Text eingesenkte Fingerzeige; sie führen in eine Tiefendimension unterhalb der Dreiecks-Figuration des Vater-Tochter-Bräutigam-Konflikts. Von Komik umwittert und verstellt, scheint diese Dimension zuerst bei der Hochzeitstafel im Pferdestall auf; die Szene entdeckt sich bei genauerem Hinsehen als eine Inversion des christlichen Abendmahls. Der Herr, der hier aus besonderem Anlaß seine Jünger um sich versammelt, ist nicht der Verratene, sondern der Verräter: Macheath will, wie er Polly wenig später erklärt, die Mitglieder der Bande ans Messer der Justiz liefern. Vordergründig geschieht das, um ihm den Weg ins bürgerliche Leben zu bahnen, aber der Vorgang hat auch eine hintergründige Komponente: Macheath' Hochzeit ist unvereinbar mit der Fortexistenz jenes homoerotisch timbrierten Kollektivs, als das die herrisch zusammengehaltene Bande sich unterderhand erweist. Dessen Kehrseite ist das promiskuitive Verhältnis zur Frau, an dem das Stück Macheath' Ehevorsatz zweimal scheitern läßt; er ist ihm ersichtlich uneinlösbar.

Daß dies eine tragische Konstellation ist, so sehr, daß Macheath, die Projektionsfigur seines Autors, in der Folge geradezu als Passionsfigur angezeigt wird, machen einige andere Gravuren deutlich. Man stutzt, wenn man liest, daß die Spelunken-Jenny den Gefährten ihrer Jugend für zehn Schillinge – eine geringe Summe auch nach altenglischem Währungsmaß – gleich zweimal verrät (Szene II/4), bis man den Gleichklang von Schilling mit Silberling (auch realiter war der Schilling eine Silbermünze) begreift: Jenny, die Doppelverräterin, ist die Judasfigur des Stückes.

Alsbald wird deutlich, welche Rolle Tiger-Brown in diesem Beziehungsgeflecht spielt, der Polizeigewaltige, dem es nicht gelingt, den alten Kameraden vor Peachums Ingrimm zu retten, und der, als er den trotz seiner Warnungen Festgenommenen im Käfig sitzen sieht, seine Hände verbaliter in Unschuld wäscht (Szene II/6): es ist die Pilatus-Rolle. Peachum, einem Vater, der in dem Raub seiner Tochter eine Gotteslästerung, nämlich einen Verstoß gegen die Heiligkeit des elterlichen Eigentums, erblickt, fällt die Kaiphas-Rolle zu; die Queen, deren Krönungsfest Brown seinen Freund opfern muß, steht für den römischen Kaiser, mit dem in der Passionsgeschichte der Oberpriester Kaiphas den hinrichtungsunwilligen Pilatus erpreßt.

Zuletzt – auch dafür braucht Brecht den Villon – steht der Passionsbezug abermals kopf: als der Todeskandidat alle, auch Gott, bittet, ihm zu verzeihen, in Umkehrung der Jesus-Bitte: Vater, vergib ihnen! Es kann bei allen diesen Verhältnissen nicht verwundern, daß die an einem Mittwochvormittag beginnende und sich ausdrücklich (II/5) an einem Donnerstag fortspinnende Handlung Macheath in der Frühe eines Freitags unter den Galgen führt. Wo Judas und Kaiphas, Pilatus und Cäsar Augustus zur Stelle sind, ist Karfreitag nicht weit.

Der reitende Bote läßt die Passionskonstruktion dann in Luft aufgehen, ehe der Choral sie auf andere Weise erneuert, mit einem das Schicksal des einzelnen hinter sich lassenden Ernst, der, um der Kälte des Jammertals willen, um Gnade für das Unrecht bittet, ähnlich wie der Gekreuzigte für den mit ihm hingerichteten Schächer. Die Villon-Maske, die Brecht sich in der Macheath-Gestalt aufgesetzt hatte, ist abgelegt, und die artifizielle Haltung, die das Stück und seine Figuren formte, die der Kälte, wird jäh, wie ein zerrissener Vorhang, als Ausdruck des Verlorenseins thematisiert: »... in diesem Tale, das vor Jammer schallt«. Es ist kein gutes Bild, aber es ist ein großer Vers.

Nach dem Erfolg der Oper (vier Monate vor der Premiere, als noch keiner an einen Erfolg glaubte, hatte sich Brecht vertraglich den Löwenanteil der Tantiemen gesichert*), greift mit der Eheschließung des Autors nicht nur der Entschluß zur heteroerotisch-familiären Sozialisation Raum, sondern auch jene andere Bindung, die man, parodistisch gestimmt und also auf der Linie der »Dreigroschenoper», als den Eintritt in die Firma Bettlers Freund bezeichnen könnte: das Attachement an die kommunistische Weltbewegung. Mit Brechts Zuordnung zu dem Revolutionsorden gewinnt der in der »Dreigroschenoper«

parodistisch-passioniert vorgetragene Widerspruch zwischen Bindungsbedürfnis und Bindungsunfähigkeit eine Schärfe, die in den vier Lehrstücken die komödische Hülle abwirft und den Passionscharakter mit einem biblischen Ernst offenbart, der sich als didaktisch-experimenteller vorträgt. Im Verlauf dieser Arbeiten (den »Lindbergh-Flug« vertont noch Kurt Weill) entdeckt und gewinnt der Autor einen neuen Komponisten, Hanns Eisler, der 1930 »Die Maßnahme« mit dem deutlichen Bewußtsein vertont, daß es sich um ein Passionsoratorium in der Bach-Nachfolge handelt. Es ist, wie auf kindlichere Weise der nachmals im »Neinsager« aufgehobene »Jasager«, ein Gethsemane-Stück, das um der Heraufkunft des Gottesreichs willen das Einverständnis mit der Opferung vollzieht.

Auch und gerade hier zeigt sich: jenes epische Theater, das Brecht später manchmal als antiaristotelisches bezeichnet, fällt nicht vom Himmel. Es zieht verborgene Antriebe aus einer theatralischen Zone, die sich das humoristisch-komödische Moment einst auf ihre Weise – durch die Einfügung komischer Personen – einzubegreifen wußte: der des christlichen Mysterienspiels, das bis zur Zeitenwende der Reformation das mittlere und westliche Europa beherrscht hatte; in Brechts Heimatraum, dem bayerisch-schwäbischen, hatte es sich bis weit ins zwanzigste Jahrhundert erhalten. So war, daß die »Dreigroschenoper« mit einem Choral endete, kein ästhetischer Betriebsunfall, wie Engel, Aufricht und Kortner vermeinten, sondern die Offenlegung der Fundamente.

*2002*

# Brechts Modernität
## Anmerkungen zu einem entrückten Autor

### *Auf der Suche nach einem Gegner*

Denkmäler fruchten, solange um sie gekämpft wird. Sind sie erst einmal aufgestellt, markieren sie zumeist das Ende der Wirksamkeit desjenigen, dessen Gedenken sie einen Körper geben. Werden die Denkmäler dann hinfällig, bilden sich Freiräume neuer Wirksamkeit. Der neunzehnjährige Brecht erspürte das, als er sich in eine leerstehende Nische an der Vorderfront des Augsburger Stadttheaters stellte: der Abiturient an Stelle der Schiller-Statue, die von ihrem angestammten Platz in die Munitionsfabriken des Deutschen Reiches gewandert war. Ein Foto, das sich die gängigen Bildbiographien entgehen lassen (Hans Otto Münsterer, der Augsburger Freund, hat es überliefert), bewahrt den Moment; Situation und Ambition des jungen Poeten lassen sich kaum einprägsamer vorstellen. Die Klassiker haben ausgedient, indem man sie eingezogen hat; umgeschmolzen zu Patronenhülsen, versehen sie Kriegsdienst an einer mörderisch-aussichtslosen Front. In die Bresche, die Nische springt der Zukunfts-Schiller, ein Klassiker neuen Typs.

Noch ist er nur als Liedermacher bekannt, der, wie Mephisto in Auerbachs Keller, zur Klampfe greift, um seine Zuhörer mit Gesängen zu bannen. Sie schöpfen, fern der Weltverbesserungshitze expressionistischer Lyrik, aus dem Arsenal der Bänkelsänger und Wirtshausbarden und durchdringen die Gebärden der niedergehenden Volkskunst mit dem Pathos einer Ratlosigkeit, die verzweifelter Ich-Genuß ist; Georg Büchner, die dichterische Jugend-Kraft des vergangenen Jahrhundert, ist der große Gewährsmann.

Auch im Theater wird es Brechts Werk sein, die unter dem Andrang der Unterhaltungsindustrien absterbende Ästhetik eines Volkstheaters, das in dem südlichen Deutschland zu dieser Zeit noch in vielen Formen besteht, in die hohe Kunst zu übertragen. Das ist die eine Bewegung; die andere, ihr verschränkte, zielt darauf, Ästhetik und Technik der *neuen* Volksunterhaltung, des Stummfilms, dem Theater dienstbar zu machen. Von zwei Seiten werden so Kraftströme auf ein Kunst-Werk geleitet, das durch seine handwerklich-kooperative Produktionsweise der alten, vorindustriellen Zeit zugehört: das Theater. Als mit plebejischen Energien aufgeladenes gedenkt Brecht es in die neue Zeit zu retten.

Eine andere Bezugsebene gibt das englische Theater des elisabethanischen Zeitalters, mehr noch das der Stuart-Restauration. Eine Bearbeitung der »Beggar's Opera« von 1728 wird zweihundert Jahre später Brechts größter Bühnenerfolg; es ist die Komödie der Humorlosigkeit und bis heute von unversieglicher, auch durch mißratende Aufführungen kaum behebbarer Wirkung. Schon Brechts erstes Theaterstück geht, zehn Jahre zuvor, in den Spuren der *restoration comedy*; die nach ihrem Helden, Baal, genannten lyrischen Szenen des Zwanzigjährigen sind eine eigensinnige Abwandlung von Thomas Shadwells »The Libertine destroyed«, *Der vernichtete Wüstling*, aus dem Jahre 1676. Der Eigensinn, der die Wirkungslosigkeit des Stückes ausmacht, besteht in dem Umstand, daß der Held, ein lustloser Frauenvertilger wie sein englisches Urbild, keinen Widerpart findet, niemanden, der ihm – als Vater, Nebenbuhler, Gespenst – eine Kraft entgegensetzte. Baal geht, mit einer ihn selbst wie den Zuschauer quälenden Ereignislosigkeit, einzig an sich selbst zugrunde.

Was hier lyrisch-rodomontiv Theater wird: das Drama ohne Gegenkraft, Gegenspieler, kommt aus Lebensnot, nicht aus Koketterie; es bezeichnet die hochschwierige, von ihm selbst durchschaute, erlittene, ausgekostete Grundbefindlichkeit eines Dichters, dem das *taedium vitae* – der Lebensekel, Lebensüberdruß – sich mit grenzenlosen Macht- und Ausbeutungsphantasien verbindet. Nur ontologisch, nicht dramatisch hat Baal einen Kontrahenten: die schmerzhafte Erfahrung, daß der Mensch, die wissende Kreatur, keine allmächtige, allverfügende sei. Goethes dichterische Anfänge, der »Faust« zumal, stehen unter der gleichen niederschmetternden Einsicht; wozu, so beschreibt sie der alte Goethe im Rückblick, dem Menschen Bewußtsein, Geist, Vernunft gegeben seien, wenn alles dies zuletzt zu nichts anderem tauge, als ihn der Begrenztheit seiner Stellung, seiner Möglichkeiten innewerden zu lassen.

Daß das nicht bloß das Pubertätsproblem einiger epochaler Poeten, sondern ein Menschheitsproblem seit dem Ausgang der Renaissance ist, wird in unsern Tagen einer als schrankenlos intendierten, nun kenntlich ans Endliche stoßenden Erdbemächtigung des Menschen spät, vielleicht zu spät, sichtbar. In seiner letzten Theaterarbeit, der Berliner Fassung von »Leben des Galilei«, hat Brecht den Helden, der ein erwachsen gewordener Baal ist, auf dieses Problem stoßen lassen; die Lösung, die er ihm in den Mund legte, zielte, vermittels moralischer Selbstbeschränkung der Wissenschaft, auf eine neu zu gewinnende Endlichkeit des Forschens und Naturbemächtigens. Das war die Rückkehr zu jener Anthropozentrik der Naturerkundung, die der historische Galilei in seinem Ringen um eine neue Erd- und Himmelsmechanik gerade hinter sich gelassen hatte.

Brechts zweites Stück, das erst »Spartakus« und dann »Trommeln in der Nacht« heißt, zeigt den Helden auf der Suche nach einem Gegner, aber er findet keinen; der Mann, der ihm die Braut weggenommen hat, gibt sie ihm zeternd, aber kampflos zurück. Das dritte Stück thematisiert die Unmöglichkeit, Gegner zu finden, im Anschluß an jenen

Dichter, für dessen Statue der Autor einst eingesprungen war: »Im Dickicht« (nachmals »Im Dickicht der Städte«) führt drei Stunden lang die Antiquiertheit agonaler, auf der Kollision von Interessen, der Konfrontation von Individuen beruhender Handlungsführung vor, wie sie Schillers furioser Erstling zwischen zwei Brüdern ins Werk gesetzt hatte. Zwischen Garga und Shlink, den beiden Hauptfiguren, wird nicht mehr um die Frau gekämpft, weil die Frau gar nicht interessiert. Was aber interessiert: der andere Mann, ist nicht erreichbar außer im gemeinsamen Niedergang; mit knapper Not kommt Garga am Ende davon.

Die drei Stücke sind langsam reifende, in immer neuen Anläufen erarbeitete Schau-Spiele einer Selbstdarstellung, die den Zeitstoff einer Gesellschaft an sich reißt, die mit dem Ende des Weltkriegs nicht ihre kapitalistische Grundverfassung, aber deren autoritäre Verkleidungen und damit ihren psychischen Kredit eingebüßt hat. Erst, als der Autor sich mit Frauenraub und Vaterrache beiläufig in die agonale Verfassung des traditionellen Dramas fügt, blüht ihm, mit starker musikalischer Beihilfe, der Erfolg: in der »Dreigroschenoper«.

## *Verrat, das Leidmotiv*

An mehreren Nahtstellen der Handlung dieser neuen Bettleroper greift ein Motiv Raum, das von Anfang an in Brechts Theater umgegangen war: das Motiv des Verrats. Brechts Helden verraten die Gruppe – Freunde, Frauen, Anhänger – auch dann, wenn ihr eigenes Lebensinteresse dem entgegensteht, sie verraten gleichsam aus Prinzip; als ein roter Faden zieht diese Konstellation sich durch sein Theaterwerk. In »Baal« ist sie das Nebenprodukt einer gefräßigen, alle andern und sich selbst verzehrenden Ichsucht, in »Trommeln in der Nacht« spitzt sie sich unter zeitgeschichtlichen Auspizien zu. Der Held trägt seine

Haut lieber ins Bett der wiedergewonnenen Braut als auf das Kampffeld der Revolution.

In dem »Fatzer»-Konvolut des Dreißigjährigen gewinnt die Verratskonstellation die Herrschaft über die Fabel; das nie zu Ende gebrachte Stück ist Gegenspiel und Fortsetzung der Komödie »Mann ist Mann«. Wenn dort gezeigt worden war, wie der kleine Mann, der nicht nein sagen kann, seinen Privatfisch schwimmen läßt, um in die militärisch formierte Masse überzugehen, so tritt er in »Fatzer« als einer, der das Neinsagen gelernt hat, wieder aus ihr aus.

Die vier Soldaten, die hier den Weg nach Hause suchen, sind jene MG-Brigade, die in »Mann ist Mann« den Packer Galy Gay eingefangen hatte, im Zustand der Desertion. Dabei wird auch die Eingliederung des Mannes mit dem Privatfisch rückläufig: Fatzer, auf der Suche nach diesem längst unauffindbaren Lebensmittel, strebt von der Gruppe fort, die er zum Abfall bewogen hat; er verrät sie. »Mann ist Mann«, die Komödie über die Einreihung des einzelnen, war in den Sturm auf das Nichts, in den Gewaltmarsch ins Eisig-Sinnlose, den Himalaya, ausgegangen. »Fatzer«, das Gegen-Stück, wird zum Trauerspiel seiner scheiternden Re-Emanzipation.

Das Stück, das sich nie rundete, war die dramatische Gegenprobe auf das Exempel, daß es, in einem persönlichen wie politischen Sinn, Zeit sei, in Reih und Glied zu treten. Dieses Exempel lag in der Lebensluft der ersten deutschen Republik; es stand in genauer Synchronisation mit einem Zeitgeist, der den aus metaphysischen wie monarchischen Bindungen freigesetzten einzelnen Schutz bei Massenbewegungen suchen ließ, die das Ziel, dem sie, revolutionär oder konterrevolutionär ausgerichtet, entgegenmarschierten, als säkularisiertes Heilsziel setzten und darum folgerichtig personenkultische, den Gott-Caesar statuierende Züge annahmen. »Mann ist Mann« hatte den

Zug der Zeit aufgenommen und zum Schluß ad absurdum geführt: der Mann und die Männer waren gerettet, das Ganze aber stürmte ins Leere. Nun führte das »Fatzer«-Konvolut die Folgerung aus diesem Schluß ins Unhaltbare; auch der Austritt aus den mörderischen Großkollektiven, so zeigte sich hier, bewirkte den Untergang.

Was also tun? Weder Ich-Bewahrung noch Ich-Aufhebung ergaben eine Lösung; nach beiden Seiten war die dramatische Probe auf eine gesellschaftliche Situation gemacht, die die Vermittlung beider, das dynamische Kräftespiel zwischen Subjekt und Objekt, nicht mehr zuließ. So wirken beide Antriebe als isolierte, sich verabsolutierende; ihre dramatische Verknüpfung leistet das Verratsmotiv, das in Brechts Dichtung fortwirkend-verhängnisstiftend in Kraft bleibt. Mit der Ausnahme von »Mann ist Mann«, einem Stück, das sich vor allem deshalb als Lustspiel – als einziges des Dichters heißt es so – darstellt, weil die Ablösung von der Frau, die Einfügung ins Männerkollektiv problemlos gelingt (die unwiderstehliche Heiterkeit der Diktion bezeugt des Dichters tiefinnere Übereinstimmung mit diesem Vorgang), bestimmt dieses Motiv Brechts Theaterstücke bis zur »Heiligen Johanna der Schlachthöfe«.

Nach 1953 regiert es die Spätphase des Brechtschen Werks, Bearbeitungen des Shakespareschen »Coriolan« und des eigenen »Galilei«-Textes. Von »Baal«, dem ersten, bis zum Berliner »Galilei«, dem letzten Stück, zeigt sich die immer wieder erneuerte theatralische Reflexion über das psychische Unvermögen des einzelnen, trete er als Liedermacher oder als Frontheimkehrer, als Schulknabe oder als Naturforscher auf Brechts Bühne, sich in die Pflicht von Gruppeninteresse, Gruppenverantwortung nehmen zu lassen. Das haltsuchende Bedürfnis danach gerät in ein immer neues Widerspiel zu der zwanghaft erfahrenen Notwendigkeit, aus der Reihe zu treten, sich selbst zu bewahren und dadurch dem Untergang zu verfallen.

Damit ist ein Konflikttypus gefunden, der an die Stelle jener hergebracht-agonalen Struktur treten kann, deren Überlebtheit »Baal« und »Im Dickicht« vorgeführt hatten. Den Tiefen der Subjektsphäre entspringend, zielt er auf objektive, auf gesellschaftliche Verhältnisse; es ist diese Entsprechung: die Übereinstimmung einer sozialen Umbruchs- mit einer individuellen Krisensituation, woraus diese Dichtung ihre spezifischen Energien bezieht. Die patriarchalisch-hierarchischen Strukturen, in denen die Helden des alten Dramas sich königs-, vater-, brudermörderisch verfingen, haben, so gewalttätige Versuche die Epoche auch macht, sie in Führergesellschaften zu transformieren, mit der Umbildung der Produktionssphäre ihre Kraft verloren, und so hat es die Rolle der Frau als des rettend Anderen, das der hohe Kampfpreis ist. An Stelle von Verhältnissen, die noch nicht empirisch (in den Köpfen der Zeitgenossen), aber wesentlich (im Kern der sozialen Lage) aufgebraucht sind, setzt Brecht die Konflikte einer Gruppendynamik, die nicht mehr sippen- und blutsmäßig, sondern rein funktionell geprägt ist, auf Kollektiven beruhend, in die der von Scholle und Familie freigesetzte einzelne durch äußere Umstände oder eigene Wahl gerät.

Dies geschieht in dem »Fatzer«-Komplex mit sonderlicher Prägnanz. Vor einem Frontsoldatenhintergrund, der die Projektionsfläche parabelgleich entfalteter Vorgänge ist, schildert das Stückfragment Existenzprobleme eines Männerkollektivs, das sich von den zerstörerischen Großkollektiven der Gesellschaft losgesagt hat (der Krieg fungiert hier als eine Industrie, deren lebensvernichtender Charakter nur sichtbarer ist als in andern Wirtschaftszweigen) und nun vor der Frage der Selbsterhaltung steht; dabei wiederholt sich das Problem der Desertion innerhalb der Gruppe selbst. Wie sich die vier von dem Großkollektiv emanzipiert haben, so trachtet Fatzer nach Emanzipation von dem Kleinkollektiv, dessen Anführer er ist; der

Brigadier, auf den alle schauen, erträgt das homoerotisch getönte Männerteam ebensowenig wie die alte polare Mann-Weib-Bindung. Er verrät, wie Macheath, alle und damit auch seine eigenen Überlebensinteressen und wird von seinen Kumpanen exekutiert. Dies ist kein agonaler Konflikt mehr, der aus Streitobjekten und Interessengegensätzen aufschlüge, es ist ein moderner Konflikt, der des von der industriellen Gesellschaft, auf welcher Stufe immer, proletarisierten und verwalteten einzelnen, der als latent (und hier virulent) destruktiv beschrieben wird, selbstzerstörerisch taumelnd zwischen der verwehrten Heimat und dem verblendeten Großkollektiv.

Hier ist, aus einer hochpersönlichen Konstellation, auf einen Welt- und Gesellschaftszustand gezielt, der sich ganz erst in den letzten Jahrzehnten erklärt hat: die vollendet arbeitsteilige, hochindustrielle Welt, in der die Familie als bestimmende soziale Einheit durch das Betriebskollektiv, die Arbeitsgruppe abgelöst ist (ihr Gegenpol und ihre Kehrseite wurde im Westen der »Single«) und althergebrachte Gegensätze ihre Kraft, ihren Spielraum, ihre Austragbarkeit verlieren, der zwischen Mann und Weib nicht anders als der zwischen Kapital und Arbeit oder der zwischen politischen Weltsystemen. Der Terrorismus zeigt sich als ein letzter, verzweifelter Versuch, die moderne Gesellschaft unter das archaisch gewordene Muster der Frontalität zurückzuzwingen; die Formen, die dieser Versuch annahm, sind das Signum seiner Aussichtslosigkeit.

## *Paradigmenwechsel*

Nicht der Eintritt ins imperialistische Marschkollektiv bietet eine Lösung und nicht der Austritt aus ihm; was also tun? Die Zeit selbst, eine Zeit sich zuspitzender Klassenkämpfe, gibt dem Dichter die Lösung an die Hand. Gegen die anarchisch regulierten Kollektivbildungen einer renditehörigen Gesellschaft beruft Brechts Theater Ende der zwanziger Jahre das Weltumwälzungskollektiv; mit der Kraft einer Verzweiflung, die immer wieder, auf großer Höhe, lyrische Stimme wird, schafft sich der Dreißigjährige einen Ausweg aus jenem Problemfeld, in dem das »Fatzer«-Stück steckengeblieben war.

Der Komplex der Lehrstücke realisiert den neuen Ansatz ästhetisch. Mit einer Überhöhung, in der das mystische Moment als didaktisches ausschlägt, ist hier die Gruppe die fraglos vorgegebene Größe. Das Interesse, das sie zusammenschließt, ist kein privates, auf die eigene Erhaltung gerichtetes mehr, sondern geht aufs Ganze: den Einriß der alten, ego-zentrischen Welt; eine neue, von Ichsucht und Besitzgier gereinigte soll an ihre Stelle treten. Das Ausscheren dessen, der nicht mitzuhalten vermag, erscheint nun als Schwäche (die Schwäche der Ich-Bewahrung), die Hinrichtung, in die die Fatzer-Geschichte ausgegangen war, wandelt sich in den Opfertod; der Versager, der nicht mehr der Sich-Versagende ist, stimmt seiner eigenen Beseitigung zu. Mit seiner einverständigen Auslöschung leistet er, im »Jasager« wie in der »Maßnahme«, einen letzten Dienst an der Heraufkunft des Weltgerichts.

Diese Umformung des Verhältnisses zwischen Individuum und Kollektiv nimmt die Struktur des Passionsspiels auf, wie es sich im bayerischen Raum bis in den Anfang des zwanzigsten Jahrhunderts (und nahe Augsburg bis heute) erhalten hatte. Aller Wahrscheinlichkeit nach waren solche Spiele der früheste theatralische Eindruck, den Brecht als Kind empfangen hat. Das antiklassische, antiaristotelische Theater, das die Intention schon des Zwanzigjährigen ist, vollzieht in den Lehrstücken die Anlehnung an die Bühne einer vorindividualistischen, präreformatorischen Zeit. Der Rückgriff ist folgerichtig, denn es ist ja die Krise des von Renaissance und Reformation heraufgeführten bürgerlich-expansiven Menschenbilds, die Brechts Existenz durchlebt und die seine Werke diagnostizieren.

Der Ausweg, den er sich schafft, gleicht – in andersartigem Material – der Erfindung des Zwölftonsystems, an dessen Konstruktion sich Arnold Schönberg fünf Jahre zuvor münchhausengleich aus dem (selbst so empfundenen) Sumpf der Atonalität gezogen hatte. Es ist fesselnd zu sehen, wie in einem folgenden Stück (Gorkis Roman »Die Mutter« liefert dem Autor Stoff und Titel) die konstrastierenden Topoi des Passions- und des Marienspiels eine Synthese eingehen derart, daß der eine den andern *innerhalb des Stückes* selbst ablöst. Die Mutter wird in das von dem Sohn geführte Missionskollektiv in einer Weise integriert, daß sie zuletzt, ausdrucks- und wirkungsmächtiger als dieser, die Stelle des stufenweis aus der Handlung entrückten Sohnes einnimmt, dessen Märtyrertod weit hinter der Bühne stattfindet; die Mutter beherrscht und behauptet diese nicht erst am Ende.

Zuvor hat Brecht anhand von Schillers romantischer Tragödie noch einmal die Auseinandersetzung mit dem alten, agonal disponierten Stücktypus geführt, in der »Heiligen Johanna der Schlachthöfe«. Das Schauspiel, in dem Kältebeschwörungen von höchster dichterischer Kraft mit der parodistischen Berufung von Sprachgebärden der deutschen Klassik – Schillers, Goethes, Hölderlins – wechseln, stellt eine Gestalt in sein Zentrum, die sich als gereifte Abwandlung des alten Verräter-Topos zu erkennen gibt; es ist die des scheiternden Vermittlers. Unter sehr andern Umständen (an die Stelle des börsenregierten Chicago tritt das Italien der Gegenreformation) erneuert ihn sechs Jahre später im dänischen Exil »Leben des Galilei«.

Die politischen Ereignisse des Januar 1933 schneiden in Brechts Werk ähnlich tief ein wie in Wagners Œuvre der Pariser Staatsstreich vom Dezember 1851.* Vor der realen Satansherrschaft des Hitlerstaats verblaßt die gnostischapokalyptische Vision vom Umsturz der ichgetriebenen Welt, in dem das verzweifelt-expansive, hoffnungslos-panerotische Ego aufzugehen hoffte. Der Paradigmenwechsel, den »Die Mutter« 1931 vorbereitet hatte, wird im Angesicht von Kriegsgefahr und Lebensbedrohung ausgebaut und befestigt; *die Flucht nach Ägypten* wird zur fundamentalen Bewegungsform in Theaterstücken, in denen nicht mehr Jünglingskollektive um den Anbruch eines neuen Äons, sondern Mütter um ihr und ihrer Kinder Leben laufen. Sie heißen Courage oder Grusche Vachnadze; Josephsfiguren stehen ihnen, bar aller erotischen Komplikation, zur Seite. Auffällig gleicht der Wandel, dem das Werk des Vierzigjährigen Gestalt gibt, der im Vorfeld des Ersten Weltkriegs vollzogenen Veränderung, die Albert Schweitzer von der Ergründung der Passionsgeschichte als einer scheiternden Weltgerichtserwartung zu dem Konzept der Ehrfurcht vor dem Leben geführt hatte.

Zugleich geht die Auseinandersetzung mit Schiller weiter. »Leben des Galilei«, dieses höchst ambivalente Verratsstück, korrespondiert mit der Tragödie Wallensteins, der sich vom Kaiser ablösen will wie Galilei von der Mutter Kirche; im Lauf der Handlung bringt es der eine zu Entschluß und Todesstrafe, der andere zu Abschwörung und Weiterarbeit. Dies alles steht unter dem Horizont der Moskauer Prozesse mehr noch als unter dem des Hitlerreichs, dessen Bestandsaufnahme Brecht in siebenundzwanzig Szenen voll Furcht und Elend niedergelegt hat. Erst 1945, nach dem amerikanischen Atombombeneinsatz in Japan, widerfährt dem Stück jene auf Einschränkung statt auf Freigabe des Wissens zielende Bedeutungsverwandlung, die sich in der späten Berliner Fassung noch verstärkt. Erst 1988, im fünften Band der neuen Werkausgabe, ist die erste Fassung wieder zugänglich geworden.

Der Mütterstreit um den Besitz des Kindes im »Kaukasischen Kreidekreis« entspricht dem Königinnenstreit in

»Maria Stuart«; hier wie dort wird als die rechte Mutter die bestätigt, bei der das Kind (das ist bei Schiller der Staat) am besten aufgehoben ist: die revolutionäre. »Die Tage der Commune« aber sind ein Gegen-Stück zu »Wilhelm Tell«, das dem Gelingen der bürgerlichen das Scheitern der proletarischen Revolution gegenüberstellt; beide werden als kollektive Akte vorgeführt. Siegt bei Schiller die bürgerliche Revolution durch Tyrannenmord, so scheitert bei Brecht die plebejische durch den Verzicht auf Tyrannei; was ihr fehlt, um zu siegen, so gibt der Delegierte Varlin in der Schlußdebatte des Stücks zu verstehen, sei das Element Geßler. Varlin, der die Fragen scharf stellt (»Die Frage ›Unmenschlichkeit oder Menschlichkeit‹«, erklärt er den Deputierten, »wird entschieden durch die geschichtliche Frage ›ihr Staat oder unser Staat‹«), unterliegt in der Abstimmung; die Vollmacht, nur eine Freiheit noch zu handhaben, »die, die Unterdrücker zu bekämpfen«, wird nicht erteilt.

Brecht schreibt das Stück, seine »Morgengabe für die Deutsche Demokratische Republik« (Ernst Schumacher), 1949 in der Schweiz, im Vorfeld der Gründung des Berliner Ensembles wie der DDR. Erst in der Abenddämmerung trifft sie ein; als im November 1956 in Chemnitz/Karl-Marx-Stadt Premiere ist, lebt der Dichter nicht mehr. Sein Theater, am Ort seines Wirkens hart bestritten, spärlich besucht, ist längst das führende Europas.

## *Entropie*

Brechts dramatisches Werk, das in demselben Maß den Mechanismen der Kulturindustrie mit ihren Triebkräften Mythologisierung, Trivialisierung, Kommerzialisierung verfiel, wie sein Konzept eines gesellschaftlich eingreifenden Theaters sich als illlusionär erwies, ist epochal durch die Ausbildung des nichtagonalen, darum unheilbaren Widerspruchs zwischen Individuum und Kollektiv als Basiskonflikt einer neuen, dem Stand der gesellschaftlichen Entwicklung entsprechenden Dramatik. Ihm einbeschrieben – auch hier hat Brecht Neuland beschritten – ist die Statuierung eines neuen Begriffs vom Verhältnis der Geschlechter. Mit den alten Konfliktstrukturen ist die Mann-Weib-Polarität außer Kraft gesetzt; auch auf diesem Feld setzt sich bei Brecht eine in aller Problematik erfahrene individuelle Disposition in dichterisch folgenreiche Übereinstimmung mit einem Gesellschaftszustand, der unter der Flagge einer Emanzipation, die die Eingliederung der Frau in die arbeitsteilig-industrielle Welt betreibt, eine wachsende Angleichung des Rollenbilds, Rollenverhaltens der Geschlechter vollzieht.

Brechts Œuvre kommt aus dem Bewußtsein einer gesellschaftlichen Bewegungsrichtung, die kontrastierende Seinsqualitäten in einem Prozeß fortschreitender Angleichung aufhebt zu dem Bild einer entropischen Welt, die dem späten Brecht als eudämonische vor Augen steht; nach der Berlin-Heimkehr kultiviert sein Welt- und Gesellschaftsbild eine Zeitlang idealgärtnerische Züge. Ein Versepos, das manchen als Stalin-Huldigung erscheint (doch wird der »große Ernteleiter« hier in einem Atem mit »Dung und Dürrewind« genannt), gibt dieser Perspektive poetisch-phantastisch Raum; in der »Erziehung der Hirse« von 1950 ist die Metamorphose der Pflanzen wie ins Faustisch-Utilitarische versetzt. Der späte Brecht ist keinem Autor näher als dem, an welchem er sich ständig reibt, da er ihn im Verdacht hat, der größere Klassiker zu sein: Goethe. Die Reibung ist fruchtbar, doch gefährdet sie 1953 in Gestalt einer Urfaust-Aufführung sein Theater; der Neue Kurs rettet Anfang Juni 1953 auch das Berliner Ensemble.

Dann kommt der 17. Juni und fixiert die Teilung

Deutschlands für eine Generation. Brecht ist auf beiden Seiten, der der SED und der der demonstrierenden Arbeiter; die Erschütterung des Zwiespalts setzt ein lyrisches Spätwerk frei, in dem keine Illusionen mehr Platz haben. Unter dem Druck einer unauflösbaren Erfahrung gerät die Spätfassung von »Leben des Galilei« mehr denn je in den Sog der Antinomien. Brechts Galilei, der zweimal eine Schuld, eine Verirrung bekennt, die nicht besteht, ist eine Bucharin-Figur in doppeltem Sinn; er ist es einerseits gegenüber der Kirche, der er nachgibt, um in der Bindung zu bleiben, und ist es andererseits gegenüber dem Weltrettungsauftrag, den Brecht ihm von Fassung zu Fassung stärker auf die Schultern legt. In die Probenarbeit platzt die Parteitagsnachricht: Chruschtschow hat Stalin von dem Sockel gestürzt, auf den der Sieg über Hitler den Diktator gestellt hatte. Brecht, der in dem Führer der Werktätigen den unreinen Ochsen gesehen hatte, dem es bestimmt sei, den Karren der Bewegung durch den Dreck und aus dem Dreck zu ziehen, begreift, daß der Ochse ein Moloch war, und gibt ihm einen besonderen Titel: Verdienter Mörder des Volkes. Seine Kräfte sind erschöpft, auch mag er empfinden, daß sein Werk seiner Gegenwart nicht mehr bedarf. Es ist zuhanden und zieht seine Kreise.

*1988*

# II

# LYRISCHES INTERMEZZO

# Brechts letztes Deutschlandlied

Nicht leicht denkt man sich Brecht in der Rolle des Vaterlandsdichters; auch sein Programmwort von 1951: »Die Losung der Klassik gilt noch immer: Wir werden ein nationales Theater haben oder keines«*, geriet bei vielen lange Zeit in Vergessenheit. Erst, als es im Vorfeld der neuen deutschen Staatseinheit um die Frage der Nationalhymne ging, kam – durchaus folgenlos – das Bewußtsein dafür auf, daß Brecht nach dem Krieg das wahre *Lied der Deutschen* geschrieben hat. »Anmut sparet nicht noch Mühe / Leidenschaft nicht noch Verstand / Daß ein gutes Deutschland blühe / Wie ein andres gutes Land«, beginnt sein Haydns Melodie unterlegbarer Text, der Bechers Hymnentext 1949 auf SED-Ebene unterlag.**

Vor diesem Deutschlandlied, das eins der Ermutigung ist, liegen vier Klagegedichte, die den Landesnamen in Titel oder Versanfang exponieren; von 1920 bis 1945 markieren sie die Zäsuren der Nationalgeschichte. Das erste von ihnen:

> Deutschland, du blondes, bleiches
> Wildwolkiges mit sanfter Stirn!
> Was ging vor in deinen lautlosen Himmeln?
> Nun bist du das Aasloch Europas

beklagt 1920 in fünf Strophen das vom Weltkrieg hinterlassene »Kümmernisloch« und blickt hoffnungsvoll gen Westen, auf das »in den Jungen, die du nicht verdorben hast«, erwachende Amerika. Die Hoffnung verfliegt, und 1933 folgt ein Trauergesang, der das Vaterland als bleiche, besudelte Mutter allegorisiert, mit dem Vor-Satz: »Mögen andere von ihrer Schande sprechen, ich spreche von der meinen«, und der Schlußstrophe:

O Deutschland, bleiche Mutter!
Wie haben deine Söhne dich zugerichtet
Daß du unter den Völkern sitzest
Ein Gespött und eine Furcht.

Mitten im Krieg dann, im Februar 1942 nach Hitlers Niederlage vor Moskau, drei volksliedhafte Strophen, die gerade in ihrem dichterischen Mißlingen zeigen, wie stark das Motiv sich im Exil mit Gefühl und Bedeutung aufgeladen hat. Brechts Verse beziehen sich die berühmten Sätze aus Stalins Tagesbefehl zum 24. Gründungstag der Roten Armee ein, daß »die Hitler kommen und gehen, aber das deutsche Volk, der deutsche Staat bleibt« (»es wäre lächerlich«, hatte der Volkskommissar für Verteidigung zuvor gesagt, »die Hitlerclique mit dem deutschen Volk, mit dem deutschen Staat gleichzusetzen«), und schließt, fern an Amerikas Westküste, mit der hoffnungsvollen Strophe:

Der Hitler wird verjaget sein
Wenn wir uns nur bemühen.
Und unser liebes Deutschland
Wird wieder blühen.

Bei Kriegsende erscheint die Mutter-Allegorie abermals, nun mit heller Verzweiflung. »Die Sau macht ins Futter / die Sau ist meine Mutter», heißt es mit kinderliedhafter Drastik; um so anrührender steht der wie aus Volksliedtiefe kommende Klageschluß da. In sechs reimlosen Versen:

Im Haus ist der Pesttod
Im Frein ist der Kältetod.
Wohin gehen wir dann?
Die Sau macht ins Futter
Die Sau ist meine Mutter
O Mutter mein, o Mutter mein
Was tuest du mir an?

klingt die Enttäuschung einer Hoffnung nach, über deren Irrealität der Exulant sich bis zuletzt getäuscht hatte: der Hoffnung, daß auch die Deutschen selbst zuletzt noch zum Zusammenbruch des Regimes beitragen könnten. Daß die gegen Deutschland verbündeten Mächte daran keinerlei Interesse hatten und der Bombenterror, der in den letzten Kriegsmonaten verstärkt über die deutschen Städte niederging, nicht zuletzt darauf zielte, eine Volkserhebung gegen Hitler von vornherein unmöglich zu machen, gehört zu den Aufschlüssen, die der US-Emigrant Günter Reimann über diese Zeit gegeben hat.

Dies ist das vierte von Brechts Gedichten, die den Namen Deutschland in ihrem Titel oder ihrem Anfangsvers führen; ein weiteres, weitgehend entlehntes stammt von 1949, aus dem Jahr der beiden Staatsgründungen auf dem besetzten deutschen Boden, und glossiert jene westdeutsche Republikgründung, die der ostdeutschen, als deren Voraussetzung, vorangegangen war.

Deutschland, Deutschland über alles
Nur nicht über unser Geld!
Wenn es auch gegebenen Falles
Dadurch auseinanderfällt

lautet die erste Strophe dieser als Theatereinlage (für das Clownsspiel innerhalb des »Badener Lehrstücks«) geschriebenen »Bonner Bundeshymne« und die zweite: »Ja, vom Rhein bis an die Elbe / Sind wir westlich eingestellt / Ist das Ziel doch ganz dasselbe: / Für den reichen Mann mehr Geld!«

Brecht war zu dem satirischen Text durch das von der »Weltbühne« veröffentlichte Gedicht eines westdeutschen Arbeiters angeregt worden, der nach den ersten beiden Versen (Brecht übernahm sie wörtlich) fortgefahren war: »Darum tun wir lieber alles, / daß es auseinanderfällt. / Ja, vom Rhein bis an die Elbe / sind wir westlich eingestellt, / denn Profit geht über alles, / über alles in der Welt!«

Kein Deutschland-Lied, aber ein »Deutsches Lied« stammt aus derselben Zeit. Dichterisch wie politisch allzu angestrengt (Elisabeth Hauptmann entzog es ihren Ausgaben ebenso wie die »Bonner Bundeshymne«), zeigt es, wie dringlich das Deutschland-Thema den Dichter angesichts des staatlichen und wirtschaftlichen Zerfalls des Vaterlandes bewegt. »Nun ihr elend und besiegt seid und kaputt vom Welterobern / Sagt uns: warum solche Fröhlichkeit? / Jetzt kommt unsere große Friedenszeit / Wir vertrieben endlich unsre Obern«, lautet die letzte Strophe dieses Aufbau-Gedichtes, das des Dichters neuer Heimat, der östlichen Republik, zugeeignet ist. Der Duktus erfüllt sich drei Jahre später in dem schönen Vierzeiler, den Brecht dem neuen Hochhaus an der Berliner Weberwiese zueignet: »Als wir aber dann beschlossen / Endlich unsrer Kraft zu trauen / Und ein schönres Leben aufzubauen / Haben Kampf und Müh uns nicht verdrossen.«*

Das sechste und letzte der titularen Brechtschen Deutschland-Gedichte legt sich eine Jahreszahl bei: 1952. Aber es tut das erst in seiner dritten Fassung, die in einem auf das Jeanne-d'Arc-Stück von Anna Seghers bezogenen Programmheft des Berliner Ensembles veröffentlicht wird:

*Deutschland 1952*

O Deutschland, wie bist du zerrissen
Und nicht mit dir allein!
In Kält und Finsternissen
Schlägt eins aufs andre ein.
Und hättst so schöne Auen
Und reger Städte viel;
Tätst du dir selbst vertrauen
Wär alles Kinderspiel.

Das Gedicht wird als liedhafte Einlage in den Mutter-Courage-Film geschrieben, dessen Skript den Dichter von 1951 bis 1955 in immer neuen Anläufen beschäftigt. 1952 scheitert das weit gediehene Vorhaben an der auf die DEFA durchschlagenden Kulturpolitik der SED, die sich in dieser Zeit eines forcierten gesellschaftlichen Umbruchs besonders moderne- und besonders brechtfeindlich gibt; 1955, als diese Phase überwunden ist und Wolfgang Staudte, der von Brecht ausersehene Regisseur, bereits mit den Dreharbeiten begonnen hat, blockiert Brecht selbst die Weiterarbeit. In der Drehbuch-Fassung von 1952 gehört das von einem jungen Müller »ironisch und wehmütig« gesungene Lied zu der 352. Einstellung, in dem letzten Skript (vom Juni 1955) ist es der 307. Einstellung zugeordnet, wo »ein anderer [als der junge Müller] langsam zu dem zerbrochenen Spinett [geht] und klirrend einige Takte an[-schlägt]« (BFA 20, 353f.). Die Verse nehmen die Vaterlandsklage auf, welche angesichts nichtendenwollender Kriegsgreuel die Dichter des siebzehnten Jahrhunderts angestimmt hatten; die Wiederberufung dieser Klage fällt in das Ohr einer Zeit, in der das Ende eines andern Verwüstungskriegs in den kalten Frieden entzweiter Sieger umgeschlagen war.

Nach 1948, dem Jahr der Währungs- und Wirtschaftsspaltung, war 1952 das andere Schicksalsjahr der deutschen Nachkriegsgeschichte. Mit der Ratifizierung jenes Generalvertrags, der die drei Jahre alte Westrepublik politisch und militärisch an die Westmächte band (vorangegangen war die apodiktische Ablehnung von Stalins Angebot eines bürgerlich-demokratisch verfaßten, militärisch neutralen gesamtdeutschen Staates), wurde in diesem Jahr die staatliche Verselbständigung der beiden deutschen Besatzungsgebiete für mehr als eine Generation fixiert. Brechts Verse erheben sich über den Kampflärm der Bemächtigungsgebärden; traurig-inständig deuten sie auf den Kern der Verhältnisse. Ihre dichterische Haltung liegt fern von jenen satirischen Tönen, die der Autor 1951 in dem von Paul Dessau vertonten »Herrnburger Bericht« angeschlagen hatte, einer den Berliner Weltjugendfestspielen zugeeigneten Kantate, die von der Polizei-Einkesselung westdeutscher Jugendlicher bei ihrer Rückkehr aus Ost-Berlin handelte. »Im Mai 1950«, so die initiale Berichtspassage, »wurden 10 000 junge Deutsche, zurückkehrend vom Berliner Pfingsttreffen, von der Bonner Polizei angehalten. Zwei Tage lang wurde ihnen die Heimkehr verwehrt.« DEUTSCHE / WURDEN VON DEUTSCHEN / GEFANGEN / WEIL SIE VON DEUTSCHLAND / NACH DEUTSCHLAND / GEGANGEN, lautete das in Versalien gesetzte Leitwort des Werkes, und der Kehrreim eines ihm einbezogenen »Tanzlieds« verkündete: »Schlagbaum und Schanzen / Hat das denn Zweck? / Seht doch, wir tanzen / Drüber hinweg.« Obschon offensiv gegen die Bonner Politik gerichtet, gehörte der Text der Kantate nachmals zu Brechts verborgensten Werken; erst 1993, im fünfzehnten Band der Gesamtausgabe, trat er als Ganzes wieder zutage.

Der verzweifelte künstlerische Versuch, sich über das politische Verhängnis aktivistisch hinwegzutäuschen, wendet sich in dem Film-Gedicht von 1952 in eine Wehmut, die ins Innere der Entzweiung dringt. Die achtzeilige, paarweis reimende Strophe erwächst jener vorklassischen Tradition, der sich Brecht besonders verbunden fühlte; der von dem Film vorgegebene Bezug auf das siebzehnte Jahrhundert legte sie spezifisch nahe.

Aus dem evokativ gespannten ersten Vers – einem doppelten Anapäst mit jambischem Auftakt – löst sich im zweiten Vers die rhythmische Grundform, ein dreihebiger Jambus, und bringt die sperrig-eindringliche Wendung hervor: »Und nicht mit dir allein«, die in den beiden Drehbuch-Fassungen: »Und nit mit dir allein«, geheißen hatte. Mit bildhafter Kraft deutet sie, für die Kriegszeit der

Mutter Courage wie für die Jetztzeit des Dichters, auf den Anteil fremder Mächte an der deutschen Staatszerreißung.

Der vierte Vers ist die Differenzstelle aller Stadien, die der Text durchläuft. »In Kält und Finsternissen / Schlägt einer auf den andern ein«, schreibt Brecht im ersten Anlauf. »... schlägt eins aufs andre ein«, heißt es in der zweiten Fassung des Filmlieds wie in jenem Programmheft-Druck, der das Gedicht auch vom Titel her in die Gegenwart versetzt. »In Kält und Finsternissen / Läßt eins das andre sein«, setzt der Dichter drei Jahre später, als er die Verse für den inhaftierten Frankfurter Obermagistratsrat Dr. Julius Hahn abschreibt, der, weil er sich für die Beachtung der DDR-Vorschläge zur Verständigung der Deutschen eingesetzt hatte, prokommunistischer Umtriebe bezichtigt, entlassen und gefangengesetzt worden war. Brecht legt das Gedicht einem Ermutigungsbrief bei, der der Beschlagnahme durch die Justitzbehörde verfällt: »Aushändigung wird nicht genehmigt, da beleidigender Inhalt und Solidaritätserklärung.«

»Ihre Tapferkeit«, hatte Brecht am 20. Januar 1956 an Hahn geschrieben, »wird in diesen Jahren auf eine entsetzliche Probe gestellt. Es mag das Härteste sein, daß sich nur wenige um Ihr Geschick zu kümmern scheinen. Aber das Volk bekommt nur wenig zu erfahren und hat kaum eine öffentliche Stimme, zu reden. Und doch ist es das höchste Gericht und spricht den endgültigen Spruch.« (BFA 30, 416) Als der Bundesgerichtshof Brief und Gedicht im Februar 1956 nach Hahns Entlassung freigibt, verbreitet dessen Frau die Verse in einem Rundbrief; auf diesem Weg hat sich die späte Fassung erhalten; von Elisabeth Hauptmann mehrfach veröffentlicht, entgeht sie dem fünfzehnten Band der auf Erstdrucke fixierten Berlin-Frankfurter Ausgabe. Zwischen den beiden Varianten des vierten Verses liegt der Rubikon, der die Deskription von der Expression, die Zustandsbeschreibung von der dichterischen

Durchdringung trennt. Erst das Schicksal Julius Hahns hat Brecht das Gedicht vollenden lassen.

Mit einem irritablen Konjunktiv deutet der fünfte Vers darauf, daß die Auen schön und die Städte rege nicht unabhängig davon sind, daß ein Deutschland das andere »in Kält und Finsternissen« läßt. Die Verwüstung der Städte bleibt hier außer Betracht; um eine andere Zerstörung geht es dem Autor. Seine Schlußverse fühlen auf den Grund der Dinge; als Wurzel des Übels erkennt er das zerstörte Selbstvertrauen. Doch er faßt es nicht fatalistisch; in dem Mantel der Trauer, den er über sein Land breitet, öffnet sich der Spalt der Hoffnung: »Tätst du dir selbst vertrauen ...«

Das Deutschland von 1952 hat sich die Ermutigung seines Dichters nicht zu Herzen genommen; das Schicksal, das die Justiz Brechts Brief bereitete, war wie eine Verifizierung des Textes. Siebenunddreißig Jahre hat es gedauert, bis jenes Selbstvertrauen sich einstellte, dem fast wie ein Kinderspiel gelang, was in den Banden der Furcht einst verspielt worden war: Deutschlands Einheit. Die Situation, auf die Brechts Verse das Licht der Dichtung warfen, liegt hinter uns; dennoch ist dieser Text mehr als nur die Stimme der Geschichte. Das nicht mehr staatszerrissene Deutschland produziert Kält und Finsternisse eigener und vielfältiger Art; ihnen zu wehren, bedarf es jenes Selbstvertrauens, das das Schwere leicht macht, beinahe zum Kinderspiel.

*1997*

# Vermutungen über die Mauer

Sonderbar spukt die Mauer in Brechts dichterischem Spätwerk:

> Doch an einem Tage baun die Maurer
> Schließlich keine Mauer

heißt es im Februar 1956 in einem unvollendeten Gedicht. Die Vorstellung, daß man eine stadtzerteilende Mauer in einer einzigen Nacht wenn nicht bauen, so doch ziehen könne, ist dem dreistrophigen Fragment (»Teo, schwanke nicht!« lautet sein den Schweizer Bühnenbildner Teo Otto apostrophierender Hauptvers) gänzlich fern; gleichwohl rekurrieren die Schlußverse auf nichts Geringeres als Weltgeschichte:

> Doch was hilft es, da heikel sein?
> In die Weltgeschichte geht das gar nicht ein.
> Nein, nein.

Anders steht es um den gereimten Vierzeiler, der ebenfalls erst 1993, im 15. Band der Berlin-Frankfurter Werkausgabe, zutage getreten ist:

> Einst war ich bereit
> Umzuwerfen die Mauer
> Jetzt bin ich befreit
> Da bin ich sauer

Die Editoren datieren diesen lyrisch-persönlichen Ausdruck der Indignation über die unvermuteten Folgen eines geglückten Mauerfalls auf die Zeit um 1953. Die Verse sind zweifellos vor dem Juni dieses Jahres entstanden; vermutlich fallen sie in jene Zeit, da der im Juli 1952 verkündete und danach rücksichtslos durchgesetzte Klassenkampfkurs der SED durch eine extrem konservative Kulturpolitik flankiert und kaschiert wurde. Das hatte Auswirkungen auch auf Brechts im Deutschen Theater gastierendes Ensemble, das mit einer ironisch-distanzierten Urfaust-Inszenierung von Egon Monk (ein Stummfilm des siebzehnjährigen Hans-Jürgen Syberberg hat sie festgehalten) den Unwillen der parteioffiziellen Erbehüter erregt hatte. In einem langen Mahn- und Warnartikel attackierte das SED-Zentralorgan am 27. Mai 1953 die Aufführung als einen Irrweg des ganzen Ensembles; zugleich tobte die von dem erbefixierten Flügel der SED – er war mit Politikern wie Holtzhauer, Girnus, Abusch militant besetzt – angeheizte Debatte um Hanns Eislers Faustus-Libretto, das auf seine Weise in dem Schutzpark der Weimarer Klassik zündelte. Mit seiner klassenkämpferischen Kritik an einem in die Bauernkriege hineingestellten und dort luthergleich versagenden Faust* zog es einen Vorwurf von politischer Tragweite auf sich: den, durch die kritische Entwertung der klassischen deutschen Literatur einer Misere-Konzeption von deutscher Geschichte nachzuhängen. Jahre später sah es so aus, als ob diese Misere-Konzeption sich im westlichen Deutschland auf breiter intellektueller Front durchgesetzt habe, nicht als Begleitmusik eines die alte Gesellschaft aus den Angeln hebenden Klassenkampfes, sondern als ausgleichender Überbau einer expansiven Exportwirtschaft.

Der Dichter, der einen vorwärtsweisenden künstlerischen Beitrag zu der Politik einer Partei leisten möchte, die nach dem Bonner Generalvertrag die totale Entmachtung der bürgerlichen und bäuerlichen Kräfte in der DDR betrieb, bekommt von derselben Partei öffentlich eins auf den Hut – es ist die Paradoxie dieser Situation, der das ausdrucksvolle kleine Gedicht sehr wahrscheinlich entsprungen ist. Die Mauer, die darin fällt, ist die Schranke zwischen dem Dichter leninistischen Bekenntnisses, aber bürgerlicher Herkunft und jener Klasse, die Brecht bis zum 17. Juni 1953 für die in der DDR herrschende hielt: der Arbeiterklasse. Er hat sich ihr zugeordnet, er hat die Klassenschranke seiner Herkunft überwunden, und siehe da, es funktioniert nicht. Statt ihn zu ermutigen, geht die Partei mit seitenlangen Artikeln gegen sein Theater und seine Mitarbeiter vor – der Mitkämpfer ist sauer. Er ist es um so mehr, als er sich gerade alle künstlerische Mühe gibt, mit der Inszenierung der Bauernkomödie »Katzgraben« einen Beitrag zum Klassenkampf auf dem Lande zu leisten, wo nach der Enteignung der Großgrundbesitzer die Großbauern den Hemmschuh der Kollektivierung bilden. Auch die den Helden glossierende Urfaust-Inszenierung ist, wie Eislers Faustus-Oper, als theatralischer Beitrag zu einer Politik gedacht, die sich nicht nur gegen Großbauern und Fabrikanten richtet, sondern auch gegen die immer noch starke bürgerlich-intellektuelle Mittelschicht. Daß eine so brachial-modernistisch operierende Wirtschafts- und Gesellschaftspolitik sich auf dem Feld der Kulturpolitik repressiv-antimodern gibt, ist eine Dialektik, der Brecht ratlos gegenübersteht; der kleine Vierzeiler faßt diese Situation lyrisch.

Es liegt aber im Wesen von Dichtung, daß sie ihre Anlässe übersteigt. Das Stofflich-Empirische ist wie ein Trampolin, von dem aus der Poet sich in die Höhenluft einer Wortgeltung abstößt, in der der Text ein ballonhaft schwebendes Eigenleben anhebt. Indem er seine Stoffe überbietet, hat der Dichter immer recht; es war dies, was die Einheitspartei an ihm fürchtete. Ein anderes Kurzgedicht dieser Zeit, auch dies erst 1993 ans Licht tretend, bezeugt die geglückte Abwehr feindseliger Kräfte:

Sie hatten einen Kübel Scheiße
Da nahm man ihnen den Kübel

Da behielten sie, was übrigblieb
Das war das kleinere Übel.

Aber wer war *man*? Die neue sowjetische Führung hatte die SED am 3. Juni 1953 in Moskau zu einem einschneidenden Kurswechsel veranlaßt, den das *Neue Deutschland* am 10. Juni parteioffiziell verkündete; nur die Auslösung eines Arbeiteraufstands konnte danach die von Berija und Churchill intendierte Vereinigung Deutschlands und die Machtergreifung des gefürchteten Innenminsters noch abwenden.* Das zuvor vollzogene (und danach nicht widerrufene) Abblasen des Klassenkampfes kam Brechts Theaterarbeit zugute; nun, nach dem Scheitern des Kommunismus auf deutschem Boden, bekam sie am Schiffbauerdamm ihr eigenes Schauspielhaus. Der Vorsitzende der Staatlichen Kunstkommission aber wurde als Museumsdirektor nach Weimar versetzt.

*1997*

# Eine Grabschrift und ihre Berichtigungen

Elisabeth Hauptmann hat das überschriftlose Gedicht in den beiden von ihr betreuten Werkausgaben Brechts Spätwerk – der Zeit um 1955 – zugeordnet, es ist aber, wie die neue Gesamtausgabe bekundet, bereits um 1933 entstanden:

> Ich benötige keinen Grabstein, aber
> Wenn ihr einen für mich benötigt
> Wünschte ich, es stünde darauf:
> Er hat Vorschläge gemacht. Wir
> Haben sie angenommen.
> Durch eine solche Inschrift wären
> Wir alle geehrt.

Die kurze lyrische Verlautbarung, reimlos und in unregelmäßigen Rhythmen, gehört zu den einhunderteinunddreißig Gedichten Brechts, die mit »Ich« anfangen. Bei Goethe, der länger lebte, sind es, ebenso wie bei Rilke, fünfundsiebzig, bei Schiller drei. In der ersten Fassung des Textes war die erste Person Singularis vierfach im Spiel gewesen:

> Ich benötige keinen Grabstein, wenn
> Ihr keinen benötigt
> Sonst wünschte ich, es stehe darauf:
> Ich habe Recht gehabt. Dennoch
> Habe ich gesiegt. Zwei
> Unzertrennliche Sätze.

Wenn diese Verse um 1933 geschrieben wurden, so gewiß vor dem 30. Januar dieses Jahres. Rechthaben und Siegen sind die Kategorien, denen der Dichter in zugespitzter Lage sein Wirken unterstellt; er setzt beides in eine Gegenbewegung, die die Grabschrift mit einer Koketterie pointiert (›Wer recht hat, kann nicht siegen, ich aber konnte beides‹), die den Zweifel überspielt. Daß er recht haben *und* siegen will, ist eine Vorkehrung für den Fall der Niederlage; er will dann wenigstens recht gehabt haben.

Aber wer ist *ihr*? Es sind die Nahestehenden, aber keineswegs nur Jüngerinnen und Jünger, die ohnehin glauben, daß der Meister recht hat. Das Gedicht setzt voraus, daß viele von denen, die ihm so nahestehen, daß sie über die Grabschrift mitbefinden, keineswegs der Ansicht sind, er habe recht. Die rechthaberischen Verse sind, genau besehen, eine Selbstermutigung, deren trotzig-selbstherrlichen Duktus der Dichter in einer zweiten Fassung dämpft; sie geht in die Verse aus:

> Wünschte ich, es stünde darauf: er
> Hat recht gehabt. Wir
> Haben es bemerkt.

Ehe der Rechthabende siegen kann, müssen die andern (als ein »wir« treten sie nun in die Grabschrift ein) bemerken, daß er recht hat. Daß dies kein einseitiger Prozeß sein kann, ist eine Einsicht, die Brecht auf demselben Typoskriptblatt in drei für sich stehende Verse faßt:

> Was soll uns, wenn
> Du in deinem Kopf denkst. Denke
> In unserem.

Das ist wie die Antwort derer, die sein Rechthaben bemerken sollen; der sich dialektisch revidierende Dichter setzt der in den beiden ersten Fassungen statuierten These vom Rechthaben die Antithese entgegen, daß es auf das Rechthaben als solches nicht ankommt. Die Einrede sprengt die testamentarische Geste des Gedichts; sie wird ihm nun mittelbar einbezogen, in der Aufgabe der Wendung vom Rechthaben, an deren Stelle ein demokratischer Vorgang tritt: »Er hat Vorschläge gemacht. Wir / Haben sie angenommen.« So ist nun auch die Ehrung doppelseitig: »Durch eine solche Inschrift wären / Wir alle geehrt.« Nämlich die, welche die Vorschläge annahmen, wie der, welcher sie so machte, daß sie angenommen werden konnten.

Diese Schlußverse knüpfen an den Introitus an, der in dem Hinweis bestand, daß der Dichter selbst *keinen* Grabstein benötige. Denen, welche ihm einen setzen wollen, wird auferlegt, zuvörderst seine Vorschläge anzunehmen; das Recht, ihm ein Denkmal zu setzen und damit sich selbst zu ehren (denn er selbst steht über einer solchen Ehrung), können die Nachlebenden nur erwerben, wenn sie die Lehren des Meisters beherzigen. Das ist die prätentiöse Seite der Haltung, die aus dem Gedicht spricht; die konträre, aber ganz mit ihr verquickte meint: Am bloßen Dichterruhm liegt mir nicht, ich will praktisch genommen sein; rühmt nicht meine Verse, sondern beherzigt meine Erkenntnisse!

Brecht hat diese hoffnungsvollen Verse aus stürzender Zeit, die sich seine Editorin, Elisabeth Hauptmann, nur als die Äußerung dessen vorstellen konnte und wollte, der in Berlin sein Theater-Teamwork zum Erfolg geführt hat, niemals veröffentlicht. Mehr als zwei Jahrzehnte später, Anfang 1956, dementiert er den lyrischen Grabschriftentwurf an verdeckter Stelle: in »Orges Wunschliste«, einem Gedicht, das er der im Suhrkamp Verlag neu herauszugebenden »Hauspostille« nach dem elften Gedicht der zweiten Lektion einfügt, als gehöre es dieser alten Sammlung ursprünglich an. In der zweiten Strophe dieser Wunschliste favorisiert der Dichter

> Von den Geschichten die unverständlichen
> Von den Ratschlägen die unverwendlichen.

Und in der sechsten Strophe

> Von den Künsten die unverwertlichen
> Von den Lehrern die beerdlichen.

Es ist Orge, der hier spricht; in der dritten Person wird eine Revision vollzogen, die auf den Inschrift-Vorschlag von einst zurückstrahlt.

Dennoch: Brecht ist der Dichter, der Vorschläge gemacht hat; das verbindet ihn mit der Aufklärung und mit dem, der sie überwindet, ohne sie aufzugeben, mit Goethe, in dessen Werk die didaktische Haltung einen ähnlich weiten, obschon ganz anders organisierten Raum einnimmt. Was beide politisch miteinander verbindet, ist ein Ordnungsdenken, das sich bei Goethe, dem Weimarer Hofmann, Minister und Freimaurer, auf andere Weise ordensmonarchisch orientiert als bei Brecht, dem Parteigänger der kommunistischen Weltbewegung. Beiden dient es als Heil- und Gegenmittel gegenüber den chaotisch-selbstzerstörerisch treibenden Impulsen, denen das Frühwerk Rang und Wirkung verdankt.

Ist dieses Ratgebende das Un- und Widerlyrische an Brechts Werk, schrecklicher noch: das Antimoderne? Und welcher Art sind die Ratschläge? Sie werden in Lyrik und in Prosa erteilt und auf allen möglichen Gebieten: dem des Theaters und der Kunst insgemein, dem der Gesellschaft und des politischen Verhaltens, nicht zuletzt: auf dem Gebiet der Liebe, der Freundschaft, dem weiten Feld der Lebenskunst. Ratende Dichtung ist instanzielle Kunst; wie verhält sich eine Gesellschaft, die so antiautoritär ist, daß sie, obschon zähneknirschend, nur noch die Autorität der Kapitalverwertung gelten läßt, zu einem Dichter, der just *diese* Autorität bekämpfte? Seine innerste Identität faßte er in der anarchischen Gestalt jenes Glücksgotts, der, als eine völlig lyrische Figur, dramatisch niemals fertig wurde; außer einigen Theaterliedern bewahrt nur eine Notiz von

1945 ihre Kontur: »Der Glücksgott hat keine Moral. Er lehrt nur, daß die Menschen alles tun sollen, glücklich zu sein. Wie sie glücklich werden sollen, weiß er nicht. Seine Schüler sind auch die Raubmörder, die Huren, die Tyrannen.« Und weiter: »Als höchstes Glück wird die Produktivität genannt.«

»Orges Wunschliste«, dieses späte Bekenntnis, umreißt, was dem Dichter in später Zeit dafür galt. »Was ich liebe« lautete der ursprüngliche Titel: »Von den Genüssen, die aussprechlichen / Von den Zielen, die nebensächlichen.«

*2000*

# III

# ENSEMBLE

# Platz dem Wünschelrutengänger!
# Wolfgang Harich und das »Projekt B«

## *»Vor der Weltöffentlichkeit und vor der Literaturgeschichte«*

Der Alarmbrief, den Wolfgang Harich am 17. Januar 1949 aus seiner Wohnung in Berlin-Dahlem »an den Genossen Anton Ackermann, Zentralsekretariat der SED« schreibt*, steht vor dem Hintergrund einer Sitzung, zu der der Berliner Oberbürgermeister Friedrich Ebert** am 6. Januar 1949 eingeladen hatte, wenige Tage vor der Premiere von »Mutter Courage« am Deutschen Theater. Brechts Tagebuchnotiz über den Empfang, den Ebert ihm bereitet, ist drastisch: »werde aus der Probe zum neuen oberbürgermeister berlins, dem sohn des ersten reichspräsidenten ebert, geholt, wo, im beisein von langhoff und wisten, dem bisherigen intendanten des schiffbauerdammtheaters, über mein theaterprojekt (betreffend die zuziehung großer emigrierter schauspieler) gesprochen wurde. der herr oberbürgermeister sagte mir weder guten tag noch adieu, sprach mich nicht einmal an und äußerte nur einen skeptischen satz über ungewisse projekte, durch welche vorhandenes zerstört würde. die vertreter der SED (ackermann, jendretzky, bork) schlugen die kammerspiele für das projekt vor sowie gastspiele im deutschen theater oder bei wisten. auch von sparmaßnahmen wurde geredet und von der notwendigkeit, der volksbühne eine bleibe zu schaffen, bis das alte haus renoviert sei. (man hat dieses sozialdemokratische kleinbürgerunternehmen ›jedem kleinen mann eine ständige theaterloge‹ neu aufgezogen und liefert schmierenaufführungen.) zum erstenmal fühle ich den stinkenden atem der provinz hier.«

Von Brechts Gesprächspartnern an diesem Tag ist Anton Ackermann (1905–1973) der wichtigste. Ackermann gehört zu jenen KPD-Funktionären, die kurz vor der Kapitulation der deutschen Wehrmacht aus dem Moskauer Exil nach Deutschland zurückgekehrt waren, um in Berlin – dorthin wandte sich die Gruppe Ulbricht – und in Dresden, wohin Ackermanns Gruppe sich begab, die Neugründung der beiden wichtigsten Landesverbände der Partei in die Hand zu nehmen. Deren Gründungsaufruf vom Juni 1945, der frei von leninistischen Ambitionen ist und eine selbstkritische Passage über die Politik der KPD im Vorfeld der Hitler-Diktatur enthält, ist Ackermanns Werk; 1946, im Vorfeld der SED-Gründung, schreibt er im Auftrag der KPD-Führung den Aufsatz »Gibt es einen besonderen deutschen Weg zum Sozialismus?«, den er im September 1948, nach Ausbruch des Kalten Krieges, parteioffiziell zurücknimmt. »Diese Theorie von einem ›besonderen deutschen Weg‹«, schreibt er nun, bedeute »zweifellos eine Konzession an die starken antisowjetischen Strömungen in gewissen Teilen der deutschen Bevölkerung«, sie enthalte »das Element einer Abgrenzung von der Arbeiterklasse und von der bolschewistischen Partei der Sowjetunion«.*

Als Brecht zu Ebert gerufen wird, ist Ackermann im Zentralsekretariat der SED der oberste Kulturfunktionär, außer für Kulturpolitik verantwortlich für Parteischulung, Volksbildung, Hochschulen, Presse und Rundfunk, ein Mann von einer Aufgabenfülle, die über die des späteren ZK-Sekretärs Hager noch hinausgeht**; begreiflicherweise ist er es, an den Harich seinen ebenso feurigen wie diplomatischen Brief adressiert. Hans Jendretzky (1897–1992), der dritte Gesprächsteilnehmer, hatte, wie Ebert, das Hitlerregime in Deutschland überlebt, mit langjähriger Zuchthaus- und KZ-Haft; auch er ist ein Mann aus der vorderen Reihe der SED. 1946 war er Gründungsvorsitzender des Freien Deutschen Gewerkschaftsbundes (FDGB) gewesen, seit 1948 amtierte er als Bezirkschef der Berliner SED. Kurt Bork (1906-1975), der spätere Vize-Kulturminister für Theater und Musik, nahm als Hauptamtsleiter für den Bereich Darstellende Kunst des (Ost-)Berliner Magistrats an dem Spitzengespräch teil. Die der Währungsspaltung des Juni 1948 erwidernde Verwaltungsteilung der schwer zerstörten Stadt lag erst fünf Wochen zurück; Ende Juni waren die Berliner Westsektoren durch die Sowjetarmee von ihren Landverbindungen nach Westdeutschland abgeschnitten worden. Gegen starke Bedenken der West-Alliierten hatten die West-Berliner SPD-Politiker Ernst Reuter und Gustav Klingelhöfer im Frühjahr 1948 bei den westlichen Besatzungsmächten die Einbeziehung der drei West-Sektoren in den Bereich der westdeutschen Währung durchgesetzt,* und die Sowjetunion hatte erwartungsgemäß reagiert: hart, aber nicht mit Krieg.

Es ist also nicht nur ein banausischer Oberbürgermeister, dem Brecht sich am 6. Januar 1949 gegenübersieht. Die entscheidenden Politiker der den Ostteil der Stadt beherrschenden SED sitzen mit im Raum, und sie verkünden ihm mit offenbar dürren Worten, man könne ihm nicht das von ihm gewünschte Theater am Schiffbauerdamm künstlerisch übereignen, wohl aber die Kammerspiele mitsamt der Möglichkeit, gastweise im Deutschen Theater oder im Theater am Schiffbauerdamm zu spielen. Das Gespräch wäre nicht zustande gekommen, wenn der Dichter-Regisseur nicht zuvor einen Anspruch auf das Theater am Schiffbauerdamm als die Stätte seiner künftigen Berliner Theaterarbeit erhoben hätte. Dieser Anspruch mag dem Rückkehrer selbstverständlich erschienen sein; in Briefen von Ende Januar 1949 an Leonard Steckel, Therese Giehse, Hans Gaugler, Caspar Neher und Berthold Viertel, also jene Theaterleute, die er sich als die Säulen seines Ensembles denkt, erklärt er ihn schlankweg für realisiert. »Wir haben hier ein Theaterprojekt vorgelegt, das durchgegangen ist«, heißt es am 25. Januar an Viertel: »Wir bekommen das Schiffbauerdamm-Theater.« Schon in der Tagebuchnotiz vom 6. Januar nennt er Wisten dessen *bisherigen* Intendanten.

Am 22. Oktober 1948 war Brecht, aus Zürich kommend, nach fünfzehnjährigem Exil in Berlin eingetroffen; in den elf Wochen danach, die er, von der Arbeit an der »Courage«-Inszenierung in Anspruch genommen, seither in der Stadt verbracht hatte, war er offenbar nicht dazu gekommen, sich hinlänglich über die Person des am Schiffbauerdamm tätigen Theaterleiters zu unterrichten. Fritz Wisten (1890–1962) hatte von 1933 bis 1941 dem von den Nazis geduldeten Theater des Jüdischen Kulturbunds in Berlin vorgestanden und nach dessen Verbot Haftjahre im Zuchthaus und im Konzentrationslager erlitten. 1945 hatte er am wiedereröffneten Deutschen Theater Lessings »Nathan« inszeniert und war 1946 Intendant des Theaters am Schiffbauerdamm geworden, das eine geachtete Position im Berliner Nachkriegs-Theaterleben einnahm; Wisten war, wie auch seine spätere Volksbühnen-Intendanz zeigte, ein bedeutender Theaterleiter und ein keineswegs unerheblicher Regisseur. Daß die Ostberliner Stadtregierung einen solchen Mann nicht absetzen konnte, hätte Brecht wissen müssen; der abweisende Empfang, den Ebert, selbst einst Häftling im Lager Sachsenhausen, dem Amerika-Heimkehrer bereitete, mag, eine Portion persönlicher Arroganz dazugenommen, von der Taktlosigkeit bewirkt worden sein, als die der alte Sozialdemokrat eine solche Forderung empfinden mußte. Wie wenig Brecht über die Berliner Theaterwirklichkeit Bescheid wußte, zeigt seine Tagebuchformulierung, das alte Volksbühnen-Haus müsse »renoviert« werden. Es lag in Trümmern, und sein Wiederaufbau überstieg die wirtschaftliche Kraft des verselbständigten Ostsektors; er wurde 1950 von der DDR-Regierung in Angriff genommen.

Brechts Notiz ist von der Grobheit verfärbt, mit der Ebert, der Wortführer des Gesprächs, ihm begegnete; dessen sachlichen Ertrag konnte er bei ruhiger Überlegung nicht geringschätzen. Fünf Tage vor der »Courage«-Premiere stellte man ihm in Aussicht, das Theater am Schiffbauerdamm zu beziehen, wenn erst die Volksbühne am früheren Bülow-, nunmehrigen Luxemburgplatz wiederaufgebaut und Wistens Ensemble dorthin umgezogen wäre. Bis dahin, geht aus seiner Eintragung wie aus Harichs Brief hervor, wollte man ihm mit Zustimmung Wolfgang Langhoffs, des Intendanten, das kleine Haus des Deutschen Theaters, also die Kammerspiele Max Reinhardts, in vollem Umfang zur Verfügung stellen, mit gastweiser In-Anspruch-Nahme der beiden größeren Bühnen in der Nachbarschaft. Für einen Heimgekehrten, dessen künstlerische Großtat erst noch bevorstand, war das ein Maximum, das Ackermann und Jendretzky, die beiden Alt-Kommunisten, dem widerstrebenden Ebert vermutlich hatten abringen müssen; daher dessen schlechte Laune und übles Betragen.

Brecht registriert beides mit einem Zorn, von dem der sechsundzwanzigjährige Wolfgang Harich anderntags durch Erich Engel erfährt, Brechts Mitregisseur bei der »Courage«-Inszenierung. Harich ist zu dieser Zeit Lehrbeauftragter für marxistische Philosophie an der Pädagogischen Fakultät der Humboldt-Universität, vor allem aber ist er der Theaterkritiker der *Täglichen Rundschau*, der im Mai 1945 von der sowjetischen Besatzungsmacht gegründeten Tageszeitung, des Gegenstücks der amerikanischen *Neuen Zeitung*, in deren Berliner Redaktion Friedrich Luft des entsprechenden Amtes waltet; von dem guten Verhältnis beider zeugen Harichs späte Erinnerungen.* Nach der offiziellen »Courage«-Premiere am 11. Januar 1949 legen sich die wichtigsten Theater- und Literaturkritiker des Ostsektors für die überragende Aufführung ins Zeug: Paul

Rilla in der *Berliner Zeitung*, Max Schroeder im Zentralorgan *Neues Deutschland*, Wolfgang Heise in der *Tribüne*, Herbert Ihering in der *Leipziger Volkszeitung* und – am 14. Januar – Wolfgang Harich in der *Täglichen Rundschau*. Am 16. Januar, drei Tage nach seiner ersten Besprechung, meldet sich Schroeder im *Neuen Deutschland* noch einmal eingehend zu Wort und läßt seinen Artikel, gewiß nicht ohne Abstimmung mit Ackermann, in den Satz münden: »Es ist an der Zeit, daß Brecht ein ständiges Brecht-Theater erhält.« In den Text eingebaut ist Brechts »Lied von der Bleibe«, das in die Verse ausgeht: »Wohl denen, die ein Dach jetzt han, / Wenn solche Schneewind wehen.«

Die Gegenstimme erhebt sich einen Tag später, am 17. Januar, in der Montagsausgabe des *Neuen Deutschlands*, die nach der alten SPD-Zeitung den Namen *Vorwärts* trägt. Sie kommt von Fritz Erpenbeck, dem Chefredakteur der 1946 gegründeten Zeitschrift *Theater der Zeit*, und macht »grundsätzliche kritische Einwände« gegen den »Courage«-Triumph geltend. Diese gelten nicht der als »herrlich« bezeichneten Aufführung, sondern einer dramatischen »Gestaltungsmethode«, von der der Kritiker meint, daß sie, von minderen Potenzen gehandhabt, »zum Absterben des Theaters führe«. Erpenbeck, ein alter Opponent des epischen Theaters, hatte im Moskauer Exil die 1938 auf die sowjetische Kunst-Doktrin und den Lukácsschen Realismusbegriff einschwenkende deutschsprachige Zeitschrift *Das Wort* redigiert und war Ende April 1945 mit der Gruppe Ulbricht nach Deutschland zurückgekehrt; er galt als Vertrauensmann der sowjetischen Besatzungsmacht.

Am gleichen Tag tritt ein von Harich mit ausdrücklicher Billigung des leitenden sowjetischen Kulturoffiziers, Alexander Dymschiz', zusammengerufener Pro-Brecht-Kreis zusammen, zu dem – Harich berichtet es Ackermann – »die Schriftsteller Anna Seghers, Prof. Hans Mayer und

Peter Huchel, die Kritiker Rilla, Lennig, Max Schroeder, Ihering und Harich und die Theaterleute Langhoff, Legal, Felsenstein, Erich Engel, Ernst Busch, Slatan Dudow, Hanns Eisler und Paul Dessau« gehören; Brecht soll vor ihnen seine Vorstellungen entwickeln.* Vor der Zusammenkunft schreibt Harich aus seiner Dahlemer Wohnung den Alarmbrief an Anton Ackermann. Er gibt eingangs dessen eigene Position wieder, wie Stefan Heymann, Ackermanns Stellvertreter,** sie ihm »in groben Umrissen« erläutert habe: »Es bestehe die Absicht, das derzeitige Haus der Volksbühne in der Kastanienallee in ein Uraufführungstheater der DEFA zu verwandeln, das Ensemble der Volksbühne eventuell mit dem des Schiffbauerdammtheaters zu verschmelzen, das Schiffbauerdammtheater zum Haus der Volksbühne und Gen. Wisten zu ihrem Intendanten zu machen. Das Schiffbauerdammtheater falle für Brechts Pläne also aus, und da Brecht sich auf das Angebot, die Kammerspiele als sein Betätigungsfeld betrachten zu können, unverständlicherweise nicht eingelassen habe, könne man leider Gottes nichts machen.«

Gegen diese Position setzt der Briefschreiber das Ergebnis eines Gesprächs, das er mit Brecht geführt hat: »Er, Brecht, sei bereit, eine solche Wirkungsstätte von einer gewissen magnetischen Anziehungskraft in Berlin schaffen zu helfen. Die Kammerspiele kämen aus technischen und architektonischen Gründen dafür nicht in Frage. Das einzige Theater, das möglich sei, sei das Schiffbauerdammtheater. Wer hier Intendant sei, sei ganz gleichgültig. Er habe nichts dagegen, daß Wisten Intendant bleibe, nur dürfe er sich nicht mit einem Wort in die künstlerischen Belange des Theaters einmischen; denn kein deutscher Schauspieler oder Regisseur von Rang, und sei er noch so fortschrittlich gesinnt, werde sich Wistens wegen nach Berlin begeben.«

Harich referiert auch die mit der Ackermannschen übereinstimmende Position von Alexander Dymschiz, die dieser ihm am 14. Januar erläutert hatte;* dann holt er zu einem fünfseitigen Plädoyer für die Übergabe des Theaters am Schiffbauerdamm an Brecht aus, das mit Wisten nicht eben zimperlich umspringt. So wie er selbst, Harich, Siegfried Jacobsohn weichen würde, wenn dieser »aus dem Grabe aufstünde«, so müsse Wisten gegenüber Brecht ins zweite Glied zurücktreten: »Sobald sich die Möglichkeit ergibt, unsere Positonen mit besseren Leuten, besseren Journalisten, besseren Dozenten, besseren Theaterdirektoren etc. zu besetzen, haben wir unter allen Umständen diesen zu weichen, auch wenn es schwerfällt, auch wenn wir auf ›Verdienste‹ pochen könnten, auch wenn wir noch so gute Genossen sind, auch wenn wir es schwer gehabt haben.«**

Vorher hat der Briefschreiber, den wir uns mit einem wahren Furor über seine diphthonglose Schreibmaschine gebeugt denken müssen (denn nachmittags oder abends ist ja bereits die Sitzung des Solidaritätskomitees), drei Gründe aufgeführt, aus denen heraus er es »für einen unverzeihlichen und durch nichts zu entschuldigenden Fehler« hält, »wenn wir Brecht unverrichteter Dinge wieder davonziehen lassen würden«. »Wir können nicht erwarten«, notiert er unter a), »daß Heinrich Mann, Lion Feuchtwanger usw. zu uns zurückkehren, wenn wir es aus kleinlichen provinziellen Rücksichten versäumen, einem Mann wie Brecht die ihm gebührende Wirkungsstätte zu schaffen. Vor der Weltöffentlichkeit und vor der Literaturgeschichte, die unsere Budgetsorgen ebenso uninteressant finden wird wie unseren Genossen Wisten, wäre dies eine fürchterliche Blamage.«

Doch es gibt noch andere Gründe. »Dem Berliner Theaterleben«, notiert der Briefschreiber unter b), »tut der Theaterreformator Brecht dringend not«; »auch unsere Bühnen« (die Ostberliner) seien »mit 80 Prozent dessen, was sie zu bieten haben, himmelweit davon entfernt, im internationalen Maßstab als Kultureinrichtungen ersten Ranges auch nur in Frage zu kommen«. Unter c) konstatiert er einen weiteren Gesichtspunkt: »Es geht nicht um Brecht allein, sondern in der Tat um viele Künstler, die er anziehen wird.« Harich kommt darauf zu sprechen, »daß Eisler und Dessau wieder in Berlin sind«, und weiß, warum; er bekundet es im Konjunktiv: »Ich wüßte nicht, ob diese beiden großen und entscheidenden Komponisten unserer Zeit auf die Dauer sehr viel an Berlin binden könnte, wenn Brecht sich in der Weltgeschichte herumtriebe.« »Ich erinnere auch daran«, fährt er fort, »daß Brecht einen ›guten Riecher‹ für Nachwuchsschauspieler hat. [...] Wenn wir Wert darauf legen, daß die pessimistische Legende, es gäbe keinen Nachwuchs, aus unseren Feuilletons schleunigst verschwindet, so brauchen wir nur Brecht als Wünschelrutengänger in die Zone zu schicken«.

## *»Wo beginnt die Dekadenz?«*

Brecht, der Wünschelrutengänger – dieser Briefschreiber ist auf der Höhe einer Situation, die er als eine historische erkennt. Wie dringlich seine doppelte Initiative – der Brief an Ackermann und die Konferenz der Brecht-Befürworter – ist, zeigt ihm anderntags, am 18. Januar (hat er unterderhand davon erfahren?), das neue Heft der 1946 unter SED-Regie wiedererstandenen *Weltbühne*, in dem Erpenbeck, bei erneuter Verbeugung vor Brechts »hoher dichterischer Kunst«, seine Bedenken gegenüber dessen Theaterauffassung bekräftigt. Der Kritiker hatte begriffen, daß es »um eine Lebensfrage unserer Dramatik überhaupt« ging, und wollte sie nicht im Sinne Brechts beantwortet sehen.* Am Ende steht eine Vokabel, die bei Brechts Freunden höchste Beunruhigung auslösen mußte. »Wo«, stellt Erpenbeck »die Grundfrage«, »verliert sich, trotz fortschrittlichen Wollens und höchsten formalen Könnens, der Weg in eine volksfremde Dekadenz – wo führt, bei fortschrittlichem Wollen und höchstem formalen Können, der Weg zur Volkstümlichkeit, zur dringend notwendigen Gesundung unserer Dramatik?«

»Volksfremde Dekadenz« – das war der Vorwurf, mit dem Stalins Chef-Ästhetiker, der Generaloberst Shdanow, 1948 die berüchtigte Anti-Formalismus-Kampagne ausgelöst hatte, die sich, Pressionen und Maßregelungen der späten dreißiger Jahre erneuernd, gegen die wichtigsten sowjetischen Komponisten gerichtet hatte. Zweifellos hatte Erpenbeck gehört, wie weit Brechts Vorhaben, in Berlin eine eigene Bühne zu bekommen, bereits gediehen war, und lieferte den Gegnern des Projekts nun das ideologische Argument. Seine Nähe zu den sowjetischen Instanzen machte den Angriff besonders gefährlich.

Aber Erpenbecks Opposition bleibt fruchtlos. Harichs Brief und die darin aufgewiesene, von der Versammlung des 17. Januar bekräftigte Unterstützung durch die wichtigsten Theaterleute des östlichen Berlin tun ihre Wirkung, vor allem aber tut es der durchschlagende Erfolg der »Courage«-Inszenierung beim Publikum und bei der gesamtdeutschen Kritik. Am 30. Januar fällt im Apparat des Zentralkomitees der SED eine Vorentscheidung über das »Projekt B«, welche, im Sinn des Harichschen Briefs, Brecht und Wisten am Schiffbauerdammtheater zusammenspannen will: Wisten soll Intendant eines Hauses bleiben, das unter die künstlerische Leitung von Helene Weigel und Erich Engel gestellt wird.*

Zwei Tage später, am 1. Februar, erwidert Angelika Hurwicz, in der »Courage«-Aufführung die Darstellerin der Stummen Kattrin, in der *Weltbühne* auf Erpenbecks Angriff, und eine Woche später, am 8. Februar,** zieht Harich selbst dort gegen den Widersacher des epischen Theaters zu Felde, mit polemischer Schärfe und einer theoretischen Prägnanz, die dem Brecht-Gegner die Niederschlagsworte »volksfremd«, »Dekadenz« und »Formalismus« entwindet. »Wer ist hier der Formalist, Brecht oder Erpenbeck?« fragt Harich unter der Erpenbeck ironisierenden Überschrift »Trotz fortschrittlichen Wollens...« und kommt zu dem Schluß: »Nicht wer die Form überhaupt, sondern wer sie lediglich um ihrer selbst willen verändert, ist Formalist.« Der jugendliche Autor weist den Vorwurf »volksfremder Dekadenz« als ungeheuerlich zurück und quittiert Erpenbecks Hinweis auf die von Brechts Dramaturgie verletzten ästhetischen Gesetze mit dem Ausruf: »Ewige Gesetze des Dramas? Du lieber Himmel!«

Das ist ebenso treffsicher, wie es, gegenüber einem auf dem Rückzug befindlichen Gegner, politisch unklug ist, doch richtet es weiter keinen Schaden an. Inzwischen hat Wisten die unsinnige Zwangsehe am Schiffbauerdamm verweigert und auch Brecht tut dies, der sie angeregt hatte. Nicht Wisten, sondern Langhoff im Deutschen Theater gewährt dem künftigen Ensemble Gastrecht, just, wie es Brecht am 6. Januar von Ackermann und Jendretzky vorgeschlagen worden war. Das »Projekt B« nimmt seinen Lauf und erhält am 14. Februar den Segen des Brecht wohlgeneigten SED-Vorsitzenden Wilhelm Pieck, dem es vom Bürgermeister Ebert unterbreitet wird; zuvor hat Major Dymschiz die Zustimmung der Militär-Administration gegeben. Am 16. Februar wird in Ackermanns ZK-Sekretariat eine »Besprechung über den Einbau des Brecht-Ensembles in das Deutsche Theater« aktenkundig;* anderntags gehen Wolfgang Langhoff und Helene Weigel organisatorisch bereits ins Detail. Die Ensemblegründung schreitet voran; Brecht, der am 24. Februar 1949 nach Zürich zurückgekehrt ist, macht dort Spiel- und Probenpläne für seine Truppe. »Der Untergang der Kommune« nach dem Norweger Nordahl Grieg soll im November den Anfang machen.

Inzwischen hat Harichs polemische Emphase noch einmal die Gegenpartei auf den Plan gerufen. Erpenbeck antwortet am 1. März in der *Weltbühne*, Paul Rilla äußert sich in der *Berliner Zeitung*, und in Harichs eigener Zeitung, der *Täglichen Rundschau*, spricht am 12. März ein sowjetischer Mitarbeiter das Schlußwort zu der Kontroverse; er zeichnet S. Alterman, gibt Erpenbeck und Harich eins auf den Hut (mehr aber dem letzteren) und kommt sonst nicht wieder vor.* »Wo beginnt die Dekadenz?« stellt S. Alterman schon in der Überschrift die alles entscheidende Frage und gibt in Sperrsatz die Antwort: »Die Dekadenz beginnt dort, wo in dem Schaffen eines Künstlers die empörte menschliche Vernunft schweigt und die Ohnmacht des Menschen vor dem geschichtlichen Schicksal bestätigt wird.«

Das ging gegen die dramatische Anlage von »Mutter Courage«, an der S. Alterman ein Defizit bemerkt: »Es fehlt in dem Stück die Idee der revolutionären kritischen Umgestaltung der Welt.« »Der epische Stil, den Brecht in seinem Bühnenschaffen anstrebt«, sei »nichts anderes als ein Versuch, im 20. Jahrhundert bei den Positionen des klassischen Realismus stehenzubleiben, jenes objektivistisch-beschaulichen Realismus, der im Anfang des vorigen Jahrhunderts so großartige Repräsentanten in Goethe und Schiller hatte und der von Hegel philosophisch und ästhetisch begründet wurde.« Ein sinnreicher Satz von Rilla: »Brecht materialisiert die Schillersche Ästhetik«, kommt S. Alterman für diese Perspektive gerade recht.

Daß dem Stück eine Figur fehlt, die dem Zuschauer vormacht, wie er aus der Geschichte lernt, bezeichnet die Verwirrung, die für viele von Stück und Aufführung ausgeht; daß der Zuschauer lernen soll, ohne von der Bühne aus identifikatorisch an die Hand genommen zu werden, erscheint als überfordernder Anspruch an seinen Verstand und seine Autonomie. Die Tatsache, daß Brechts Theater die Geschichtsmächtigkeit des Subjekts nicht fingiert, obschon es zu ihr anzuhalten sucht, ist die hochpolitische Kernfrage des Disputs; S. Alterman bringt sie abermals in Sichtweite.

In Brechts Tagebuch findet die immer wieder gestellte Frage nach dem Fehlen der lernend-vorwärtsweisenden Figur* in diesen Tagen einen Widerhall, als er im Blick auf die Zuschauerreaktionen in der Ur-Premiere von »Mutter Courage« – einer Gewerkschaftsvorstellung am 9. Januar – mit Genugtuung notiert: »... daß die Courage nichts lernt im äußersten Elend, erregte diesen Zuschauern nur Mitleid!« (BFA 27, 298) Er schreibt das am Tag des Harich-Briefs und der Pro-Brecht-Sitzung, dem 17. Januar, nieder; neun Tage später kommt ihm das Problem in einem Gespräch mit Leipziger Germanistik-Studenten in Sicht, die sich daran stoßen, daß in »Furcht und Elend des Dritten Reiches« »die Nazis einfach als Gegner behandelt sind«. »Konnte der Stückeschreiber nicht einen Nazi beschreiben, der durch seine Erlebnisse zur Einsicht kommt?« fragen sie Brecht. »Der Zuschauer oder Leser könnte doch so die Wandlung mitmachen!« Von jungen Leuten, die vier Jahre zuvor zu einem vermutlich nicht geringen Teil selbst noch guten Glaubens den Führern des Dritten Reiches angehangen hatten, ist die Frage plausibel, aber Brecht, von dem Gefühl überwältigt, Vertretern der Arbeiterklasse gegenüberzustehen, bemerkt diese Dimension der Frage nicht: »Ich schloß die Diskussion mit dem Hinweis, das Stück sei nicht als Erlebnis beabsichtigt, sondern als Leitfaden für eine neue Klasse, ermöglichend, dem Klassenfeind erfolgreicher entgegenzutreten.« Der Satz, den er anfügt, ist charakteristisch für eine Geistesverfassung, die geradeswegs auf die Diktatur des Proletariats zugeht und einige Wochen später in dem Kommune-Stück ihren theatralischen Ausdruck findet: »Ich ging nicht so weit zu sagen, diese Klasse könne aus der Darstellung dieser unmenschlichen (und zum Scheitern verurteilten) Diktatur des Großbürgertums lernen, ihre eigene Diktatur durchzuführen.«

Als Mitte März das Schlußwort der *Täglichen Rundschau* erscheint, ist Brecht schon zwei Wochen in Zürich und beginnt, an dem Kommune-Stück zu arbeiten. Die Funktion der Stimme, der die Zeitung das letzte Wort gibt, ist ohne Kenntnis der Person nicht mit Sicherheit zu beurteilen; wahrscheinlich steckte Dymschiz (oder Ilja Fradkin, sein mit ihm verbündeter Kulturoffizierskollege) selbst hinter dieser rätselhaften Person*, um durch den Hinweis auf gewisse hochzuhaltende Grundsätze in Berlin ebenso wie daheim dem Verdacht entgegenzuwirken, die von ihnen unterstützte Ensemblegründung unterlaufe die in Moskau gerade erst wieder festgezurrten Maximen. Jedenfalls ist S. Alterman ein Schlauermeier (oder eine Schlaumeierin): Um Brecht nicht den Maßgaben des sozialistischen Realismus unterstellen zu müssen, stellt er (oder sie) ihn in eine Reihe mit Goethe, Schiller und Hegel. Daß Friedrich Wolf und Fritz Erpenbeck der »Linie« folgten, hatte Brecht am 28. Januar 1949 in seinem Tagebuch notiert; beide, zwei aufrichtige Peripatetiker, taten es aus Überzeugung von der Richtigkeit des »aristotelischen« Theaters. Wenn Wisten, der 1953 mit Wolfs »Armem Konrad« eine Gegenposition zu Brecht zu etablieren versucht, 1954, bei der Eröffnung der wiedererstandenen Volksbühne, programmatisch schreibt: »Es ist das Merkmal des wahren Volkstheaters, daß das Gefühl der Distanz zwischen Zuschauerraum und Bühne nahezu aufgehoben wird«, und die »einigende, steigernde, befeuernde Wirkung des Theaters« als »seine seelisch-politische Sendung« feiert, so war, mit sprachlichem Anklang an die expressionistische Ära, die Kluft gegenüber Brecht noch einmal deutlich beschrieben. Zur gleichen Zeit hält das Theater der produktiven Distanz Einzug am Schiffbauerdamm.

Anders als Harichs Memorandumsbrief waren die Wortmeldungen des Februar und März 1949 ein Nachhutgefecht, ohne Einfluß auf eine Entscheidung, die bereits die Voraussetzung jenes Gesprächs am 6. Januar gewesen war, auf dessen Atmosphäre Brecht so allergisch reagiert hatte. Am 1. April 1949 ist es dann soweit: Stefan Heymann teilt dem Magistrats-Dezernenten Kurt Bork den Beschluß des Politbüros der SED mit, »ein besonderes Ensemble unter Leitung von Helene Weigel« zu bilden. Das Politbüro war keineswegs befugt, dergleichen zu beschließen, es konnte den städtischen Stellen lediglich Standpunkt und Vorschlag der stärksten Partei übermitteln; die politischen Strukturen waren zu dieser Zeit noch nicht monopolisiert. Aber die Macht war es bereits weitgehend, unter der Oberhoheit einer Militärverwaltung, deren Kulturoffizieren ein entscheidender Anteil an Brechts Heimholung wie an seiner Berliner Theatergründung zukommt. Sie folgten damit einer politischen Linie, der es noch fern lag, Kurs auf ein sozialistisches Teil-Deutschland zu nehmen. Berlin war schon geteilt, aber noch offen und so war es die deutsche Frage. »Wir werden ein nationales Theater haben oder keines«, schrieb Brecht 1952 eingangs des Bandes »Theaterarbeit«, des Resümees der ersten beiden Ensemble-Jahre, und setzte drei Punkte dazu.

Seine Theatergründung kam gerade noch rechtzeitig; zwei Jahre später, als die Shdanowsche Anti-Formalismus-Kampagne unter SED-Regie – die sowjetischen Kulturoffiziere hatten das Land nach Gründung der Republik verlassen – mit voller Wucht auf die DDR durchgeschlagen war, wäre nicht mehr Kairos für sie gewesen. In der Frühphase des Kalten Kriegs, zur Zeit jener Landblockade der Westsektoren, die in der offenen Stadt Berlin für die SED wie für die Besatzungsmacht kulturelle Attraktionen dringlich machte, hatte sich ein Fenster, eine Tür für den Eintritt des Exorbitanten geöffnet. In seinem Brief an

Anton Ackermann zeigt Wolfgang Harich sich auf der Höhe der Situation; er weiß, worum es geht, und ruft es dem Adressaten, der es auch weiß, mit aller Kraft ins Bewußtsein.

Kein Zweifel: mit Dymschiz gehört auch Ackermann zu den Gründervätern des Berliner Ensembles. Der Hinweis des Brechtschen Galilei, daß »der Sieg der Vernunft nur der Sieg der Vernünftigen sein« könne, bestätigte sich auch hier; Harich weiß es, als er seinen vehementen Zehn-Seiten-Brief schreibt. Es fällt nicht schwer zu bemerken, daß dem Politbüro, dem alle diese vorarbeiteten, nicht leicht ein weiserer Beschluß gelungen ist als jener, der die Gründung des Berliner Ensembles verfügte. Zugleich ist deutlich: keine andere Instanz hätte Brecht in Europa ein Theater an die Hand zu geben vermocht. Die Grundfrage der Realismusdiskussion, das Widerspiegelungsproblem, zeigt sich, wie in der späteren Geschichte dieser Bühne, schon an ihrem Anfang.

*1998*

# Tonspur des Authentischen
## Therese Giehse als Brecht-Interpretin

Nicht nur Brechts hundertster Geburtstag stand 1998 ins kulturelle Haus, auch die Geburtsdaten Hanns Eislers und Therese Giehses zogen ein säkulares Gedenken auf sich, und Elisabeth Hauptmanns und Caspar Nehers hundertste Geburtstage lagen nur wenige Monate zurück. Auch generativ steht die Brecht-Werkstatt unter *einem* Gestirn – es ist die Generation, deren prägender Jugendeindruck der Erste Weltkrieg, mit der Katastrophe der alten, bürgerlich-feudalmonarchischen Welt an seinem Ende, war.

Monika Sperr hat 1973 ein Buch über die Giehse veröffentlicht, in dem eigene Erkundungen und langjährige Gespräche mit der als unzugänglich geltenden Schauspielerin sich zu einem eindrucksvollen Gesamtbild verbinden; auch als Taschenbuch war der Band erfolgreich.* Doch man kann der Arbeit der Giehse auch heute noch unmittelbar innewerden. Mehrere Tonaufnahmen überliefern Rang und Leistung einer Sprachinterpretin, die relativ spät zu einem Dichter gefunden hatte, mit dem ihre künstlerische Erscheinung im Rückblick wie verschmilzt. Durch die Herkunft aus demselben bayerisch-schwäbischen Kulturraum begünstigt, wurde sie wie niemand sonst, auch die Weigel nicht, zu einer Stimme, die wie die des Werkes selbst anmutet.

Auch einige Filme zeugen von ihrer darstellerischen Persönlichkeit, die Thomas Mann eher als Brecht aufgegangen war; Erika Mann, die mit der Giehse in München Theater spielte und im Januar 1933 mit ihr das bald darauf ins Exil gezwungene antifaschistische Kabarett »Die Pfeffermühle« gründet, vermittelte die Bekanntschaft. Schon damals soll Erika Mann gesagt haben: »Wir werden die Giehse an Brecht verlieren.« Die Vertreibung aus Deutschland verhindert es; eine kurze Begegnung mit Brecht 1929 bei einer Münchner »Dreigroschenoper«-Aufführung bleibt lange Zeit folgenlos. Aus dem finnischen Exil schickt der Dichter der Giehse dann den Text von »Mutter Courage« ans Zürcher Schauspielhaus, diesen Hort deutschen Theaters während der Hitlerzeit. Am 19. April 1941 kreiert sie dort die Titelrolle in der von Leopold Lindtberg geleiteten Uraufführung; auch Wolfgang Langhoff, Wolfgang Heinz und Karl Paryla wirken darin mit.

Erst nach dem Ende des Hitlerregimes haben der Dichter-Regisseur und die Schauspielerin in Zürich zu gemeinsamer Arbeit gefunden: Ende 1947 bei Brechts Rückkehr aus dem McCarthy-geschüttelten Amerika. Im Juni 1948 spielt die Giehse unter Brechts Leitung (aus fremdenpolizeilichen Gründen konnte der Autor nicht offiziell als Regisseur fungieren) die Schmuggler-Emma in der Züricher »Puntila«-Uraufführung, eine Gestalt, an die besondere episch-theatralische Anforderungen ergingen; außer dem »Pflaumenlied«, das Brecht eigens für die Schauspielerin schrieb, sind der Figur zwei große Erzählungen übertragen. Vorher hatte es einen Brecht-Abend gegeben, an dem Brecht selbst mit der Weigel und der Giehse sich lesend abwechselte; die Wirkung muß durchschlagend gewesen sein. Von der intensiven Befreundung der beiden grundverschiedenen Schauspielerinnen zeugt der von Stefan Mahlke edierte Brief- und Kartenwechsel: »Helli, alte Chineserin« oder: »Liebste Frau Direktor Mausi«, beginnt die Giehse wohl ihre Briefe an die Kollegin und Prinzipalin, und diese antwortet wohl: »Thereschen, Thereschen, mir fehlt so sehr ein Brief von Dir«.* Ihre »Lieblingsausbeuterin« nennt Therese Giehse einmal die Weigel, während sie bei den Salzburger Festspielen gerade die Marthe Rull spielt.

Die Schmuggler-Emma war die Rolle der Giehse auch in Brechts frischgegründeter Berliner Theatertruppe, die mit der Premiere von »Herr Puntila und sein Knecht Matti« im

November 1949 ihre erste Gastvorstellung an Wolfgang Langhoffs Deutschem Theater gab. Aber erst im Mai 1950 übernimmt die Giehse die Partie von der achtundzwanzigjährigen Angelika Hurwicz; sie alterniert dann mit ihr. Ende 1949 arbeitet sie mit dem Regisseur Berthold Viertel an Wassa Shelesnowa, der Titelrolle von Gorkis Stück; Fritz Erpenbeck attestiert ihr im *Neuen Deutschland* nach der Premiere »eine atemverschlagende Meisterleistung«. In dem Sammelwerk »Theaterarbeit« hat Brecht diese Rollenarbeit beschrieben: »dialektisch und aufschlußreich« (BFA 24, 421) nennt er ihre Darstellung der tyrannischen Patriarchin und greift, den Rang dieser Darstellerin zu bezeichnen, eingangs zu einem Wort, das er kein zweites Mal gebraucht hat: »schauspielerisches Ingenium«.

An anderer Stelle des Bandes »Theaterarbeit« erinnert sich Hans Mayer, der Therese Giehse auch in ihrer Züricher Zeit auf dem Theater gesehen hatte, an den Unwillen der Schauspielerin, sich für eine Zeitschrift über ihre Arbeit zu äußern und eine »Selbstdarstellung des schauspielerischen Gestaltungsprozesses« zu versuchen: »Ich warne davor! Schon mancher hat mit dieser Unkeuschheit sein armes Kind beinahe oder ganz um den Kragen geschwätzt. Denn wie schwer ist es auszudrücken, was bei uns Schauspielern zum Beispiel im Arbeitsprozeß [...] vor sich geht. Wie zart gezeichnet ist die Grenze zwischen Technischem und Künstlerischem.« Zuletzt konstatiert die Schreibunwillige: »Erst muß man mit sauberen Füßen auf der Erde stehen, auf der Seite der Gerechtigkeit mit unverschmiertem Gefühl und unegoistischem Sinn für das Reale. Von da aus soll man starten.« Mayer rühmt die überwältigende Vernünftigkeit der von ihr dargestellten Charaktere: »Von allen strömt Kraft aus: mag sie nun zum Guten oder zum Verbrecherischen gelenkt werden.«*

Nur zwei Jahre arbeitet die Giehse in Berlin, dann geht sie in ihre Heimatstadt München zurück, in der Hans Schweikart ihr an den Kammerspielen eine dauernde künstlerische Heimat gibt. Mit ihr und für sie hatte Brecht dort in Abwandlung des Berliner Modells im Herbst 1950 »Mutter Courage« inszeniert. Von Brecht angeregt, kommt es vier Wochen später an Schweikarts Bühne und in dessen Regie zu der Uraufführung von Marieluise Fleißers Stück »Der starke Stamm«; in der Rolle der Balbina ist die Giehse daran beteiligt.

An drei weit auseinander liegenden Bühnen ist Therese Giehse 1950 in Aktion: sie absolviert je zwei Premieren in Zürich und München und eine in Berlin; im folgenden Jahr pendelt sie zwischen Berlin, Zürich und Salzburg, wo Berthold Viertel mit ihr den »Zerbrochnen Krug« inszeniert. Ihr Weggang aus Berlin vollzieht sich in aller Freundschaft; über die Gründe hat sie auch zu Monika Sperr nicht gesprochen. In einer von Brecht vollzogenen (und neuerdings in seine gesammelten Werke eingereihten) Verbindung zweier Hauptmann-Stücke, »Biberpelz und roter Hahn«, deren Aufführung nach vierzehn Vorstellungen am Einspruch Margarete Hauptmanns scheitert, hatte sie im März und April 1951 unter der Regie des jungen Egon Monk die beiden in eins gezogenen Hauptrollen der Mutter Wolffen und der Frau Fielitz gespielt und dann am 23. Januar 1952 als Regisseurin und Hauptdarstellerin mit großem Erfolg Kleists »Zerbrochnen Krug« herausgebracht; es war weit und breit die erste weibliche Regiearbeit. Die Anregung dazu war von Helene Weigel ausgegangen; die Giehse, so deren brieflicher Vorschlag vom September 1951, solle das Stück mit Angelika Hurwicz in der Rolle der Marthe Rull inszenieren und dann gelegentlich mit der Hurwicz alternieren. Nach der Premiere der neuen »Puntila«-Inszenierung, in der am 5. Januar 1952 Curt Bois erstmals den zwiespältigen Gutsbesitzer und die Giehse wieder die Schmuggler-Emma spielt, übernimmt Brecht selbst die Regiearbeit; die Giehse beschränkt sich darauf, die Besitzerin des Krugs zu spielen. Daß Brecht »die ganze Inszenierung völlig auf den Kopf gestellt« habe, notiert die von Brechts »Günstlings- und Cliquenwirtschaft« irritierte Annemarie Hase.*

Hatte die Weigel ihre Freundin Therese auf Regiearbeit gelenkt, um sie vom Spielen der Rolle abzulenken? Das Stück war deren eigene Wahl (die Inszenierung ist nicht in »Theaterarbeit« eingegangen); Brecht, so zeigte sich, hatte Schwierigkeiten mit Kleists Verssprache. Monika Sperr hat es nacherzählt: »Brecht ließ sich wochenlang nicht auf den Proben sehen, und als er kam, gab es gleich Streit. Er forderte die Giehse auf, ›diese entsetzlichen Inversionen‹ aus Kleists Sprache rauszuwerfen, aber die fand die Giehse gerade schön. [...] Nie hatte diese mit Brecht so großen Krach wie wegen Kleist und dessen Inversionen. ›Dabei hat er sie selber gar nicht wenig auch benutzt. Es war ganz gewöhnliche Eifersucht. Er hat nicht zugeben wollen, daß er dem Kleist die Schönheit seiner Sprache neidete. Mitten im Toben wurde er friedlich. Das ist ja das Schöne an den Kennern – plötzlich horchen sie auf, hören genau hin.‹«

Schon Ende Januar, bald nach der Kleist-Premiere, ist der Weggang der Giehse beschlossene Sache; am 6. Mai 1952 spielt sie unter Kortners Regie an den Münchner Kammerspielen in »Herodes und Mariamne« und teilt ihre schier unerschöpflichen Kräfte fortan zwischen München und Zürich. Die Erwägung mag dabei ausschlaggebend gewesen sein, daß Brechts Truppe, die noch lange auf das eigene Haus zu warten hatte, ihr nicht genug Rollen zu bieten habe – und wenn, dann solche, die auch für die Weigel in Frage kamen. Anfang Januar hatte Brecht bei Boleslav Barlog, dem Intendanten des Charlottenburger Schiller-Theaters, »des Lorcastücks für die Giehse wegen« vorgefühlt (Tagebuch vom 5. Januar 1952); offenbar wollte er Therese Giehse auf diesem Weg stärker an Berlin binden. Der Plan mißlingt vermutlich aus politischen Gründen; es ist die Zeit, da der Bildhauer Gustav Seitz seine

Professur an der Charlottenburger Kunsthochschule verliert, weil er Mitglied der in DDR-Berlin ansässigen Deutschen Akademie der Künste geworden ist.

Die Arbeit an einem DDR-Theater bedeutet damals für viele westdeutsche Künstler den Verlust der Möglichkeit, daheim zu arbeiten; in einer Zeit, da sich im Vorfeld des Bonner Generalvertrags der Kalte Krieg weiter in die Höhe schraubt, laufen sie bei einem Engagement in der DDR Gefahr, zu Kollaborateuren des Sowjet-Kommunismus gestempelt zu werden. In dieser angespannten Lage entscheidet sich die Giehse für ihre Münchner Heimat, und die jüngsten Arbeitserfahrungen mit Brecht mögen es ihr erleichtert haben. Wahrscheinlich geht es Brecht im Umgang mit dem »Zerbrochnen Krug« ähnlich wie Goethe, der Kleists Lustspiel einst in Weimar inszeniert hatte: die Begegnung mit dem eminenten Dramatiker weckt in beiden Ressentiments; sie lassen es Kleist entgelten, daß er der überlegene Theaterdichter ist. 1954 fragt Brecht Therese Giehse nicht etwa, ob sie an sein frischbezogenes »Schiff« – das Theater am Schiffbauerdamm – kommen wolle, sondern ob sie nicht Lust habe, die Generalintendanz der Leipziger Theater zu übernehmen; erschrocken antwortet sie: »Aber – du liebe Zeit – *ich* als Intendantin – was Ungeeigneteres gibt's wohl nicht mehr.«

Ihre persönliche Beziehung zu Brecht und der Weigel bleibt von der räumlichen Trennung unberührt. Nach dem Pariser »Kreidekreis«-Gastspiel, das für Brecht und sein Ensemble im Juni 1955 den endgültigen künstlerischen Durchbruch bedeutet, sieht er die Giehse an Schweikarts Kammerspielen als Frau Yang in den Schlußproben des »Guten Menschen von Sezuan«; es ist ihre letzte Begegnung. Wenig später bekundet Therese Giehse ihre unerschütterliche Solidarität mit den beiden Berliner Freunden, als sie es ablehnt, für die Weigel, die im Einklang mit Brecht ihre Mitwirkung aufgekündigt hat, bei der DEFA-

Verfilmung von »Mutter Courage« einzuspringen. Wolfgang Staudte, der Regisseur, muß die bereits begonnenen Dreharbeiten abbrechen.

Im Mai 1956 hört die Weigel, daß Therese Giehse mit einem »Stück von Dürrenmatt, von dem ich keine Ahnung habe« (es ist »Der Besuch der alten Dame«, den Schweikart in München uraufgeführt hat), am Berliner Ensemble gastieren möchte. Brecht reagiert darauf, indem er Schweikart im Juni zu der Inszenierung des Stückes ans Berliner Ensemble einlädt, mit der Giehse als Hauptdarstellerin. Aber der Brief wird nicht übergeben, und die Weigel disponiert um: statt Schweikart soll Angelika Hurwicz das Stück mit der Giehse inszenieren. Als Helene Weigel im August 1956 angesichts von Brechts rätselhaft verschlechtertem Gesundheitszustand Zweifel an der Diagnose des Charité-Internisten kommen, wendet sie sich an die Giehse mit der Bitte, in München, wo Brecht sich zu einem Klinikaufenthalt angesagt hat, einen Herz- und Kreislaufspezialisten ausfindig zu machen. Aber es kommt nicht mehr zu der Reise; statt dessen kommt das Telegramm mit der Todesnachricht.

Nach dem »Zerbrochnen Krug« von 1952 dauert es zwei Jahrzehnte, bis Therese Giehse wieder im Theater am Schiffbauerdamm auftritt. In dieser Zeit ist sie, wie auf andere Weise Fritz Kortner, zu einer wesentlichen Helferin jener Jungen geworden, die, in vielfacher Anlehnung an Brechts Ensemblearbeit, in den sechziger Jahren die Erneuerung des westdeutschen Theaters betreiben; die Reformbewegung dieser später nach dem Jahr 1968 genannten Zeit gibt ihnen jenen politisch-sozialen Rückhalt, ohne den sich Theater nicht neu bestimmen kann. Peter Stein, den die Giehse als Regieassistenten an den Münchner Kammerspielen kennengelernt hatte, scheint ihr, als er später selbst Regie führt, mit Brecht vergleichbar, Monika Sperr notiert ihre Äußerung: »Brecht war das Vollkommene: die Einheit von Sprache, Gestaltung und Gesinnung, die Übereinstimmung von Form und Inhalt – und das Ganze eine große Herausforderung an uns. Aber als Regisseur kommt Stein gleich nach Brecht. Er ist zart wie dieser, wie es sonst eigentlich nur Falckenberg war.«

Unter Brechts Regie hatte die Giehse einst in München Mutter Courage gespielt, nun tut sie es in Berlin-Kreuzberg an der »Schaubühne am Halleschen Ufer« in der Inszenierung Peter Steins; es ist die Eröffnungspremiere einer Ensemblegründung, die in die Fußtapfen der Brechtschen tritt. Während die Pressekritik dem Stück mit starkem Befremden gegenübersteht, versteht ein junges Publikum das damit gesetzte Zeichen.

1966 hatte sich Therese Giehse in München erstmals mit einem Brecht-Abend vorgestellt, zwei weitere waren gefolgt. Im Februar 1973, kurz nach Brechts 75. Geburtstag, kam sie, musikalisch wirkungsvoll unterstützt von Peter Fischer, mit dem dritten dieser Programme in das Theater am Schiffbauerdamm, dessen Ensemble inzwischen von einer Regisseurin, Ruth Berghaus, geleitet wurde. Die beiden Vortragsabende, die sie dort gab, waren nicht nur für das Publikum denkwürdig; in den Gesprächen mit Monika Sperr findet sich der Nachhall des Eindrucks, den die Begegnung auch auf die Schauspielerin gemacht hatte. »Das war nicht bloß anhören und zuhören, sie kannten die Texte, sie wußten Bescheid. Da war ein Einverständnis möglich, wie es sich selten herstellen läßt. Da merkte man, wie sehr das Publikum helfen kann.« »Sie haben«, schrieb ich der Giehse damals,* »uns einen neuen Begriff, ein neues Gefühl für den Dichter gegeben, auf den wir unsere Arbeit an diesem Theater zurückführen, – Sie haben mit leichter und strenger Hand Schichten des Mißverständnisses, der Trübung und falschen Milderung abgenommen, die sich im Lauf der Jahre auf dem Bilde dieses Werks und dieses Dichters abgelagert hatten. Plötzlich wußten wir wieder, was das ist, was das sein soll:

das Theater des ›Minimums‹ – ein Vortrag, der mit der leisen, genauen Artikulation ins Innere des Sinnes trifft und mit dem mindesten Aufwand die größten Wirkungen erzielt. [...] Mancher in Ihrem Auditorium mag erschrocken sein vor dem geistigen Ernst, der durch Sie wieder auf ihn eindrang aus diesem lyrischen Werk, vor der Härtung und Straffung, die Sie den Texten [...] zu geben wußten.«

Das DDR-Label Litera gab damals einen Mitschnitt dieses Berliner Brecht-Abends heraus; die beiden Schallplatten sind das nachwirkende Zeugnis einer Vortragskunst, die dem Eingängig-Werden von Texten entgegnete, deren Provokanz in dem Maß abgenommen hatte, wie der Ruhm das Werk dieses Autors in ein Bildungsgut verwandelt hatte. Brecht, der Widersacher alles Einfühlsamen, war mit dem Sieg seines Werkes selbst zum Gegenstand einer Einfühlung geworden, die mit Kommerzialisierung Hand in Hand ging – ein Prozeß, der in beiden Teilen Deutschlands auf je eigene Weise vor sich ging, als ein Sich-Einverleiben des Dichters, ein Sich-auf-du-und-du-mit-ihm-Stellen, das in den neunziger Jahren Verlängerung und Inversion in der Fleißarbeit eines helveto-amerikanischen Germanisten, John Fuegi, fand. Die Arbeit des Berghaus-Ensembles in der ersten Hälfte der siebziger Jahre war darauf gerichtet, die falsche Behaglichkeit, die sich mit und um Brecht ausgebreitet hatte, mit künstlerischen Mitteln aufzubrechen; der Widerstand, auf den diese Arbeit stieß, war kaum geringer als der, den Brecht selbst seinerzeit in der DDR erfahren hatte. Doch hatte dieser Regisseur den Vorteil gehabt, im Besitz der Urheberrechte zu sein.

Im Vortrag der Giehse herrschte eine Klarheit, die bis zur Schroffheit ging, ohne auch nur in die Nähe der Attitüde zu geraten. Der Hörer wurde weder bestätigt noch attackiert; er fand sich mit einer Haltung konfrontiert, die pathoslos, ohne das flackernde Licht falscher Hoffnung, ein dichterisches Weltverhältnis auslotete, das, so neu es war, älteste Quellen zum Fließen brachte. Diese Leistung hat durch das Vierteljahrhundert, das seither vergangen ist, nichts an Gültigkeit eingebüßt; alte Schallplatten und neue CD's bewahren sie.

Wenn man die Giehse heute aus dem »Badener Lehrstück« die »Untersuchung, ob der Mensch dem Menschen hilft«, wieder vortragen hört, dann wird deutlich, wie Brechts episches Theater in Wahrheit ein lyrisch-existentielles Theater ist, Theaterdichtung im Sinn des Wortes. Auch wenn die Texte sich unmittelbar als lyrische darstellen, haben sie, anders als etwa bei Rilke, immer das große Publikum vor Augen; so sind sie in besonderem Maß auf den Sprecher als den rechten Vermittler angewiesen. Das Gedicht über jenen Schneider etwa, der meint, fliegen zu können, wenn er sich mit zwei Flügeln vom Kirchendach schwingt, und dann, zur Genugtuung des abmahnenden Bischofs, zerschmettert am Boden liegt – mit vitaler Trockenheit, einer klirrenden Präzision spricht die Giehse diesen Text und läßt die von Brecht erhoffte neue Weltordnung dabei unvermittelt an die Stelle des Zerschmetterten treten; so war das Gedicht 1939 gemeint. Was Ernst Jandl als Rezitator seiner eigenen Gedichte für sich leistet (seine Sprechhaltung ähnelt der Giehseschen), das leistet mit diesen Aufnahmen die Giehse heute noch für Brecht, und weit zurück bleiben alle jene Diseusen und Diseure, die, aus Unkenntnis oder Bequemlichkeit, mit diesem Werk in einer Weise verfahren, für die Ernst Bloch die Wendung parat hatte: »zum herabgesetzten Preis«. Aber das ist das Schicksal der Dichter, die Epoche machen. Erst wird ihr Werk, dann werden sie selbst zum herabgesetzten Preis gehandelt, der positiven Kommerzialisierung folgt die negative, der Industrie die Gegenindustrie, und von Glück kann man sagen, wenn die Spur des Authentischen nicht nur in Texten, sondern auch in Tonzeugnissen sich findet.

*1998*

# Karl von Appen am Berliner Ensemble

## I

Eine Generation wird hundert – es ist jene, die fünfzehn bis zwanzig Jahre alt war, als der europäische Krieg die Welt, in der sie aufgewachsen war, diese »Welt der Sicherheit«, wie Stefan Zweig sie zwanzig Jahre später beschrieb, in Trümmer legte. Not und Elend blieben zurück und der Katzenjammer einer Desillusionierung, die sich bei den ganz Jungen auch als genießbar erwies (die enorme Wirkung des jungen Brecht beruhte darauf), so lange, bis angesichts neu aufbrechender Krise und zu Ende gehender Pubertät (bei Brecht fiel beides merkwürdig genau zusammen) die Suche nach einer neuen Ordnung in den Vordergrund trat. Von einem Generationskollektiv könnte man sprechen im Blick auf jene nachexpressionistische Künstlerschar, deren hundertste Geburtstage in den letzten Jahren zu Denk- und Gedenktagen deutscher Kultur im zwanzigsten Jahrhundert wurden: Caspar Neher und Elisabeth Hauptmann (1897), Brecht, Eisler und die Giehse (1898), Kurt Weill und Ernst Busch (1900); Curt Bois folgt 2001. Sie hatten in dem Berlin der zwanziger Jahre zueinandergefunden und in ständigem Ringen um die neue Form, den neuen Gehalt ein »linkes«, antifaschistisches Theater gemacht, das den erbitterten Haß jener Hitlerbande auf sich zog, der im Januar 1933 eine Präsidialintrige das Staatsruder in die Hand drückte.

Kaum einer von ihnen hatte in Deutschland bleiben können. Viele fanden in Amerika Zuflucht; einige wenige hatten dort sogar Erfolg. Nach dem Krieg kehrten die meisten in das zerspaltene Nachkriegsdeutschland zurück, als geschlagene Sieger, siegreiche Geschlagene, die in einem

Land, dessen Sprache ihr geistiger Lebensraum geblieben war, dazu beitragen wollten, daß nach den Kulturverwüstungen der Hitlerzeit wieder geistige und künstlerische Maßstäbe aufgerichtet wurden. Schon bald nach ihrer Rückkehr sahen sie sich in die Verhängnisse dessen hineingezogen, was Berthold Viertel »den Zonenkrieg« nannte, die sich auf Deutschland übertragenden Spannungen zwischen Siegermächten, die sich seit 1947 nach Ost und West abgrenzten. Dieser Zonenkrieg, der bald die Züge eines kalten Bürgerkriegs annahm, zwang der deutschen Kultur eine Polarisierung auf, die die Kräfte, die die Befreiung vom Hitlerfaschismus freigesetzt hatte, einesteils domestizierte und lähmte. Andernteils bewirkte er gerade in dem viergeteilten Berlin einen kulturellen Wettstreit, dem Mittel zuflossen, die sonst schwerlich zur Hand gewesen wären.

Wer hätte in einem ungeteilten Berlin Bertolt Brecht und Helene Weigel nach der triumphalen »Courage«-Inszenierung am Deutschen Theater ein eigenes Ensemble bewilligt wenn nicht die Institutionen des gerade erst verselbständigten Ostteils mit einer Besatzungsmacht im Hintergrund, deren Kulturoffiziere – russisch-jüdische Germanisten von Kennerschaft und Engagement – sich als wagemutige Politiker erwiesen? Pressestimmen und Briefe aus den ersten Monaten des Jahres 1949 zeigen, wie kompliziert die Lage war, in der sich im Zusammenspiel des SMAD-Majors Dymschiz und des Politbüromitglieds Ackermann (Walter Ulbricht verbannte ihn 1953 aus den Führungsgremien der SED) die Gründung des Berliner Ensembles vollzog. Das sich im Januar verdichtende Vorhaben geriet nach der »Courage«-Premiere zwischen zwei publizistische Feuer, deren eines, für Brecht lodernd, Wolfgang Harich entzündete, um das Gegenfeuer, das der theaterpolitisch einflußreiche Fritz Erpenbeck entfachte, zu überblenden. In Brechts Tagebuch hat dieses Artikelgefecht, in das auch Angelika Hurwicz sich einschaltete, keinen Eingang gefunden. Ende Februar ist der Autor schon wieder in Zürich, um dort ein Stück auszuarbeiten, das im Blick auf die Pariser Kommune von 1871 Bedingungen und Verfahrensweisen einer proletarischen Revolutionsdiktatur ins Auge faßt. Erst nach Stalins Sturz konnte es in dem Land, dem es zugedacht war, aufgeführt werden, und erst nach der Errichtung des Ostberliner Westwalls erschien es am Berliner Ensemble. Dort wirkten von 1953 an zwei Künstlernaturen zusammen, die außer ihrem Bezug auf Brecht und dessen Theater nur eines gemein hatten: die Tatsache, daß sie am gleichen Tag des gleichen Jahres, dem 12. Mai 1900, geboren waren, die eine in Wien, der andere in Düsseldorf. Helene Weigel und Karl von Appen – kein gegensätzlicheres Zwillingspaar läßt sich denken: hier die grazil-motorische Totalschauspielerin, Intendantin und Matriarchin, dort der wortkarge Maler, schwerblütig, hochgewachsen, empfindsam. Beide hatten in Frankfurt am Main ihre Theaterlaufbahn begonnen, die Weigel 1919 am Neuen Theater, der in Frankfurt am Main bei den Professoren Sievert und Delavilla ausgebildete von Appen an dem »Künstlertheater für Rhein und Main«, dessen Intendant Adam Kuckhoff hieß. Während die Weigel in Berlin Fuß faßt und dort 1925 den Mann ihres Lebens kennenlernt, verschlägt es Appen, der auch Maler und Graphiker ist (die Dresdner Gemäldegalerie besitzt von seiner Hand einen großformatigen »Spanischen Tanz« aus den frühen dreißiger Jahren), nach Dresden, wo Josef Gielen, der bedeutende Regisseur, ihn mit marxistischer Literatur bekannt macht. Auf dem Höhepunkt der Weltwirtschaftskrise treten Weigel und Appen etwa gleichzeitig in die Kommunistische Partei ein.

Mit Brecht und zwei Kindern rettet sich die Weigel 1933 ins Exil; Karl von Appen, als Maler wie als Bühnenbildner mit Berufsverbot belegt, bleibt in Dresden und schlägt sich mit Gelegenheitsarbeiten durch. Seine Mitarbeit in einer kommunistischen Widerstandsgruppe bringt ihn 1941, bei knapper Vermeidung des Todesurteils, in ein Konzentrationslager vor den Toren Frankfurts, in dem Ort Niederroden. Nach der Befreiung durch amerikanische Truppen schlägt er sich nach Dresden durch, wo, von der Besatzungsmacht gefördert, schon im Juli 1945 in Behelfssälen wieder Theater gespielt wird; in der Trümmerstadt findet der Fünfundvierzigjährige bei dem Intendanten Erich Ponto sein erstes festes Engagement. Als Ausstattungsleiter bestimmt er in Schauspiel und Oper – in der letzteren besonders wirkungsvoll in der Zusammenarbeit mit dem Opernregisseur Heinz Arnold und den Dirigenten Keilberth und Kempe – acht Jahre lang das bühnenbildnerische Gesicht der Dresdner Staatstheater; in der Zeit, als diese 1948 das wiederaufgebaute Haus am Zwinger beziehen, amtiert Karl von Appen auch als kommissarischer Generalintendant.

Aus einem Dresden, das 1952 aus der Landes- zu einer Bezirkshauptstadt wird und immer mehr unter die Fuchtel provinzieller SED-Funktionäre gerät, wechseln Anfang der fünfziger Jahre viele Theaterleute ins östliche Berlin, wo es in jeder Hinsicht großzügiger zugeht. 1953 zieht es auch Karl von Appen dorthin: Brecht sucht einen Bühnen- und Kostümbildner für das Theaterdebüt eines unbekannten Autors; er heißt Erwin Strittmatter. Das Stück heißt »Katzgraben«, spielt auf dem Lande und handelt mit klassenkämpferischer Eindeutigkeit von der Situation zwischen Bodenreform und Kollektivierung, als es keine Rittergutsbesitzer mehr, aber noch Großbauern gibt. Der Text ist, wenn überhaupt, nur durch eine Inszenierung zu retten, die ihm hinzufügt, woran es ihm fehlt: Realismus. Brecht selbst will die Regie übernehmen; dazu braucht er einen Szenenbildner, der, wie er selbst, willens ist, die Unzulänglichkeiten der Vorlage (der Autor selbst hat sie später deutlich genug erkannt) produktiv aufzuheben.

In Karl von Appen findet er ihn; zwischen beiden stellt sich eine Arbeitsgemeinschaft her, die auf die Höhe kommt, als das Ensemble 1954 endlich das eigene Haus beziehen kann, das von Fritz Wistens Truppe freigegebene Theater am Schiffbauerdamm. Dazu hatte es des Scheiterns jenes klassenkämpferischen Radikalkurses bedurft, dem sich Brecht und Strittmatter mit »Katzgraben« und zur gleichen Zeit Hanns Eisler mit dem Projekt einer Faust-Oper künstlerisch zugeordnet hatten, ohne damit auf Gegenliebe bei einer Parteiführung zu stoßen, die ihre konfrontative Gesellschaftspolitik mit einer konservativen Kulturpolitik deckte und flankierte.* Ende Mai 1953 machte das Zentralorgan der SED mit einem ganzseitigen Artikel gegen Brechts Theater Front, zwei Wochen vorher war Eislers Versuch, der verordneten Umwälzung auf dem Opernfeld zu Hilfe zu kommen, auf den Widerwillen des *Neuen Deutschland* gestoßen; zur gleichen Zeit wurde Peter Huchel als Chefredakteur der Zeitschrift *Sinn und Form* entlassen und Ernst Busch vor die Tür der von ihm gegründeten Schallplattenfirma gesetzt. Dann kam, drei Monate nach Stalins Tod, die Wende: auf sowjetische Weisung mußte die am 3. Juni nach Moskau gerufene SED-Führung am 9. Juni 1953 den unter Ulbrichts Führung durchgepeitschten Kurs staats- und parteioffiziell widerrufen. Brecht sieht seine Stunde gekommen und erneuert am 15. Juni in einem dringlichen Brief an Ulbrichts präsumptiven Nachfolger, den Ministerpräsidenten Grotewohl, seine Forderung nach dem eigenen Haus. Wenn der zwei Tage später ausbrechende Volksaufstand die deutsche Teilung samt Ulbrichts Herrschaft auch rettet, so ist die letztere doch hinlänglich geschwächt, um Brecht dieses Theater zu bewilligen. Später wird der Sekretär sich dessen berühmen.

In dem neuen Haus, an dessen manieristisch-spätneubarocke Innenausstattung Brecht nicht rührt (sie ist ästhetisch und stilgeschichtlich immer unterschätzt worden), fungiert Karl von Appen als Chefbühnenbildner, und schon seine erste Arbeit macht Theatergeschichte, sie gilt dem »Kaukasischen Kreidekreis«. Der Autor selbst inszeniert das 1944 in Kalifornien im Fernblick auf den Broadway geschriebene Stück, und Appens Entwürfe – Bühnenbilder, Masken und Kostüme – tragen wesentlich zu dem Welterfolg der Aufführung bei; auf einem Pariser Theaterfestival feiert sie einen Triumph, der den Widerstand der einheimischen SED-Orthodoxie niederschlagen hilft.

Nach einer englisch-irischen Vorlage des frühen 18. Jahrhunderts (Elisabeth Hauptmann hat sie, wie einst »The Beggar's Opera«, zutage gefördert) entsteht 1955 »Pauken und Trompeten«, eine Inszenierung des jungen Welsch-Schweizers Benno Besson, an der Brecht zunehmenden Probenanteil nimmt; sie steht allen, die sie gesehen haben, als Kulminationspunkt einer Theaterkunst vor Augen, die mit Witz, Leichtigkeit, einer phantastisch angehauchten Prägnanz das lustvolle Geschäft gesellschaftlicher Durchleuchtung betreibt. Auch diese Aufführung macht es sinnfällig: Karl von Appen gibt Brechts dialektischem Theater eine dinglich-farbige Intensität, die einen neuen Akzent, eine neue Entwicklungsstufe bedeutet. Davon zeugen auch die Plakate, die der Bühnenbildner zu diesen Aufführungen entwirft; es sind Zimelien des deutschen Theaterplakats.

Dieser malerisch denkende Bühnenbildner prägt zugleich einen neuen Typus des Kostümentwurfs aus, der, wie bei den Meistern älterer Zeiten, auf die ganze Figur zielt, in Haltung, Gestus, Physiognomie; so arbeitet er dem Darsteller wie der Regie vor. Durch das zeichnerische Vorausdenken von Gruppierungen, die die Regie erproben und variieren kann, nimmt der Bühnenbildner den von Brecht, dem Regisseur, herausgeforderten Anteil an der szenischen Arbeit; die Arrangementskizze wird zu einem wichtigen Arbeitsinstrument der Inszenierungen. Brechts Ensemblebegriff ist umfassend: aus dem Lieferanten von Ausstattung, von Dekoration wird der Bühnenbildner hier zum Mitgestalter des Ganzen. Mit einer Offenheit der Faktur, die die fragmentierte Realität wie zitierend beruft, zeigt sich das Bildhafte als Element eines Gesamtkunstwerks, das sich von dem alten, naturalistischen durch das Prinzip der Diskontinuität unterscheidet: es läßt Luft zwischen seinen Formen, seinen Bestandteilen. Die Leere bildet den Fond, auf dem die Dinge, die Bewegungen sich abzeichnen, ganz wie in der buddhistischen Zeichenkunst Chinas und Japans. Im Bund mit dem Jugendfreund Caspar Neher hatte Brecht die Bildästhetik seines Theaters einst entwickelt; Karl von Appen gibt ihr die Gestalt ihrer Reife.

## II

Brechts Tod unterbricht eine Zusammenarbeit, die in steilem Anstieg ein künstlerisches Maximum erreicht hatte; unter einer Intendantin, die die Verantwortung nun allein trägt, tritt das Berliner Ensemble in eine Epoche entfalteten Ruhms, aber auch zunehmender künstlerischer Schwierigkeiten ein. Benno Besson wird 1958 nach einer eminenten Inszenierung des »Guten Menschen von Sezuan« die weitere Arbeit am Berliner Ensemble verleidet; auch der Intendantin, die das später bereut, gilt Brechts wichtigster Schüler offenbar als der Trotzki einer Truppe, die ihren Lenin verloren hat. Trotz solcher Diadochenkämpfe erhält sich die Fruchtbarkeit der Bühne noch ein halbes Jahrzehnt lang; mit Bessons »Gutem Menschen«, der von Erich Engel inszenierten »Dreigroschenoper«, dem »Arturo Ui« des Regie-Duos Palitzsch/Wekwerth gelingen auch dem Bühnenbildner von Appen in den folgenden Jahren Arbeiten von exemplarischer Dichte und Originalität.

Dann zeigt sich auch an Brechts Truppe, daß epochale Kompanien sich selten länger als ein Jahrzehnt lang auf der Höhe ihrer Wirksamkeit erhalten. In Berlin geht die Stafette 1960 an das Deutsche Theater über, das nicht nur Benno Besson, sondern auch einige wichtige Schauspieler des Berliner Ensembles verpflichtet; später stößt der junge Adolf Dresen zu ihnen. Wolfgang Langhoffs Bühne, die trotz besonderer kulturpolitischer Protektion lange Zeit im Schatten der Brechtschen gestanden hatte, tritt in eine Blütezeit ein, die in dem jungen, aus Bayern in die DDR übergesiedelten Peter Hacks ihren zentralen Autor findet; Helene Weigels Dramaturgen hatten den zuvor dem Brecht-Ensemble verbundenen Dichter schon 1958 in die Arme der Konkurrenz getrieben. Auch an Heiner Müller, später an Volker Braun erweist sich das Weigel-Ensemble als unvermögend, es mit der jungen Dramatikergeneration aufzunehmen. Mit »Frau Flinz«, einer Umsiedlerkomödie, deren Titelrolle auf die Weigel zugeschnitten ist, gelingt es einzig Helmut Baierl, das Fegefeuer kollektiver Bearbeitungswut zu durchschreiten und Fuß an einer Bühne zu fassen, die wenige Wochen nach der Uraufführung dieser »Mutter Courage« des sozialistischen Aufbaus den Choc der Berliner Grenzschließung erleidet. Sie nimmt dem Haus viele wichtige Schauspieler und in Peter Palitzsch einen spiritus rector, der Karl von Appen einen unersetzlicher Partner gewesen war.

Mit dem Ruhm des Ensembles wächst der Druck auf jede einzelne Neuinszenierung, und mit der Durchsetzung Brechts, der im westlichen Deutschland allmählich aus einem Boykott-Objekt zum Schulbuchklassiker mutiert, verliert die Bühne eine Herausforderung, für die die junge Dichtung hätte eintreten müssen. An dem, was Wolfgang Langhoff zu dieser Zeit von seiner eigenen Partei um Peter Hacks' willen erleidet, zeigt sich, daß diese junge Dramatik ein gefährliches Unterfangen ist; daß die Weigel im siebten

Jahrzehnt ihres Lebens vor ihr zurückscheut, ist zuletzt begreiflich. Sie konzentriert sich auf Brechts Erb-Stücke und fördert aus den zwanziger Jahren das »Brotladen«-Fragment und das sogenannte Kleine Mahagonny zutage, das Manfred Karge und Mathias Langhoff für das BE neu erfinden. Karl von Appen gibt zu dieser Zeit in Halle Hacks' »Polly« das bühnenbildnerische Gewand, der von André Asriel musikalisch beflügelten Wildwest-Komödie nach einer Gayschen *Ballad opera* – der von Pepusch komponierten Fortsetzung der »Beggar's Opera« – aus dem Jahr 1729.* Zu Heiner Müllers »Philoktet« entwirft er für das Berliner Ensemble ein nie realisiertes Szenenbild.

Im Februar 1968 begeht die Intendantin Brechts siebzigsten Geburtstag mit einer Serie von Dialog-Veranstaltungen, zu denen sich am Schiffbauerdamm die Protagonisten des Welttheaters zusammenfinden; Siegfried Unselds Suhrkamp Verlag steuert zum Preis von neunzig Westmark die sechzehnbändige Taschenbuchausgabe einer Werk-Edition bei, deren Erarbeitung und gesamtdeutsche Durchsetzung an der Rechteinhaberin und Archivgründerin den entscheidenden Rückhalt gehabt hatten. Zu dieser Zeit ist ihr Ensemble in einem Zerfall begriffen, dessen Hintergründe sich erst neuerdings enthüllen; er gleicht einer Implosion und untergräbt die Gesundheit der Matriarchin. In Nanterre bei Paris steht sie im April 1971 das letzte Mal auf der Bühne.

In der neuen, mit Ruth Berghaus' Intendantenberufung beginnenden Ära gewinnt auch im Bühnenbild eine junge Generation den Spielraum der Gestaltung; Appens Schüler, Andreas Reinhardt vor allem, bestimmen das Bild der Szene. Aber bei »Turandot«, dem Stückfragment aus Brechts Nachlaß, dessen Zürcher Uraufführung Helene Weigel 1969 an Besson gegeben hatte, ist auch Karl von Appen wieder gefordert; mit einer Fülle von Skizzen schaltet er sich in die Regiearbeit von Kupke und Pintzka ein, die später beide außer Landes gehen, der eine nach Oslo, der andre nach Gelsenkirchen. Als die Berghaus-Ära 1975 nach der »Julie«-Inszenierung von Tragelehn und Schleef in die kulturpolitische Krise gerät, bekommt der nun fünfundsiebzigjährige Bühnenbildner einen Wunsch frei; er setzt sich selbst ans Regiepult und inszeniert das Stück eines Autors, der die Instrumente eines episch-komödischen Theaters lange vor Brecht entwickelt und geschärft hatte: Johann Nestroys. »Der Unbedeutende«, in dem vorrevolutionären Wien von 1846 ein durchschlagender Theatererfolg, schildert den Kampf eines standhaften Zimmermanns gegen die Wühlereien eines intriganten Sekretärs. In biedermeierlich verhüllter Form ist hier ein Konflikt-Thema angeschlagen, das das zentrale des regierenden Sozialabsolutismus geworden ist.

Karl von Appens Entwürfe zu dieser Aufführung sind ein Alterswerk, das voll Farblust und Charakterisierungskunst ein Gegenbild aufstellt zu dem Theater der Konzeptionen und Komplikationen, zu jener Verselbständigung des intellektuell-literarischen gegenüber dem theatralischen Moment, die das Theater auszuzehren droht. An den mit Wirkungen von märchenhafter Simplizität spielenden Bildgestalten der in fünfzig Vorstellungen gespielten Aufführung scheiden sich die Geister, und gerade die Jungen, Einar Schleef oder Thomas Brasch, sind es, die Sinn für ihre Eigenart haben.

Bald nach der Premiere erweist das harmlos scheinende Stück seine Aktualität; die sekretärsverfügte Ausbürgerung Wolf Biermanns führt zu einer Staats- und Kulturkrise, aus der das Land in einen Zustand anhaltender Stagnation fällt. Bis die Zimmerleute auf den Tisch schlagen, dauert es noch eine Weile; Appen erlebt es nicht mehr. Auf dem Staatstisch liegt im November 1976 auch seine Solidaritätsbekundung; sie gilt der Partei, die sich den Sänger vom Leibe hielt, seiner eigenen Partei. Biermanns Vorprellen, dem eine Fehlanalyse der Situation in der SED-Führung zugrunde liegt (sie ist ähnlich gravierend wie Jankas und Harichs Fehleinschätzung im Herbst 1956), ermöglicht es der Honecker-Mielke-Junta, einen Keil zwischen die der Staatspartei zugeordneten Kulturschaffenden zu treiben. Ernst Busch äußert sich ähnlich wie Appen, und auch ihm wird es nicht leichtgefallen sein; was sich in beiden Fällen zeigt, ist die Furcht der einstigen Terroropfer, Verhältnisse wiederkehren zu sehen, wie sie einst den Diktator ans Ruder gebracht hatten. Karl von Appen hatte, vor und nach 1933, zuviel erlebt in Deutschland, um eine andere Welt der Sicherheit für möglich zu halten als die, welche die DDR geschaffen hatte; wie viele, die im Widerstand gelebt und für ihn bezahlt hatten, bestimmte auch ihn ein Faschismus-Choc, der zu tief saß, um zum Konflikt mit der eigenen Partei zu befähigen. Daß es zu der faschistischen zuletzt keine andere Alternative gebe als die antifaschistische Diktatur, schien damals auch Chile zu demonstrieren; die CIA-gesteuerte Inthronisation des mörderischen Pinochet lag gerade drei Jahre zurück.

Karl von Appen, dieser sanfte, scheue, vollkommen uneitle Mann, dem man im Alter nicht ansah, daß er einmal für seine Zornesausbrüche bekannt gewesen war, war ein Liebhaber des romanischen Südens, der spanisch-italienisch-französischen Kultursphäre, und in seinen späten Jahren trieb er eine Arbeit voran, die keine Aussicht auf Realisierung hatte, die graphische Inszenierung einer Oper, die ihm der Inbegriff des musikalischen Dramas war: Debussys »Pelleas und Melisande«. Auch Goldoni-Strehlers »Sommerfrische« fand in den siebziger Jahren in ihm ihren Bildgestalter, am Deutschen Theater mit dem Regisseur Wolfgang Heinz. Zwei Altmeister hatten sich zusammengefunden, und noch heute zeugt Appens Theaterplakat von dem Charme einer Arbeit, die nicht der Geltungsdrang einzelner, sondern der Verbund aller produktiv gemacht hatte. Ensemble als zwanglos-schöpferischer Kunstverbund: ein Leben lang war dieser Theatermann auf der Suche danach gewesen, ein Anti-Individualist aus Individualismus. Die Arbeit mit Brecht hatte ihm die Erfüllung gebracht.

*2000*

# Haftender Name, flüchtiger Sinn
## Von Anfang und Ende des Berliner Ensembles

### *Gründerzeit*

Es ist sehr viel schwerer, auszumitteln, wann das Berliner Ensemble endete, als wann es anfing, aber auch das letztere ist gar nicht leicht. Denn der am 1. April 1949 ergehende Beschluß des Leitungsgremiums einer nur in der sowjetischen Besatzungszone bestehenden deutschen Partei, »ein besonderes Ensemble unter Leitung von Helene Weigel zu gründen«, stellte zwar die Finanzierung des Unternehmens sicher (die schwerwiegende Mitteilung erging an die Abteilung Kultur des seit sieben Monaten bestehenden Ostberliner Magistrats), bildete aber keineswegs dessen Beginn. Diesen hat man auf den Tag zu datieren, an dem Bertolt Brecht und Helene Weigel, von Zürich kommend, über Prag und Dresden nach fünfzehnjährigem Exil in der Ruinenstadt Berlin eintrafen: den 22. Oktober 1948.

Brecht, so zeigt sich, kam weder zu früh noch zu spät: er kam im richtigen Moment. Dem Verhör der McCarthy-Inquisition entronnen, kam er vier Monate nach jener Spaltung des Deutschlands in zwei Währungs- und Wirtschaftsgebiete, die mit der westdeutschen und Westberliner Währungsreform am 18. Juni 1948 eine vollendete Tatsache geworden war und die sowjetische Besatzungsmacht zum Gegenzug – der eigenen Währung für ihr Herrschaftsgebiet – gezwungen hatte. Die Verwaltungsspaltung der Viersektorenstadt war die absehbare Folge der Wirtschaftsspaltung, die Sperrung der Landwege zu den Westsektoren Stalins Reaktion auf den Bruch der Vier-Mächte-Verantwortung für ganz Deutschland. Erst die am 6. September 1948, fünf Tage nach der ersten Sitzung des

Bonner Staatsgründungsparlaments, des Parlamentarischen Rates, durch östlichen Druck vollzogene Zweiteilung Berlins schuf die politische Voraussetzung dafür, daß das Politbüro der SED die Einrichtung eines Berliner Theaterensembles verfügen konnte. Die neue Gründung beruhte auf den im Frühsommer 1948 für eine historische Frist festgeschriebenen deutsch-deutschen Machtverhältnissen.

Zugleich gefährdete ebendies die Gründung der Brecht-Weigel-Truppe. Denn es dauerte nun nicht mehr lange, bis jener Kalte Krieg der Kultur, der die Entzweiung der Kriegsverbündeten begleitete (im Sommer 1948 hatte Stalin in der Sowjetunion seine Antiformalismus-Kampagne begonnen), auf das Gebiet des östlichen Deutschlands übergriff, mit verhängnisvollen Folgen seit Anfang 1950. Vorboten der neuen Intransigenz trafen schon Brechts und Engels »Courage«-Inszenierung mit dem Ensemble des Deutschen Theaters, in deren durchschlagenden Erfolg sich die Einwände des Theaterkritikers Fritz Erpenbeck mischten. Die Gefährlichkeit von dessen Wortwahl war vor allem dem jugendlichen Theaterkritiker der *Täglichen Rundschau*, Wolfgang Harich, deutlich, der auf Erpenbecks Dekadenzvorwurf mit einem dringlichen Brief an den leitenden Kulturpolitiker der SED, Anton Ackermann, und mit einer künstlerischen Unterstützungsaktion für Brecht reagierte; Erpenbeck, der 1945 aus dem Moskauer Exil zurückgekehrt war, unterhielt gute Beziehungen zur Besatzungsmacht.*

Bei deren Kulturoffizieren hatte Brecht wirksame Befürworter, die durch Harichs publizistisch-polemische Reaktion auf die Erpenbeckschen Besorgnisse (sie stand am 8. Februar 1949 in der *Weltbühne*) in Verlegenheit gesetzt wurden; Harichs theoretische Vehemenz hätte in Moskau leicht »nach hinten« losgehen können. So kam es im März 1949 zu der den Nachlebenden schwer entzifferbaren

Situation, daß Alexander Dymschiz, mit Ackermann der Gründervater der neuen Truppe, in der *Täglichen Rundschau*, der Tageszeitung der Militäradministration, Harich von einem imaginären Autor namens S. Alterman kritisieren ließ, um die schon vor der »Courage«-Premiere in Gang gesetzte Theatergründung nicht durch allzu markante Befürwortung zu gefährden. S. Alterman (vermutlich steckte Dymschiz selbst hinter dieser Chiffre) ließ keinen Zweifel daran, wohin Brecht gehöre: nicht auf die Höhe eines revolutionären Realismus, sondern in die Sphäre der deutschen Klassik, zu dem »objektivistisch-beschaulichen Realismus« Schillers, Goethes und Hegels. Es ist schade, daß Brechts Tagebuch keine Reaktion auf diese hilfreiche Einschätzung vermerkt. Noch donnerten die Rosinenbomber über den Westsektoren; es war dringend nötig, dem Berliner Publikum von Osten her etwas Anziehendes zu bieten, und wenn es etwas so Seltsames wie objektivistischer Realismus war.

Alles Weitere ist Theatergeschichte. Sucht man aber nach stichhaltigen Anfangsdaten für das Berliner Ensemble, so wird man auch die erste Premiere der neugegründeten Truppe in Betracht ziehen müssen, die in Wolfgang Langhoffs, des hilfreichen Freundes und ästhetischen Antipoden, Deutschem Theater ihre provisorische Spielstätte gefunden hatte: die »Puntila«-Premiere am 12. November 1949 mit Steckel, Geschonneck, Hurwicz und Lutz in den Hauptrollen. »Säkularisierung des Theaters« resümiert Brecht anderntags als den künstlerischen Ertrag des Abends, der »gewisse Verfremdungen [...] aus dem Zeughaus der Komödie, das 2000 Jahre alt ist«, genommen habe. »Aber wann«, fügt er hinzu, »wird es das echte, radikale epische Theater geben?« »Das Berliner Ensemble«, schreibt er zuvor in sein Tagebuch, »stellt eine riesige Leistung der Weigel dar, die die Mittel beschaffte, ein Bürogebäude mit Probebühne ausbaute, Pässe, Wohnungen und (in der Zone) Möbel für die Wohnungen der Schauspieler besorgte, dazu Sonderessen für das ganze Personal – unbeschreibliche Anstrengungen in der Ruinenstadt.«

Die Ur-Aufführung der neuen Truppe folgte der Gründung der Deutschen Demokratischen Republik im Abstand von fünf Wochen. Kein Wort über die Staatsgründung in Brechts Tagebuch, aber kein Zweifel: diese beiden Unternehmungen, die staatlich-politische namens DDR und die theatralisch-ästhetische namens BE, waren ursächlich und intentional eng miteinander verbunden. Kein Zweifel auch, daß nicht leicht ein weiserer Beschluß des Politbüros der SED anzutreffen ist als der, welcher die Gründung des Berliner Ensembles verfügte. Der Staat und sein Theater: beide Gründungen unterstanden einem gesamtdeutschen Horizont, den man nicht voreilig auf das von Brecht längst abgelegte Wort *kommunistisch* abziehen sollte. (Es kam bei ihm nur noch historisch, innerhalb der »Mutter«-Dramatisierung, vor und in dem Band »Theaterarbeit« nicht einmal dort.) Die DDR war kein Sprungbrett sowjetischen Eroberungswillens, sondern ein Vorposten zur Sicherung der für Deutschland überaus schmerzhaften neuen Ostgrenze. Das Friedens- und Nationalpathos des saxoborussischen Kleindeutschlands war von daher legitim: es wußte, daß es nicht um seiner selbst willen existierte.

Eine Revolution hatte auf dem Gebiet, das Brecht im Oktober 1948 betreten hatte, allerdings stattgefunden, als starker Einschnitt in nicht sehr bewährte Macht- und Besitzverhältnisse. Sie hatte erst auf dem Lande und bei den Banken stattgefunden, dann auch in der Industrie, und bei aller vorgegebenen Skepsis* sprang Brechts Truppe ihr bei, ähnlich wie Mozarts Opernarbeit den grundstürzenden Maßnahmen seines vorwärtsstürmenden Reformkaisers beigesprungen war. »Puntila« und »Wassa Schelesnowa« (beide 1949) für die Bodenreform, »Der Hofmeister«

(1950) für die Bildungsreform, »Der zerbrochne Krug« (1952) für die Justizreform, »Katzgraben« (1953) für die Genossenschaftszukunft der Kleinbauern, »Die Mutter« (1950) zur Erinnerung an den Klassenkampf, der eine festgehaltene Kategorie blieb; erst der 17. Juni 1953 schlug sie Brecht aus den Händen. Es ist das »Mutter«-Kapitel der »Theaterarbeit«, in dem Brecht seine eigene Arbeit als Regisseur und die seines Bühnenbildners Caspar Neher am sinnfälligsten beschreibt.

## *Brecht, Mozart und die Politik*

Mit komplexen Konflikten auf der politischen wie auf der ästhetischen Ebene glich Brechts Situation in der DDR in mehr als einer Hinsicht derjenigen, in der Mozart sich seit 1780 im Wien Josephs II. befunden hatte, der Kaiserstadt, in der er als Opernkomponist den Weg in die gesellschaftliche Moderne – die neue Welt der Freiheits- und Bürgerrechte – bahnen half und künstlerisch ein Außenseiter blieb; was er machte, war einfach zu avanciert. Die »Entführung aus dem Serail« hatte Josephs Toleranzpatent flankiert, »Figaros Hochzeit« und »Don Giovanni« standen auf dem Hintergrund der nach dessen Regierungsantritt vollzogenen Aufhebung der Leibeigenschaft einschließlich der gutsherrlichen Gerichtsbarkeit. Joseph wußte, was er an diesem musikalischen Parteigänger hatte, doch stand er dem Opernkomponisten Mozart eher distanziert gegenüber; den Gluck-Verehrer störte dessen Mangel an Klassizismus.

Mozarts Widersacher sammelten sich an zwei Fronten: die alten, von der kaiserlichen Politik vehement zurückgedrängten Klassenmächte waren ihm aus politischen Gründen gram, aus ästhetischen oder einfach aus Konkurrenzgründen opponierten ihm die Repräsentanten der

Hofkunst; mit dem Berliner Ensemble verhielt es sich ähnlich. Auch Brecht operierte als Theater-Parteigänger einer drastischen Reformpolitik; wie Mozart hatte er die alten Mächte gegen sich. In den 1780er Jahren waren das Grundadel und Klerus gewesen, in den Gründerjahren der DDR waren es ebendiese, dazu die – ebenso wie der Großgrundbesitz – als kompromittierter politökonomischer Machtfaktor eliminierte Großbourgeoisie. Brecht bekam diese politische Feindschaft in Westdeutschland ebenso wie in Österreich zu spüren, das seine 1950 vollzogene Einbürgerung am liebsten wieder rückgängig gemacht hätte; zugleich stand in DDR-Berlin die offizielle Kunstpolitik nur bedingt und unter bedrohlichen Querelen hinter ihm und seinem Theater. Avantgardistisch nach beiden Seiten, der ästhetischen wie der politischen, stand das Berliner Ensemble bis zu seinen durchschlagenden Pariser Erfolgen weitgehend isoliert da, und Brechts klassenkämpferisches Engagement in jener desaströsen Phase, da die SED die Westintegration der Adenauer-Republik mit dem Ausrufen des Sozialismus und einem radikalen innenpolitischen Konfrontationskurs beantwortete, hatte diese Lage noch verschärft. Gerade durch die Unverblümtheit seines theatralischen Mitgehens, in Gestalt des »Katzgraben«-Stücks ebenso wie einer ironisch-komödischen Urfaust-Darbietung, war er der Partei in die Quere gekommen.

Wie Mozart hatte er es mit einer »Revolution von oben« zu tun, deren Motor ein absolutistisch agierender Autokrat mit unmittelbarem Zugriff auf den Verwaltungsapparat war, der in vieler Hinsicht ideologisch-abstrakt operierte. In beiden Ländern, beiden Hauptstädten gerät die zentralistisch verselbständigte Gesellschaftsumstülpung nach acht Jahren in eine schwere politische Krise und wird durch Rücknahme-Edikte partiell revidiert: bei Joseph II. 1788/89, bei Ulbrichts Politbüro Anfang Juni 1953. Die künstlerische Reaktion der beiden Großdramatiker auf diese Erschütterung erweist sich als verblüffend parallel: »Der kaukasische Kreidekreis« nimmt als Theaterproduktion 1954 ziemlich genau die Stelle ein, die bei Mozart und Schikaneder 1791 die »Zauberflöte« innehat. Auch Brechts »Kreidekreis« ist ein musikalisch grundiertes Theatermärchen über die Frage der vernunftgemäßen Handhabung von Eigentumsverhältnissen. In der »Zauberflöte« gelten diese einer Erbprinzessin und einem Ordensherrschaftszeichen, im »Kreidekreis« einem Erbprinzen und einem Obstanbaugebiet. Zugleich zeigen sich Unterschiede: In Wien war bald nach der Kursrevision ein neuer Monarch an die Spitze der Politik getreten; in dem Berlin von 1953 hatte Walter Ulbricht infolge eines punktgenau ausbrechenden Aufstands seine Position behaupten können, so daß die neue Politik in den Händen des gleichen Mannes lag, eines – sehr im Unterschied zu Joseph II. – völlig amusischen Parteiführers. Wilhelm Pieck, das nominelle Staatsoberhaupt, war von anderem Schlage; er schützte Brecht in der »Lukullus«-Krise von 1950 ähnlich wie Joseph II. Mozart nach »Figaros Hochzeit«.

## *Vielerlei Enden*

Bei allem dem blieb in Brechts Arbeit wie in der seines Ensembles der gesamtdeutsche Aspekt bestimmend; die nationale Frage, zeigte sich, war eins mit der Friedensfrage. »Die Losung der Klassik gilt noch immer«, erklärte der Stückeschreiber 1951 und schrieb es im folgenden Jahr mit drei Punkten in den Band »Theaterarbeit« ein: »Wir werden ein nationales Theater haben oder keines...« Endete das Berliner Ensemble also am 13. August 1961, als das anhaltende Unvermögen des westlichen Deutschlands, die DDR als einen Bestandteil Gesamtdeutschlands zu begreifen, und die anhaltende Unlust der Sowjetunion, sich aus

Deutschland hinausdrängen zu lassen, sich im Wechselspiel der Selbstbehauptungen in Gestalt einer Betonmauer verdinglichten und den gesamtdeutschen Horizont der beiden deutschen Nachkriegsstaaten für eine historische Frist suspendierten? Sicher ist, daß Brechts Tod nicht das Ende seines Ensembles bedeutete. Unter der Leitung der Prinzipalin blieb die Truppe zusammen, in der genügend junge Kräfte aufgewachsen waren, um die Theaterarbeit produktiv, obschon in bald ausbrechendem Zwist, fortzuführen.

Den Mauerbau als Grenzdatum anzusehen gibt es dagegen mehr als einen Grund; an diesem Tag verlor die Truppe, die seit 1954 ein eigenes Haus, das Theater am Schiffbauerdamm, innehatte, ihr Gesamtberliner und, in weiterem Sinn, gesamtdeutsches Publikum, dazu einen unersetzlichen Teil ihrer Schauspieler – jene, die im westlichen Berlin wohnten und dort wohnen blieben. Auch Peter Palitzsch, als Dramaturg und Graphiker (und später als einer der wichtigsten Regisseure) von Anfang an dabei, ging dem Theater damals verloren. Zurück blieb ein Rumpfensemble mit einem Rumpfpublikum, das sich mit einem Stück zu konsolidieren versuchte, das Brecht einst für die Eröffnung seines Theaters geschrieben und ebenso lakonisch wie ahnungsvoll »Die Niederlage« genannt hatte. Nun hieß es »Die Tage der Commune« und endete mit der Ansicht einer Barrikade, hinter der sich die Kommunarden gegen den Ansturm der Gegenrevolution verschanzten. Die Mauer, sollten die Zuschauer begreifen, war eine unüberrennbare Barrikade, und das war sie wirklich. Das Bauwerk fiel, als es nicht mehr berannt wurde. Es stürzte durch Saug-, nicht durch Druckwirkung ein: als sich hinter ihr ein Machtvakuum gebildet hatte.

Mit »Frau Flinz« war die Truppe schon vor der Grenzschließung aus der offensiven, auf Kunst- und Gesellschaftsveränderung dringenden Position in eine defensive und affirmative geraten. Die neue, provinzial statt national bezogene Lage blieb durch den Weltruhm, den sich das Theater erworben hatte, lange überdeckt, bis deutlich wurde, daß die sich auf die Erweiterung des Brecht-Repertoires verlassende Matriarchin die Truppe in eine Sackgasse geführt hatte.* Als Brechts siebzigster Geburtstag die Weltgeltung auch des Berliner Ensembles bekräftigte, war in Berlin das Deutsche Theater längst zu der wichtigeren Bühne geworden.

Von Anfang an war die Truppe, die sich später »Staatstheater der Deutschen Demokratischen Republik« nannte, ein subventioniertes Familientheater gewesen; so spricht vieles dafür, daß das Berliner Ensemble 1970 mit dem Tod seiner Prinzipalin und Mitbegründerin zu Ende ging. Was danach kam, war ein Neubeginn unter den Auspizien einer Doppelherrschaft, in die sich die neue Intendantin, Ruth Berghaus, mit der neuen Rechte-Inhaberin, Barbara Schall, teilte, deren urheberrechtliche Enteignung der DDR-Regierung, die sie ebenso leichtfertig wie vollmundig ins Werk gesetzt hatte, aus Gründen des internationalen Urheberrechts nicht geglückt war. In einer veränderten kulturpolitischen Konstellation leistete die Berghaus, was die Weigel auch auch kulturpolitischen Gründen nicht gewagt hatte: die Einbeziehung der jungen DDR-Dramatik in die Arbeit der Bühne – ein Öffnungsversuch, der nach vier Jahren am Widerstand einer doppelten Instanz, der Weigel-Erbin und des Zentralkomitees, zerbrach. Was unter Wekwerths Leitung folgte, schien anfangs hoffnungsvoll (Volker Braun trat damals in eine Theaterarbeit ein, die dann ein Jahrzehnt lang in der Verhinderung, Verzögerung oder Verharmlosung seiner Texte bestand) und verrannte sich bald in einen Provinzialismus, aus dem es nur einen Ausweg gab, jenen, den das Ensemble immer nur als Fernperspektive aufgewiesen hatte: die Revolution. Die Betriebsgewerkschaftsleitung des Berliner Ensembles rief, und neunhunderttausend kamen: am 4. November 1989 auf den Alexanderplatz zur Verfassungseinforderungsvolksversammlung. Fünf Tage später öffnete sich nächtens jener gesamtdeutsche Horizont wieder, der sich achtundzwanzig Jahre zuvor geschlossen hatte.*

Ein Theater, das im Lauf der Zeit den Namen jener Truppe angenommen hatte, die dort im März 1954 eingezogen war, stand mit leeren Händen vor einer neuen Zeit, und sie füllten sich nicht, als anno 92 fünf lose verbundene ältere Herren auf den Plan traten, um einer erstaunten Theaterwelt zu verkünden, sie seien das neue Berliner Ensemble. Was sich fortan auf und hinter der Bühne abspielte, war eine mit dem Tod des Hauptteilhabers, Heiner Müllers, tragisch endende Posse, in deren Anfangsphase sich das jüngste Mitglied der Kongregation so französisch verabschiedet hatte wie nachmals der Vorsitzende der Sozialdemokratischen Partei. Längst hatte sich der Name Berliner Ensemble gegenüber dem verselbständigt, was er einst bedeutet hatte: ein schöpferisch eingreifendes Theaterwerk, dem es zu einer Zeit, da die alten Mächte abgewirtschaftet und die neuen sich noch nicht festgesetzt hatten, gelungen war, einen plebejisch-subversiv, ironisch-realistisch operierenden Kunstbegriff – »beschaulich« hatte der Russe Brechts Mangel an Idealismus genannt und »objektivistisch« die Unlust zur Selbsttäuschung – bühnenwirksam zu machen und damit eine neue Epoche des Welttheaters heraufzuführen. Endete das Berliner Ensemble zu der Zeit, da sein Name anfing, statt einer Kompagnie ein Gehäuse zu bedeuten, einen Ort und einen Raum statt einen intensiven theatralischen Verbund? Der Zeitpunkt dieser Veränderung ist nicht genau auszumachen; sie hatte gewiß schon stattgefunden, als Funktionäre des Ensembles dem Ministerium für Kultur im Herbst 1961 die »Umsiedlerin«-Inszenierung B. K. Tragelehns (sie hatte im September 1961 an einer Studentenbühne stattgefunden) als »verbrecherisch« annoncierten.

So schwer es aber ist, zu bestimmen, wann das Berliner Ensemble geendet hat, so schwer ist es festzustellen, wann es enden wird. Denn der Name haftet nun an dem Stein, und niemand, der den letzteren einnimmt, wird ihn los, hielte er auch auf besenreine Übergabe. Es ist ausgeräumt worden dort, wo vieles sich angesammelt hatte, und in keinem noch so vollgestopften Winkel hat sich die Flasche mit dem Arkanum gefunden, nach dem schon früher gelegentlich gesucht worden war. Irgendwo liegt diese Flasche, und wer sie entstöpselt, hat nichts zu lachen; er muß damit rechnen, daß der Geist herausfährt und dem Finder den Hals umdreht. Statt des arkanischen Kolbens hat man etwas anderes gefunden, nichts Spirituelles, sondern die pure Materie: metallische Bruchstücke, die sich bei näherem Hinsehen als *Klischees* zu erkennen gaben. In erhabener Arbeit zeigten sich hier »die streitbare Friedenstaube meines Bruders Picasso« und der bekannte chinesische Theewurzellöwe, die beredte Frau Flinz und der Raucher an der Spindel – eherne Reste zu Händen jener wenigen Zuschauer, die auf den zweimal drei Sitzreihen einer Fünfzigster-Jahrestag-Premiere Platz gefunden hatten.

Sie galt jenem »Philoktet« genannten Schmerzensstück eines Autors und einer Bühne, das, 1964 geschrieben und damals nur allzu verständlich, Zugang zu diesem Ort erst gefunden hatte, als es längst unverständlich geworden war.* Bühne und Zuschauerraum zeigten sich in die Farbe der Unschuld und der Krankenhäuser, ein reines Weiß, gekleidet, und keine Friedenstaube senkte sich über den Schauplatz so vieler Worte; vor den Toren aber war auf einmal Krieg: Bomben auf Südslawien. Schwer wog die zinnerne Friedenstaube in meiner Tasche.

*1999*

# Nachbemerkung

Als Wolfgang Heise mich 1986 zur Mitwirkung an einem BRECHT 88 betitelten Sammelband des Henschelverlags mit dem etwas barocken, aber zu ungebahnten Wegen ermunternden Untertitel »Anregungen zum Dialog über die Vernunft am Jahrtausendende« einlud, lag mir die Zeit anhaltender Beschäftigung mit dem Werk dieses Autors ein volles Jahrzehnt zurück. Ich hatte sie als Dramaturg des Berliner Ensembles und zuvor als Textautor eines Buches unternommen, das dem Titel nach – es hieß »Karl von Appens Bühnenbilder am Berliner Ensemble« – nur mit Bühnenbild zu tun hatte, seinem Inhalt nach aber auch ein Buch über Brecht war; es war nur mit Mühe über die Hürden der Apparate gekommen. Der zeitliche Abstand begünstigte einen neuen, tiefer lotenden Blick auf dieses in Ost und West auf je eigene Weise affirmativ verstellte und durch seinen – keineswegs nur äußerlichen – Erfolg gleichsam abgenutzte Œuvre, der bestärkt wurde durch die Erinnerung an einen gleichfalls zehn Jahre zurückliegenden Aufsatz, mit dem Peter von Matt, Brechts Lyrik neuartig auf den Grund gehend, die Brecht-Forschung nicht hinlänglich beunruhigt hatte; sie hatte ihn einfach übersehen.

Die Entdeckungsfahrt, auf die ich damals ging, auf eigene Faust und nicht ohne inwendigen Bezug auf eine allgemeine Situation, die, jedenfalls in der DDR, viele Dinge neu zu sehen anhielt, nahm den Titel »Brechts Utopia« an, und es war Heises Autorität zu danken, daß das Resultat ungekürzt Eingang in das von ihm herausgegebene Buch fand, dessen Erscheinen im Jahre 1988 er nicht mehr erlebte. »›Galilei‹-Komplikationen« war eine Fortsetzung, die sich zu einem selbständigen Text auswuchs und 1988 ebenfalls in der DDR erschien. Der damit eingeschlagene Weg wurde in andern Aufsätzen weitergeführt, bis hin zu Ermittlungen im Untergrund der »Dreigroschenoper«, die jüngsten Datums sind.

In den letzten Jahren des endenden, den ersten den beginnenden Jahrhunderts gaben die Brecht-Tagungen des Berliner Literaturforums Gelegenheit zu bemerken, wie neu die in diesen Texten erprobten Ansätze auch und gerade dem Kreis der speziell Interessierten immer noch waren; auch von daher war es naheliegend, diese Texte mit andern in einem Buch zu vereinigen, dessen einzelne Teile, unbekümmert um gelegentliche Überschneidungen, durch vielfache Bezüge miteinander verknüpft sind. Dem Hauptteil, »Ursprünge und Wandlungen«, folgt ein »lyrisches Intermezzo«, das drei Gedichte Brechts in Sicht bringt, dann geht der Blick über ihn hinaus: Von den Zentenardaten, die eine unverrückbare Rolle in unserem Kulturleben spielen, wie von einer Beschwörungsformel herbeigerufen, kommen drei Protagonisten der Brecht-Weigelschen Theaterunternehmung in Sicht, die eher am Rand als im Mittelpunkt der öffentlichen Aufmerksamkeit standen: Wolfgang Harich, ein jugendlich-feuriger Geburtshelfer, Therese Giehse, die einzigartig kompetente Interpretin, die am Berliner Ensemble nicht heimisch geworden war, aber 1973 noch einmal wiederkam, und Karl von Appen, der hieronymisch aus seiner Werkstatt blickende Bildgestalter von Brechts spätem Theaterwerk und darüber hinaus.

Zuletzt scheint jener Einschnitt in der Geschichte dieser Bühne auf, den 1999 ein fünfzigjähriges Gründungsjubiläum im Vorfeld eines Intendantenwechsels bildete, der sich nicht als Stabübergabe, sondern als ein Ausräumen und Neu-Einrichten nach einer langen Zeit schwankender Verhältnisse verstand. Den Beschluß mag die Antwort machen, die der Autor 1982 auf eine Rundfrage gab, die auch ihm gestellt worden war: BRAUCHEN WIR BRECHT HEUTE?

»*Ob* wir Brecht brauchen«, schrieb ich damals, »ist keine Frage. Die Frage ist, was wir von Brecht brauchen. Der Weltprozeß ist vom Scheitern bedroht. Sollen wir uns an den Brecht halten, der den Katastrophen des industriellen Zeitalters vorfühlte, oder an den, der Konstruktionen der Rettung erprobte? An den Anarchisten oder an den Rationalisten Brecht? Den Klassiker oder den Antiklassiker? An Baals uferlosen Weltschmerz oder an den alten Bauern, der an die Wissenschaft glaubt? Packen wir Brecht bei seinen starken oder seinen schwachen Stellen? Aber die starken Stellen sind oft die fatalen und die schwachen die handlichen. Kurz: hier ist alles drin. Daß ein Dichter, der zwanzig Jahre lang die deutschen Spielpläne beherrschte, etwas weniger gespielt wird, kann nur die erschrecken, die Kassenrapporte mit Wirkung verwechseln. Aufführungszahlen hinken der Wirkung immer hinterher; wenn die Theater Brecht heute weniger spielen, so könnte das ein Vorzeichen neuer Aktualität sein. Autoren sind nie unvorhandener, als wenn jede Provinzbühne ihre Werke abhaspelt; sie fangen wieder an zu leben, wenn alle sie gründlich satt haben. Mir ist um Brecht, aufs Ganze (seines Werks) gesehen, nicht bange. Aber schön wäre es, wenn einmal vollständige Ausgaben zu haben wären.«

Dieser Wunsch ist inzwischen in Erfüllung gegangen; das Gesamtwerk ist in einunddreißig Bänden zuhanden, in einer Gestalt, die, wenn nicht vollständig, so doch umfassend ist und Orientierung nach vielen Seiten ermöglicht. Auch dieses Buch hat sie sich als Zitatbasis einbezogen.

Berlin, am 19. Februar 2003 *F. D.*

# Anmerkungen

Die Zitate von Brecht sind nach der Großen kommentierten Berliner und Frankfurter Ausgabe in eindunddreißig Bänden (Aufbau-Verlag Berlin und Weimar, Suhrkamp Verlag Frankfurt am Main 1989-2000) zitiert(Copyright © Suhrkamp Verlag Frankfurt am Main), unter der Chiffre BFA erst mit der Band-, dann der Seitenzahl.

Bei wiederholten Verweisen steht vor der Seitenangabe entweder »ib.« oder der Autor bzw. die Autoren mit der Jahreszahl der entsprechenden Veröffentlichung.

*Seite 7* * Vgl. S. 216f. (Anmerkung zu »Brechts Modernität«).

*Seite 9* * Den Umschwung markiert »Der Neinsager«, dieses Gegenstück zum »Jasager», das die Kommentatoren auf die Zeit von Januar bis Oktober 1931 datieren. Aller Wahrscheinlichkeit nach ist der Text bald nach jener Reichstagswahl vom 14. September 1930 entstanden, bei der die NSDAP von 4% auf 18% der Stimmen kam und damit die KPD sowie alle bürgerlichen Parteien überflügelte.

*Seite 10* * »Erst sich im Geheimnis wiegen, / Dann verplaudern früh und spat! / Dichter ist umsonst verschwiegen, / Dichten selbst ist schon Verrat.« (Goethe: »Hatem«, »West-östlicher Divan: Buch des Schenken«)

*Seite 20* * Peter von Matt: Brecht und der Kälteschock, in: Neue Rundschau, Heft 4/1976 (wieder abgedruckt in: Peter von Matt: Das Schicksal der Phantasie / Studien zur deutschen Literatur, München 1994).

*Seite 21* * »Dann sinkt sie zusammen«, schreibt das hektographierte Bühnenmanuskript von 1930 (BFA 3, 232); in der Druckfassung vom Sommer 1932 (Heft 5 der »Versuche«) heißt es an derselben Stelle: »Dann sinkt sie zusammen und liegt jetzt in den Armen der Mädchen, tödlich verwundet, ohne Zeichen des Lebens.« Die Veränderung nähert sich Schiller an: »Die Fahne entfällt ihr, sie sinkt tot darauf nieder«, steht am Ende der »Jungfrau von Orleans«.

*Seite 23* * Man geht kaum fehl, wenn man in dem Verhältnis zwischen Shen Te und dem verräterischen Flieger das überaus selbstkritische Projektionsbild der Beziehung zwischen Brecht und Ruth Berlau erkennt. Zugleich bildet auch Shen Te auf ihre sich zweiteilende, buchstäblich sich zerreißende Weise die Figur des scheiternden Vermittlers aus; sie trägt den Johanna-Konflikt als einen theatralisch-offenbarer Existenzspaltung weiter, wie dann in komödisch modifizierter Zweiteilung Herr Puntila unter den finnischen Birken.

*Seite 25* * Es ist Einar Schleef im Schlußbild seiner letzten Inszenierung (»Verratenes Volk«, Deutsches Theater 2000) gelungen, beides in eins zu setzen, das Fest der Befreiten und die tödliche Niederwerfung der Revolution, und sich selbst dabei als unauffälligen Chorführer mit ins Spiel zu bringen und in dem Spiel zu verschwinden, so wie es sich Brecht von Azdak erträumt haben mochte.

*Seite 28* * der Zerknirschung des Herzens.

*Seite 29* * Karl Marx/Friedrich Engels: Über Kunst und Literatur, ed. M. Kliem, Band 1, Berlin 1967, S. 404f.

*Seite 30* * Wolf Lepenies: Melancholie und Gesellschaft, Frankfurt am Main 1972, S. 19ff.

*Seite 31* * Entworfen und gestochen von C. le Blon für die Ausgabe Oxford 1628 und von dem Verleger Henry Cripps bis zu der Londoner Auflage von 1660 verwendet. Abbildung in: Raymond Klibansky, Erwin Panowsky und Fritz Saxl: Saturn und Melancholie / Studien zur Geschichte der Naturphilosophie und Medizin, der Religion und der Kunst, Frankfurt am Main 1990, Tafel 117.

** Lawrence Babb: The Elizabethan Malady / A Study of Melancholia in English Literature from 1580 to 1642. Michigan State College Press 1951.

*Seite 32* * Erwin Panofsky und Fritz Saxl: Dürers Melencolia I, Leipzig 1923, S. 66, auch in: Raymond Klibansky, Erwin Panofsky und Fritz Saxl: Saturn und Melancholie, Frankfurt am Main 1990, S. 470ff.

** Nach Klibansky/Panofsky/Saxl 1990, S. 470.

*** Das magische Quadrat ist ein Kryptogramm des Jupiter, ein Planetensiegel, »das diesen ›temperator‹ des Saturn zu Hilfe ruft« (Panofsky/Saxl 1923, S. 53). Panofsky und Saxl setzen Dürers Kupferstich zu der Saturndeutung des Florentiner Humanisten Marsilio Ficino (1433–1499) in Beziehung, bei der der heilende Gegeneinfluß des Jupiter die Bedeutung von Palliativmitteln annimmt (ib. S. 45). In Ficinos wie in Dürers Vorstellung spielt die aus dem frühen 15. Jahrhundert stammmende Umdeutung des Saturn zum Planetensymbol des geometrisch-mathematischen Denkens und Messens in einem erdbezogenen und nicht, wie vormals, rein astronomischen Sinn eine Rolle. Daß (und inwiefern) sich in beiden Bedeutungswandlungen spezifische gesellschaftliche Prozesse und Erfahrungen artikulieren, bleibt außer Betracht der profunden Untersuchung.

*Seite 33* * Valdes, ein Gefährte des Marloweschen Faustus, heißt diesen in der ersten Szene des Stücks, sich zur Beschwörung Luzifers auch mit Bacons Werken auszurüsten.

** Übersetzt von Alfred van der Velde und Klaus Udo Szudra (aus: Dramen der Shakespearezeit, ed. Robert Weimann, Leipzig 1964, S. 100).

*Seite 35* * So auch in Dürers »Melencolia I«. Nicht zufällig hat der Kupferstecher nur dieses eine von vier Temperamente-Bildern ausgeführt, die ihm – die Ziffer I deutet ebenso darauf wie die ikonographische Tradition – offenbar vorschwebten.

*Seite 36* * Erwin Panowsky und Fritz Saxl: Dürers Melencolia I, Leipzig 1923, S 93 (in veränderter Übersetzung bei Klibansky/Panowsky/Saxl 1990, S. 59 f.).

** »Gaben, wer hätte sie nicht? Talente – Spielzeug für Kinder, / Erst der Ernst macht den Mann, erst der Fleiß das Genie.« (»Unter ein Bildnis Adolf Menzels«, 1883)

*Seite 37* *Panofsky/Saxl 1923, S. 10.

*Seite 38* * Richard Burton: The Anatomy of Melancholy, ed. A. R. Shilleto (nach dem Text der sechsten Auflage von 1651/52), Vol. I, London 1896, S. 87; hier und nachstehend Übersetzung F. Dieckmann. In der Ausgabe von Ulrich Horstmann (Robert Burton: Anatomie der Melancholie, Zürich und München 1988) S. 84.

** Burton 1896, S. 109.

*Seite 39* * Burton 1896, S. 113. Die drei von Burton aufgeführten Utopien (er nennt sie »geistreiche Erdichtungen, aber mehr Chimären«) stehen in enger zeitlicher und geistiger Nachbarschaft zueinander. Tommaso Campanellas 1603 verfaßte Schrift »Civitas solis« (als Sonnenstadt oder Sonnenstaat übersetzbar) erschien 1623 in lateinischer Sprache in Frankfurt am Main. Durch zwei Freunde, die den seit 1599 in Neapel inhaftierten Autor im Gefängnis besuchen konnten, hatte der schwäbische Dichter und Theologe Valentin Andreä (1586–1654), Autor der »Chymischen Hochzeit Christiani Rosenkreutz« (1616) und anderer rosenkreuzerisch-theosophischer Schriften, schon früher Kenntnis des Manuskripts; Campanellas Text wirkte auf seine eigene Staatsutopie ein, die 1619 als »Reipublicae Christianopolitanae Descriptio« erschien, die Darstellung eines theosophischen Idealstaates namens Christianopolis. Francis Bacons Fragment »New Atlantis», das 1627 postum veröffentlicht wurde, hat wiederum Bezüge zu der von Andreäs

Büchern ausgelösten Bewegung; die Neue Atlantis gibt sich als Land der Rosenkreuzer zu erkennen (s. F. A. Yates: Aufklärung im Zeichen des Rosenkreuzes, Stuttgart 1975, S. 136ff.).

*Seite 40* * Burton 1896, S. 113.

** S. J. R. Simon: Robert Burton et l'Anatomie de la Melancholie, Paris 1964, S. 400 (zitiert bei Wolf Lepenies: Melancholie und Gesellschaft, Frankfurt am Main 1972, S. 28f.).

*Seite 43* * Der 4. Psalm (»Was erwartet ihr noch von mir«; BFA 11, 33).

*Seite 44* * Walter Benjamin: Versuche über Brecht, ed. Rolf Tiedemann, Frankfurt am Main 1966, S. 12.

*Seite 45* * Peter von Matt: Brecht und der Kälteschock, in: Neue Rundschau, Berlin 1976, Heft 4, S. 623f. (Neuerdings in: Peter von Matt: Das Schicksal der Phantasie / Studien zur deutschen Literatur, München 1994, S. 306)

*Seite 47* * Zur chymischen Hochzeit s. Hans Biedermann: Das Androgyn-Symbol in der Alchemie, in: Androgyn / Sehnsucht nach Vollkommenheit (Ausstellungskatalog des Neuen Berliner Kunstvereins), Berlin 1986, S. 57–74. Zu den utopischen Implikationen der chymischen Hochzeit vgl. Ernst Bloch: Das Prinzip Hoffnung, Band 1, Frankfurt am Main 1959, S. 740ff. S. auch F. Dieckmann: Oper als Gleichnis, Leipzig und Frankfurt am Main 1999, S. 39f.

** Zitiert bei Ursula Prinz (in: Androgyn, ed. U. Prinz, Berlin 1986, S. 10).

*Seite 48* * »Die Dinge dieser Welt genießen / Kann nur fanatische Trockenheit« (»Ballade der Billigkeit«, BFA 13, 247).

*Seite 49* * Auch die »großen Städte« kommen schon im »Stundenbuch« vor (Rainer Maria Rilke: Werke, Band 1, Leipzig 1957, S. 97, vgl. auch S. 107). Für die Lehrstücke wie für das Stundenbuch war das Rußland-Erlebnis – ein kulturell-empirisches bei Rilke, ein revolutionär-symbolisches bei Brecht – ausschlaggebend.

*Seite 51* * Peter von Matt: Brecht und der Kälteschock, in: Neue Rundschau, Berlin 1976, Heft 4, S. 621.

*Seite 54* * Ib. S. 624ff.

*Seite 57* * Walter Benjamin: Versuche über Brecht, ib. S. 134f. (3. August 1938).

*Seite 58* * Auf ein Selbstdementi anderer Art deutet Max Frisch in seinem Tagebuch (Frankfurt am Main 1974, S. 44): der Stahlsarg als Anti-Kalkgrube schlechthin, das (unter dem Findling verborgene) Herrschergrab als die Signatur unauslöschlicher Personalität.

** »Wir haben die Güte verlacht, die Humanität durch den Kakao gezogen. Das war *vor* der Niederlage. Jetzt stoßen wir ein Geheul aus und betteln um Demokratie als um ein Almosen.« (Brecht in dem Entwurf eines Briefes an Ernst Bloch, Svendborg Mitte 1935, BFA 28, 513).

*Seite 60* * Walter Benjamin, ib. S. 129f. (29. Juni 1938).

*Seite 61* * Walter Benjamin, ib. S. 117 (4. Juli 1934).

*Seite 63* * Vgl. S. 121 und 127ff. (»Brechts Modernität«).

*Seite 65* * F. Dieckmann: Karl von Appens Bühnenbilder am Berliner Ensemble, Berlin 1971, S. 49.

*Seite 66* * »Als etwas über die blutigen Vorgänge zwischen Hitler und den Junkergenerälen durchsickerte, hielt ich für einen Augenblick Hitler den Daumen; denn wer, wenn nicht er, wird uns schon diese Verbrecherbande austilgen? Zuerst hat er dem Herrnklub seine SA geopfert, jetzt opfert er den Herrnklub.« (21. Juli 1944; BFA 27, 197). Was hier die Reaktion des ganz unzulänglich informierten Tagebuchschreibers trübt, ist der Zorn über die Machenschaften des Herrenklub-Protagonisten und Hindenburg-Vertrauten v. Papen, der 1932 die sozialdemokratische preußische Regierung absetzte und im Januar 1933 Hitler die Macht in die Hand spielte.
** Günter Reimann hat dieses Motiv für den Bombenterror der letzten Kriegsmonate geltend gemacht (*Der Spiegel* Nr. 46/1997, S. 81).

*Seite 68* * Ernst Schumacher: Leben Brechts, Leipzig 1984, S 401. Brecht hatte das Stück 1949 in der Schweiz im Blick auf die anstehende Gründung des Berliner Ensembles geschrieben, ohne es dann für Berlin als geeignet zu befinden. Daß er das Stück der fast gleichzeitig mit seinem Ensemble ans Licht tretenden Republik nicht auf den Theatertisch legen konnte, hing damit zusammen, daß es einerseits, nämlich unter den Auspizien einer zur Blockpolitik transformierten Volksfrontpolitik der SED, zu klassenkämpferisch-radikal und andererseits – in der Demonstration revolutionärer Demokratie – zu luxemburgistisch-revisionistisch war.

Bald nach jenem 20. Parteitag der sowjetischen Partei, auf dem Nikita Chruschtschow die kommunistische Bewegung im Februar 1956 vom Stalin-Mythos befreite, holte der Autor den Text zur Erprobung an einer andern Bühne hervor; Besson und Wekwerth inszenierten ihn in Bühnenbildern von Caspar Neher an dem Theater von Chemnitz/Karl-Marx-Stadt (Uraufführung am 17. November 1956). Am Berliner Ensemble (Regie Wekwerth/ Tenschert, Bühnenbild von Appen) schlug die Stunde des Stückes 1962, als die Berliner Grenzvermauerung den Regisseuren Wekwerth und Tenschert einen Bezugspunkt zu dem Barrikaden-Finale des Stückes ergab: Die Konterrevolution überrennt das in Paris improvisierte sozialistische Gemeinwesen, nachdem dieses sich in der Abwehr seiner Feinde nicht entschlossen genug gezeigt hat.

*Seite 69* * BFA 23, 297.

*Seite 70* * So hieß Vergils großes Landbaugedicht, das nach dem Sieg Octavians, des späteren Kaisers Augustus, über seine Bürgerkriegsfeinde entstand.

** Vgl. Raymond Klibansky, Walter Panofsky und Fritz Saxl: Saturn and Melancholy, London 1964, S. 134, Anm. 19 (zitiert bei Lepenies 1972, S. 20). Christa Buschendorf übersetzt »Herr des Schlaraffenlandes« (Klibansky/Panofsky/Saxl 1990, S. 212).

*** BFA 12, 52. Vgl. Benjamin: Versuche über Brecht, ib. S. 131 (25. Juli 1938) und S. 90 dieses Buches (»›Galilei‹-Komplikationen«).

*Seite 71* * Ernst Bloch: Ein Leninist der Schaubühne (1938). In: Erbschaft dieser Zeit (Erweiterte Ausgabe), Band 4 der Gesamtausgabe, Frankfurt am Main 1962, S. 252.

*Seite 72* * Jesu von Hosianna-Rufen der Bevölkerung begleiteter Einzug in Jerusalem, auf den sich der Advent des Kirchenjahres ebenso wie der vorösterliche Palmsonntag bezieht (nach Joh. 12 begrüßte die zusammenströmende Menge den auf einem Eselsfüllen Einreitenden mit Palmzweigen), bildet in drei Evangelien den Anfang der Passionsgeschichte. Bei Matthäus, Markus und Lukas folgt unmittelbar auf den triumphalen Einzug in der Hauptstadt die gewaltsame Austreibung der »Käufer und Verkäufer, Geldwechsler und Taubenhändler« aus dem Tempel, die zu dem Entschluß des Establishments führt, Jesus zu töten.

*Seite 73* * »Ubi incolae nitent, as old Cato said« (Wo die Einwohner strahlen, wie der alte Cato sagte) – Robert Burton (ib. S. 87) bestimmt so »den von Melancholie freien Staat« und findet ihn im alten Rom und im – 1640 – gegenwärtigen China realisiert.

** Die auf Erstdrucke kaprizierte Werkausgabe, die sich, statt an die Buchveröffentlichung von 1951, an den von Peter Huchel redigierten Druck von 1950 in der Zeitschrift *Sinn und Form* hält, tilgt prinzipienfest dieses h und entfernt in dieser 16. Strophe drei ausdrucksvolle Kommata (BFA 15, 231).

*Seite 75* * »So, verachtet nur von oben / Und verlacht zumeist von unten / Haben wir der Weltengloben / Große Formeln aufgefunden. / Stetig größer wird das Wissen / Und es wird die Knechtschaft größer.« (Brecht: Epilog der Wissenschaftler, um 1945, in: Die Gedichte von Bertolt Brecht in einem Band, Frankfurt am Main 1931, S. 937; in BFA nicht enthalten.)

*Seite 79* * Inzwischen sind alle Gedichte und Szenenentwürfe des Glücksgott-Projekts in Band 10/2 der Werkausgabe publiziert (BFA 10, 922–937).

** Bertolt-Brecht-Archiv (BBA) 204/55.

*** Das Gedicht ist im Tagebuch unter dem 4. Dezember 1941 mit dem Vor-Satz überliefert: »Gab Fritz Lang einen Glücksgott mit Epigramm.« (BFA 27, 30).

*Seite 80* * Das Vorwort zum ersten Band der Stücke (»Bei Durchsicht meiner ersten Stücke«, 1954) spricht mit Bezug auf »Baal« nur noch retrospektiv von dem Glücksgott-Projekt; die Figur ist rationalisiert worden und erscheint wie als Vorkämpfer der in der DDR vollzogenen Reformen: »Er [der Glücksgott] sammelt Jünger verschiedener Art und zieht sich die Verfolgung der Behörden auf den Hals, als einige von ihnen zu lehren anfangen, die Bauern müßten Boden bekommen, die Arbeiter die Fabriken übernehmen, die Arbeiter- und Bauernkinder die Schulen erobern« (BFA 23, 241 f.). Wenn aber das Projekt ad acta gelegt ist, so nicht die Intention des »kleinen Glücksgotts«, an dem die Henker vergeblich ihre Künste ausprobieren. »Es ist unmöglich«, verabschiedet ihn Brecht und setzt es kursiv, »das Glücksverlangen der Menschen ganz zu töten.«

Die junge sozialistische Dramatik hat die Figur des unbeirrt genußsüchtigen Störenfrieds in den sechziger Jahren auf ihre Weise wieder heraufgeführt, Heiner Müller in der »Umsiedlerin«, Peter Hacks in »Moritz Tassow«, Volker Braun in »Die Kipper«; die Stücke wurden entweder sofort oder binnen kurzem verboten.

*Seite 83* * Brecht selbst nennt das Stück so und verweist mit der für ihn singulären Gattungsbezeichnung auf den technischen Rückschritt, den ihm der Stoff aufzuerlegen scheint (Arbeitsjournal, 25. Februar 1939).

** Brechts intensive Bibellektüre ist mannigfach bezeugt (vgl. etwa seine Tagebucheintragung vom 20. Oktober 1916). Auf dem Realgymnasium, das er in Augsburg besuchte, stand (protestantische) Religionslehre an der Spitze des Lehrplans (s. Frisch/Obermeier: Brecht in Augsburg, Berlin 1975); der zweifellos sehr gründliche Unterricht erstreckte sich über neun Schuljahre (Sexta bis Oberprima). Eugen Roth zufolge (»Oberammergau und sein Passionsspiel 1634–1934«, München 1934) gab es »im altbayerischen Stammesgebiet« noch um die Mitte des 19. Jahrhunderts an fünfzig Orte, die Passionsspiele veranstalteten; es ist wahrscheinlich, daß ein solches Spiel der früheste theatralische Eindruck gewesen ist, den Brecht überhaupt empfangen hat.

*Seite 86* * »Tuismus« ist eine Wortprägung, die Brecht im Tui-Roman und dem Turandot-Stück für die Haltung der Tellekt-Uell-Inns (Intellektuellen) verwendet, Rechtfertigungskonstruktionen gegenüber der Klassengesellschaft zu erfinden.

*Seite 87* * Es ist aufschlußreich, daß der Galileis Fernrohr um zehn Jahre vorausgehende Aufstand, den Tommaso Campanella im Kalabrien des Jahres 1599 gegen die spanische Herrschaft führte, in Brechts Stück nicht vorkommt, obschon die Ideenwelt seines Führers eine deutliche Beziehung zu dem Gedankensystem des Stückes besitzt:
Campanellas große Ordnung, der 1602 im Kerker verfaßte »Sonnenstaat«, ist die soziale Entsprechung zu dem von Brecht exponierten Sonnenzentralismus.

*Seite 88* * BFA 24, 238.
** Vgl. F. Dieckmann: Karl von Appens Bühnenbilder am Berliner Ensemble, Berlin 1971, S. 141f.

*Seite 89* * Die Bezeichnung findet sich in »Aufbau einer Rolle / Laughtons Galilei« (BFA 25, 36).

*Seite 90* * Die biblische Bezugsstelle der beiden Sätze befindet sich in »Die Sprüche Salomonis«, Kap. 14/4 (s. BFA 5, 422). Brecht hatte offenbar eine amerikanische Bibel zur Hand; in »The Holy Bible«, 1944 herausgegeben von The American Bible Society, heißt die Stelle aus den »Proverbs«: »Where no oxen are, the crib is clean: but much increase is by the strength of the ox.« Brecht hat das wörtlich in die amerikanische Fassung des »Galilei« übernommen (BFA 5, 144, Z. 13f.), mit *einer* Änderung: stable (Stall) statt crib (Krippe). Luther übersetzt: »Wo nicht Ochsen sind / da ist die krippen rein / Aber wo der ochse schefftig ist / da ist viel einkomens.« (Martin Luther, Biblia, Band 1, Leipzig 1983) Die Vulgata schreibt: »Ubi non sunt boves, praesepe vacuum est« (Wo keine Ochsen sind, ist die Krippe leer).

*Seite 91* * Ernst Schumacher: Leben Brechts, Leipzig 1984, S. 171.
** BFA 5, 106.

*Seite 92* * Werner Mittenzwei: Brecht, Band 1, Berlin 1988, S. 651f.
** »Nach Ansicht Brechts«, notiert die Dramaturgin Käthe Rülicke von einem Probengespräch am 21. Januar 1956, »ist mit der Darstellung des Galilei gelöst die Darstellung z. B. der großen Sowjet-Prozesse. Es ist technisch gelöst. Die Selbstanalyse Bucharins, wo er im Augenblick der Analyse so hoch über sich selbst steigt wie sonst keiner im Gerichtssaal.« (Bertolt-Brecht-Archiv 2071/07, 08) Brechts Äußerung bezieht sich auf Galileis Selbstbezichtigung gegenüber seinem ihn in der Gefangenschaft auf-

suchenden Schüler in der außerordentlich verschärfenden Fassung, die Brecht der Szene 1955 gegeben hatte. In »Aufbau einer Rolle« (1948) war Brecht die prozeßkonforme Wendung »Schädling« unterlaufen (»Wann wird Galilei zum Schädling«, BFA 25, 44f.).

*Seite 93* * BFA 1, 9-15.

*Seite 95* * Brecht, des Problems inne, versucht zusammen mit Laughton, »den Widerruf des Galilei hier zu plazieren«; er berichtet in »Aufbau einer Rolle« beifällig, wie der Schauspieler »diese Ablehnung mit äußerster Schroffheit und Kraft« gespielt habe (BFA 25, 51).

*Seite 96* * Brecht konstatiert diese Situation in der Arbeit mit Laughton sehr genau: Galilei, notiert er, könne seine Autorität nicht gegen die Kirche geltend machen, da diese es sei, die sie ihm verliehen habe (BFA 25, 46).

*Seite 97* * Die Papstwahl von Galileis einstigem Protektor, dem Kardinal Barberini.

*Seite 99* * Sigmund Freud: Trauer und Melancholie, Berlin 1982, S. 38.

*Seite 100* * Die Anstrengung liegt in der nichthierarchischen Abfolge der Planetensphären. Die mächtige Sonne nahm in diesem Weltmodell nach Merkur und Venus die drittfernste Position ein; nach dem Saturn, dem entferntesten der damals bekannten Planeten, aber kam an äußerster Stelle die Schale der lichtschwachen Fixsterne, nach ihnen die Thronsphäre Gottes.

*Seite 101* * »Das wahre und rechtmäßige Ziel der Wissenschaften ist kein anderes, als das menschliche Leben mit neuen Erfindungen und Mitteln zu bereichern.« (Francis Bacon: Das neue Organon, 1620, Erstes Buch, § 81, Übersetzt von Rudolf Hoffmann, Berlin 1962, S. 87) – »Ich halte dafür, daß das einzige Ziel der Wissenschaft darin besteht, die Mühseligkeit der menschlichen Existenz zu erleichtern«, setzt Brecht in der späten Fassung (BFA 5, 284); in der englischen hieß es: »I take it the intent of science is to ease up human existence.« (BFA 5, 180). Die Rettung der Wissenschaft wird hier in ihrer Beschränkung auf Technik gesehen. Goethe stellt einen andern, den pythagoreischen Gesichtspunkt voran: »Die Wissenschaft hilft uns vor allem, daß sie das Staunen, wozu wir von Natur berufen sind, einigermaßen erleichtere; sodann aber, daß sie dem immer gesteigerten Leben neue Fertigkeiten erwecke zu Abwendung des Schädlichen und Einleitung des Nutzbaren.« (»Zur Morphologie«, 1822)

** Bild 14 (BFA 5, 284). Beide Wendungen sind nur in der Berliner Fassung von 1954 enthalten; die letztere hat Brecht als Einfügung seitlich an sein Typoskript angeklebt (BBA 1841).

*** »Bacons naive empiristische Induktions- und Experimenttheorie stand den mathematischen Naturwissenschaften, der mechanischen Physik, der neuen Astronomie (die Bacon als Formelkram und neue Art von Scholastik abtat) fern. Der Empirismus ging nicht den entscheidenden methodischen Schritt zur Aufhebung des qualitativen Erscheinungsbildes der Wirklichkeit in ein Beziehungsfeld gleichartiger Elemente.« (Gerd Irrlitz: Philosophiegeschichtliche Quellen Brechts, in: Brecht 83, ed. Werner Hecht, Redaktion Inge Jahn-Gellert, Berlin 1983, S. 157) Bacon hielt von Galileis Eintreten für das Kopernikanische System soviel wie in Brechts Stück der Sehr alte Kardinal; in einem Brief schrieb er 1617: »Ich wollte lieber, die Astronomen Italiens hielten sich etwas mehr an die Erfahrung und Beobachtung, anstatt uns mit chimärischen und verrückten Hypothesen zu unterhalten.«

*Seite 102* * »...auch hört man nicht eher auf, die Natur zu zerschneiden, bis man beim Atom angelangt ist; selbst wenn dieses wahr wäre, könnte es dennoch das Glück der Menschen wenig fördern.« (Francis Bacon, ib. S. 71)

** Vgl. S. 32 (»Brechts Utopia«)

*** »Sie sehen die Wissenschaft jung, geil und drall / Und Sie sehen ihren Sündenfall. / Sie muß essen und ihr wird Gewalt getan / Und so kommt sie auf die schiefe Bahn / Und wird, die Meisterin der Natur / Billige Gesellschaftshur« (BFA 27, 236), heißt es unter dem 1. Dezember 1945 in dem Prolog zur amerikanischen Aufführung. In einer Anmerkung zu dem Stück aus der gleichen Zeit schreibt Brecht: »Galileis Verbrechen kann als die ›Erbsünde‹ der modernen Naturwissenschaften betrachtet werden.« (BFA 24, 240)

*Seite 103* * Dieses Präsens des Jahres 1987 ist auch im Jahre 2003 nicht Präteritum.

*Seite 104* * Goethe: »Vermächtnis« (1829).

*Seite 116* * Nach Werner Hecht (»Brecht-Chronik«, Frankfurt am Main 1997, S. 245) erhielt Brecht nach dem am 26. April 1928 mit Bloch Erben abgeschlossenen Vertrag einen Tantiemenanteil von 62 %, Weill 25 % und Elisabeth Hauptmann 12 %. Auf 100 % kommen John Fuegi und Sebastian Wohlfeil (»Brecht & Co.«, Hamburg 1997, S. 276 und 317) mit 62,5 % für Brecht, 25 % für Weill und 12,5 % für Hauptmann. Brecht trat 1929 von seinem Anteil 2,5 % an den Villon-Nachdichter K. L. Ammer (das war der österreichische Offizier Karl Klammer) ab, dessen Übertragung er verwendet hatte.

*Seite 127* * Bertolt Brecht hat 1932/33 keine Handgranaten bestellt, wie Richard Wagner im Frühjahr 1849 für eine Revolution, die, für

Prag erwartet, unversehens in Dresden ausbrach, dennoch ist der Revolutionsparallelismus der beiden deutschen Weltdramatiker eklatant. In sich zuspitzender politisch-sozialer Situation wenden sich beide der kommunistischen Linken zu und vollziehen in ihrem dramatischen Werk unter den Auspizien der Revolution eine weitreichende Umformung der christlichen Heilsgeschichte: Brecht in den Lehrstücken und der »Mutter«, diesen revolutionstheologisch transponierten Passions- und Missionsspielen, Wagner in dem Nibelungen-Zyklus, den er durch die stufenweise Einführung der Walküre und des Unter-Wasser-Sündenfalls in das Handlungsgeflecht als ein kontradiktorisch verformtes Welterlösungsspiel ausführt, mit dem den Sündenfall aufhebenden Erlösertod der Gottestochter am Ende. Bei entschiedener Differenz der ästhetischen Mittel – hier das synthetisierend-naturalistische, dort das analytisch-verfremdende Gesamtkunstwerk – geht die biographisch-substantiale Parallele so weit, daß beide Autoren fast im gleichen Alter wegen ihres politischen Engagements aus einem Deutschland fliehen müssen, in dem die Konterrevolution blutig gesiegt hat. Der Bedeutung, die der Staatsstreich Louis Bonapartes für Wagner hat, entspricht bei Brecht die Hitlersche Machtergreifung, die ihrerseits bonapartistischen Charakter hatte; beide, Wagner wie Brecht, erhalten in der Verbannung ihre Revolutionserwartung noch ein Stück weit aufrecht. Nach beider Rückkehr kann man die distanziert-bezügliche, jedenfalls integrative Position, die Wagner gegenüber dem Bismarck-Reich einnimmt, mit derjenigen vergleichen, die Brecht mit der DDR Wilhelm Piecks und Walter Ulbrichts verbindet; auf verschiedene Weise verschafft der neue Staat beiden Dramatikern, was ihr dringlichstes Trachten ist: das eigene Theater, das, vielfach befehdet, dennoch zum kulturellen Symbol der neuen Staatsgründung wird. Wagners Exil hat dreizehn, das Brechtsche fünfzehn Jahre gedauert; in dieser Zeit schreiben sie »für die Schublade«, ein Œuvre entwickelnd, das nach ihrer Heimkehr das Publikum spaltet und die Kunst verwandelt.

*Seite 135* * »Theaterarbeit« (Dresden 1952), S. 8.

** Vgl. F. Dieckmann: Glockenläuten und offene Fragen, Frankfurt am Main 1991, S. 154–157, und Werner Hecht: Brecht-Chronik, Frankfurt am Main 1997, S. 892–895.

*Seite 138* * BFA 15, 258. Dieser im Juni 1952 veröffentlichten Fassung steht eine frühere, in die Ausgaben Elisabeth Hauptmanns übernommene gegenüber (BFA 23, 203), in der der zweite Vers lautet: »Endlich unsrer eignen Kraft zu traun«. Die in Anlehnung an die sechste Strophe des Gedichts »Resolution« für das Hochhaus an der Weberwiese geschriebenen Verse wurden dort durch die zweite Strophe des »Friedensliedes« ersetzt und kamen später an einem andern Wohnhaus zum Einsatz (BFA 23, 515).

*Seite 144* * Fausts Versagen gegenüber dem Münzerschen Aufstand gehört zur Vorgeschichte der Opernhandlung und findet erst am Ende des Stückes in einer vor dem Vorhang vorgetragenen »confessio« des Titelhelden – sie besteht aus fünfunddreißig vierzeiligen Strophen – bestimmteren Ausdruck: »In Altstedt fingen die Bauern an, / Schloß und Kapelle zu plündern. / Münzer hat zugesehn, / Tät sie nicht hindern. // Da bin ich erschrocken. / Ich bin zurückgelaufen, / Zurück zu Martin Luther. / Kam nur vom Regen in die Traufen. // Denn als die Fürsten drohten, / Hat Münzer zum Schwert gegriffen. / Er war tapfer und rein; / Zu spät hab ichs begriffen.« (Hanns Eisler: Johann Faustus/Oper, Berlin 1952, S. 75) Eislers Text war eine opernhafte Ermahnung an die DDR-Intellektuellen, dem Klassenkampf-Kurs der SED die Stange zu halten und nicht etwa der revolutionsscheuen, als opportunistisch verschrieenen SPD zuzuneigen. Das ästhetische Problem des Textes lag, wie bei Strittmatters »Katzgraben«, in seinem Dilettantismus, zu dem eine Hybris im Umgang mit dem Goetheschen Bezugstext gehörte, die dem Umstülpungsfuror der SED gegenüber der gesellschaftlichen Realität ziemlich genau entsprach. Das politische Problem des Librettos, das Eisler, der Meister knapper, pointierender Formen, schwerlich in Buchform vorgelegt hätte, wenn er ernsthaft an eine Gesamtvertonung gedacht hätte (den bloßen Text schon nannte er »Oper«), lag in dessen allzugroßer Aufrichtigkeit, ähnlich wie bei Brechts »Maßnahme«, die die Partei 1930 als Offenlegung ihres inneren Bewußtseins entsetzt hatte. Indem die politische Symbolik des Textes die staatstragende Arbeiterpartei mit dem Müntzerschen Aufstand gleichsam identifizierte, wurde dieser eine aktuelle und historische Rolle zugewiesen, die ihr unheimlich sein mußte. Eislers Projekt hatte tragische Züge insofern, als ein notorischer Nonkonformist hier den künstlerischen Anschluß an die – politische und ästhetische – Parteilinie praktizierte und sich damit unversehens auf verlorenem Posten fand. Mit dem 17. Juni 1953 war dieser opernhaft verkleidete Appell, sich nicht von dem aufständischen Volk abzukehren, vollends ins Unwirkliche gerückt.

*Seite 146* * Vgl. F. Dieckmann: Die Freiheit ein Augenblick / Texte aus vier Jahrzehnten, Berlin 2002, S. 166f.

*Seite 155* * Vollständig abgedruckt in: *Sinn und Form*, Heft 6/1998, S. 894–903. Die dort irrtümlich kursiv gesetzten Sätze entsprechen den – eher kritischen als bekräftigenden – Unterstreichungen des Empfängers.

** Friedrich Ebert (1894–1979) stand seit Ende November der verselbständigten Stadtverwaltung des Ostsektors vor und amtierte dann bis 1967 als Oberbürgermeister der DDR-Hauptstadt. Als Landesvorsitzender der brandenburgischen SPD hatte er 1946 an der Gründung der SED mitgewirkt und gehörte deren Zentralkomitee und Zentralsekretariat an, seit 1949 auch dem Politbüro.

*Seite 156* * *Neues Deutschland*, 24. September 1948.

** Ackermann war zu dieser Zeit auch Kandidat des Politbüros der SED. Wenig später in die Außenpolitik versetzt, wurde er 1953 wegen Unterstützung der Ulbricht-Opponenten Herrnstadt und Zaisser seiner Parteifunktionen enthoben und 1954 aus dem ZK ausgeschlossen, leitete aber von 1954 bis '58 die Hauptverwaltung Film des Ministeriums für Kultur.

*Seite 157* * Vgl. Willy Brandt und Richard Lowenthal: Ernst Reuter, München 1957, S. 401–409.

*Seite 159* * Mitgeteilt von Petra Kohse in ihrem Buch »Gleiche Stelle, gleiche Welle / Friedrich Luft und seine Zeit«, Berlin 1998.

*Seite 161* * Harich beruft diesen Kreis auf Anraten Paul Rillas ein, zusammen mit Erich Engel und Rudolf Engel von der Deutschen Verwaltung für Volksbildung (später Direktor der Deutschen Akademie der Künste in Berlin), und lädt zusätzlich Stefan Heymann (als Vertreter der SED) und Kurt Bork (für die Volksbildungsabteilung des Magistrats) ein. Felsenstein und Mayer erweisen sich, wie Harichs Brief mitteilt, als unabkömmlich, Mayer läßt sich für den Fall einer Resolution durch Huchel vertreten. »Als ich Gen. Dymschitz berichtete«, so Harich an Ackermann, »daß in Sachen Brecht ein kleines Komplott geschmiedet werde, an dem auch ich nicht ganz unbeteiligt wäre, meinte er, dies sei sehr gut. Wir brechtbegeisterten Theaterleute und Publizisten sollten uns nur zusammensetzen, den Fall diskutieren und versuchen, die leider Gottes bestehenden Gegensätze zugunsten einer für alle Beteiligten annehmbaren Lösung auszugleichen, – eine ›reformistische‹ Aufgabe, wie er lächelnd hinzufügte.« Das Lächeln der Macht ist auf dem Weg des Fortschritts ein starker Ansporn.

** Stefan Heymann (1896–1967), bis 1933 Journalist innerhalb der KPD, hatte die Nazizeit zuerst im Zuchthaus, dann in den Konzentrationslagern Dachau, Buchenwald, Auschwitz und wieder Buchenwald verbracht. 1949 fungierte er als stellvertretender Leiter der ZK-Abteilung Parteischulung, Kultur und Erziehung und wurde 1950 mit Ackermann in die Außenpolitik versetzt.

*Seite 162* * »Gen. Dymschitz (übrigens ein vorzüglicher Kenner und Verehrer Brechts) erklärte, es sei seiner Meinung nach, von den Budgetschwierigkeiten des Magistrats einmal ganz abgesehen, aus ethischen Gründen schlechthin unmöglich, den Gen. Wisten, der sich als rassisch Verfolgter in der Naziära künstlerisch nicht habe entfalten können, von dem Intendantenposten des Theaters zu verdrängen, das er unter größten Mühen buchstäblich aus dem Nichts aufgebaut hätte. Er, Dymschitz, sei der Ansicht, daß Brecht an Chancen gegeben werden müsse, was nur denkbar und möglich sei. Aber Brecht müsse auch die Schwierigkeiten der Berliner Situation realistisch beurteilen lernen, müsse sich – wenn überhaupt er in Berlin zu bleiben gedenke – in die Situation, so wie sie nun einmal sei, einfügen und gemeinsam mit den anderen zu arbeiten beginnen. Wenn er das nicht wolle, sei es zwar sehr, sehr schade, aber dann könne man nichts machen. Genosse Dymschitz betonte, daß dies seine persönliche Meinung und keineswegs der offizielle Standpunkt der SMA [Sowjetischen Militär-Administration] sei. Die SMA (und er als ihr Vertreter) betrachteten den ganzen Fragenkomplex als eine zutiefst deutsche Angelegenheit, in die sie sich nicht einzumischen gedächten. Die Entscheidung liege bei der Partei und beim Magistrat.« Das war natürlich ein Understatement des sowjetischen Vertreters; kein Zweifel, daß er die Entscheidung in engem Verbund mit Anton Ackermann vorbereitet hatte.

** Es war Friedrich Luft gewesen, der mit dem Fazit: »Wir dürfen nicht größenwahnsinnig werden«, Harich im Gespräch einmal deutlich gemacht hatte, wie sehr sie beide von einer Situation begünstigt worden seien, die so viele bedeutende Kräfte aus Deutschland vertrieben habe (s. Petra Kohse: Gleiche Stelle, gleiche Welle, Berlin 1998, S. 147f.). Was Harich außer acht ließ, war Wistens Schicksal unter dem Hitlerregime.

*Seite 163* * In dem gleichen Weltbühnen-Heft spricht Walther Victor in einer unmittelbaren Aufführungsrezension von »dem wortereichen, zu leicht mißverständlich pazifistischen Spiel«.

*Seite 164* * S. Werner Hecht: Brecht-Chronik, Frankfurt am Main 1997, S. 856. (Der Band gibt auf den Randspalten der voranstehenden Seiten charakteristische Auszüge aus der damaligen Zeitungsdebatte wieder.)

** Die Berlin-Frankfurter Ausgabe (BFA 6, 397) gibt irrtümlich den 12. März 1949 als Datum des Artikels an. Auch die Datierung der »Courage«-Kritik von Erpenbeck im Vorwärts auf den 13. Januar 1949 ist irrig; sie erschien am 17. Januar.

*Seite 165* * S. Werner Hecht: Brecht-Chronik, Frankfurt am Main 1997, S. 856.

*Seite 166* * War S. Alterman eine Frau und hieß mit Vornamen Susanne? Der »Courage«-Band der BFA (6, 397) und die Brecht-Chronik von Werner Hecht (S. 852 und 862) meinen es so und schreiben »Susanne Altermann», als ob es sich um eine identifizierte Person handele. »Erpenbeck«, erklärt diese abschließende Instanz, »hat seinen Gedanken oberflächlich und mit ungenügender Überzeugungskraft dargelegt; es klingt bei ihm wie die irrtümliche Mutmaßung eines rechthaberischen Kritikers und wie eine unverdiente Kränkung des großen Schriftstellers.« »In jugendlichem Ungestüm« sei Harich »für Brecht in die Bresche gesprungen« und habe »mit unfehlbarer Sicherheit die schwachen Stellen in Erpenbecks Argumentation festgestellt«. »Auf diese Weise« habe er »den Anschein eines vollständigen Sieges in dem Streit hervorrufen können«, »im Grunde genommen aber [...] seinen Gegner eher polemisch überschrieen als sachlich geschlagen«.

*Seite 167* * Vgl. Brechts Miszelle »Mutter Courage lernt nichts« in »Theaterarbeit« (Dresden 1952, S. 246) sowie das Gespräch zwischen Brecht und Friedrich Wolf über »Formprobleme des Theaters aus neuem Inhalt« (ib. S. 253–255; BFA 23, 109–113).

*Seite 168* * Daß, je offizieller die Äußerung, die Person des Autors unter Umständen um so unsichtbarer war, zeigte sich nachmals an dem mit »N. Orlow« gezeichneten Anti-Formalismus-Artikel der *Täglichen Rundschau* (»Wege und Irrwege der modernen Kunst«, 21. und 23. Januar 1951), der, wie sich später herausstellte, von keinem geringeren als Wladimir Semjonow, dem sowjetischen Chefberater, stammte. Im November 1948, vier Wochen nach Brechts Ankunft in Berlin, hatte Dymschiz in der *Täglichen Rundschau* unter vollem Namen als »Bemerkungen eines Außenstehenden« die sowjetische Anti-Formalismus-Kampagne auf das deutsche Gebiet hinübergespielt (»Über die formalistische Richtung in der deutschen Malerei / Bemerkungen eines Außenstehenden«, 19. und 24. November 1948). Brecht, den Bedrohungen des McCarthy-Ausschusses entronnen, trifft in Berlin ein, als dort gerade die sowjetische Parallelaktion zu der US-amerikanischen Intellektuellenverfolgung in Fahrt kommt.

*Seite 171* * Therese Giehse: »Ich hab nichts zum Sagen!« / Gespräche mit Monika Sperr, Reinbek bei Hamburg 1976.

*Seite 172* * Stefan Mahlke (Herausgeber): »Wir sind zu berühmt, um überall hinzugehen« / Helene Weigel / Briefwechsel 1935–1971, Berlin 2000, S. 21–52.

*Seite 173* * Ruth Berlau, Bertolt Brecht, Claus Hubalek, Peter Palitzsch, Käthe Rülicke: Theaterarbeit / 6 Aufführungen des Berliner Ensembles, Dresden 1952, S. 218.

*Seite 175* * Werner Hechts akribische Brecht-Chronik zitiert den Satz aus persönlichen Aufzeichnungen der bedeutenden Schauspielerin (»Brecht-Chronik«, Frankfurt am Main 1997, S. 1005).

*Seite 178* * Vgl. Therese Giehse: »Ich hab nichts zum Sagen« / Gespräche mit Monika Sperr, Reinbek 1976, S. 130. Offenbar hat Therese Giehse den Brief, den ich ihr am 15. Februar 1973 geschrieben hatte, der Autorin mitgeteilt.

*Seite 185* * Vgl. S. 218 (Anm. zu S. 144).

*Seite 189* * Vgl. F. Dieckmann: Karl von Appens Bühnenbilder am Berliner Ensemble, S. 153–156 und S. 367–376.

*Seite 194* * Vgl. Seite 160 (»Platz dem Wünschelrutengänger!«).

*Seite 196* * »lese lukacs' ›briefwechsel zwischen schiller und goethe‹«, hatte Brecht Weihnachten 1947 in Zürich in sein Tagebuch geschrieben: »er analysiert, wie die deutschen klassiker die französische revolution verarbeiten. noch einmal keine eigene habend, werden nun wir die russische zu ›verarbeiten‹ haben, denke ich schaudernd.« (BFA 27, 259)

*Seite 201* * Die Geschichte der Weigel-Ära des Berliner Ensembles 1956–1971 ist noch nicht geschrieben, auch von Sabine Kebir nicht. Jochen Staadt (»Die geheime Westpolitik der SED 1960 bis 1970«, Berlin 1993, S. 202ff.) und Carola Stern (»Männer lieben anders«, Berlin 2000, S. 197) haben auf die politische Kontrolle hingewiesen, die Manfred Wekwerth zu Händen der SED-Führung und des Ministeriums für Staatssicherheit über seine Intendantin ausübte, die er 1967/68 vergeblich zu stürzen versuchte. Sabine Kebirs Weigel-Biographie (»Abstieg in den Ruhm«, Berlin 2000) hat ermittelt, daß Helene Weigel die Genossin – also das Parteimitglied – nur spielte; sie hatte ihre alte KPD-Mitgliedschaft niemals erneuert.

*Seite 202* * In der Folge erwiesen sich zwei der Gesellschaftsveränderungen, die Brechts Gründung aktiv zu befördern gesucht hatte, in einem dialektischen Sinn als dauerhaft; im Umschwung der Machtverhältnisse unterlagen sie der Transformation, nicht der Liquidation. Das betraf die in zwei Etappen vollzogenen und nun abermals umgestalteten, aber trotz massiver Inventionen nicht aufgehobenen neuen Besitzverhältnisse auf dem Lande ebenso wie den Sozialcharakter der Bildungsreform; hier war auf einem langen Weg das westliche Deutschland dem östlichen in einer Weise gefolgt, daß in der angegliederten DDR eine Reform der Reform, nicht aber die Rückkehr zum Alten eintrat. Inversionen begaben sich dort, wohin Brechts Bühne ihren Blick bei aller ideellen Hingabe niemals wirklich gerichtet hatte, in der Industrie und bei dem dort tätigen Arbeiter; hatten diesem die Betriebe bis dahin in gewisser, höchst vermittelter Weise wirklich gehört, konnte davon nun nicht mehr die Rede sein. Wie ambivalent es um die Herrschaft der Arbeiterklasse dort, wo sie arbeitete, stand, hatten Hacks, Müller und Tragelehn (die Stücke hießen »Die Sorgen und die Macht« und zweimal – Müller nahm seinen Titel von Tragelehns »aufgegebenem Stück« gleichen Namens – »Der Bau«) schon um das Jahr 1960 dramatisch ermittelt; es war der wunde Punkt, der der unberührbare gewesen war.

Statt mit der Lage des Arbeiters, zu deren Beschreibung er mit den Entwürfen zu »Büsching« (BFA 10, 971–979) einen vergeblichen Anlauf genommen hatte, hatte sich Brecht in seinem neuen Haus mit der leichter durchdringlichen Außenpolitik beschäftigt und ein Stück – »Pauken und Trompeten« nach Farquhars »Recruiting Officer« – auf den Weg gebracht, dessen Fazit war, daß man Kolonialkriege nach Möglichkeit meiden solle. Auch auf diesem Feld hat sich, wie inzwischen – im Jahre 2003 – zutage liegt, im Blick auf Deutschland sein theatralisch-politisches Streben als mehr denn nur ein schöner Zug erwiesen.

*Seite 203* * Heiner Müllers Vers-Drama »Philoktet« ist 1969 im Münchner Residenztheater in der Regie von Hans Lietzau uraufgeführt worden. Die von Guy de Chambure mit Karl von Appen am Berliner Ensemble vorbereitete Inszenierung war unterbunden worden; die DDR-Erstaufführung fand erst 1977 am Deutschen Theater statt. Die Inszenierung des Stückes durch Stephan Suschke im April 1999 auf der Probebühne des Berliner Ensembles markierte in der Endphase einer abtretenden Intendanz den 50. Jahrestag der Ensemblegründung.

# Quellenverzeichnis

*Verschwinden und Wiederkehr*, in: *Merkur* Nr. 480 (Februar 1989).

*Brechts Utopia*, in: Brecht 88 / Anregungen zum Dialog über die Vernunft am Jahrtausendende, ed. Wolfgang Heise, Berlin (DDR) 1989.

*»Galilei«-Komplikationen*, in: *Weimarer Beiträge*, Heft 2/1988.

*Teamwork und Eigensinn oder Lust und Schrecken der Desillusionierung*, Erstveröffentlichung.

*Brechts Modernität*, in: *Neue Zeit*, 10. Februar 1988 (Kurzfassung).

*Brechts letztes Deutschlandlied*, in: *Frankfurter Allgemeine Zeitung* (Beilage), 5. Juli 1997 (Kurzfassung).

*Vermutungen über die Mauer*, in: *neue deutsche literatur* Heft 3/1998.

*Eine Grabschrift und ihre Berichtigungen*, in: *neue deutsche literatur*, Heft 3/2001.

*Platz dem Wünschelrutengänger!* In: *Sinn und Form*, Heft 6/1998.

*Tonspur des Authentischen*, in: *Frankfurter Allgemeine Zeitung* (Beilage), 29. August 1998.

*Karl von Appen am Berliner Ensemble*, in: *Sinn und Form*, Heft 5/2000.

*Haftender Name, flüchtiger Sinn*, in: *Theater der Zeit*, Heft 2/1999.